69e année - N° 746-747/Juin-juillet 1991

SOMMAIRE

ARTHUR RIMBAUD

CAHIER DE CRÉATION

CHRONIQUES

NOTES DE LECTURE

Notre couverture : Rimbaud par Fernand Léger © Sygma. Maquette de François Féret.

RETROUVER RIMBAUD

C'est au Moyen-Orient, une fois n'est pas coutume, plus exactement à Aden, en 1990, que le projet de cette livraison Rimbaud d' Europe *a commencé à germer. Il n'est pas interdit d'y voir le troisième volet d'un triptyque, les deux précédents s'étant échelonnés sur deux décennies, du centenaire de la naissance du poète, en 1954, au dossier rassemblé en 1973 sous une couverture qui reproduisait l'admirable portrait du jeune Arthur par Pablo Picasso.*

L'idée de l'actuel numéro est née d'une rencontre. Non pas celle d'une machine à écrire et d'un stylo bille sur une table de direction, mais d'une poignée de poètes et d'amis, Arabes et Français, parmi lesquels, pour Europe, *j'étais présent. A l'invitation des autorités yéménites et de l'Institut du Monde arabe, à Paris, nous nous étions rejoints à Aden pour y confronter nos vues sur Rimbaud. Dans le quartier de Krater, à Aden-Camp où fut enfin identifiée, à l'emplacement de la Chambre de commerce, la maison d'Alfred Bardey où Rimbaud habita, dirigeant d'abord le triage du café, maison où l'Ambassade de France fit apposer une plaque commémorative, nous arpentions des lieux mêmes que le poète avait hantés, en alternance avec le Harar, au cours des dix années où il avait choisi d'y séjourner, bien que ce fût « un roc affreux », mais aussi peut-être un « ailleurs » où il avait cru atteindre enfin la « vraie vie »...*

On retrouvera donc dans ces pages, aux côtés d'autres collaborateurs, bien entendu, la plupart de ceux qui participèrent au colloque d'Aden, dans un climat de ferveur, et peut-être un « état de grâce », avec en tout cas la volonté de balayer les débris du « mythe Rimbaud », un Rimbaud non seulement annexé par les uns et les autres, soumis au trébuchet des idéologies ou des esthétiques concurrentes, mais surtout un Rimbaud tronçonné, coupé en deux, amputé d'une part de son histoire comme d'une seconde jambe, opposé à lui-même : poète de génie admis à l'examen de passage à la postérité, mais explorateur et trafiquant suspect que les beaux esprits préféraient lais-

ser en quarantaine ou donner en exemple de sa perdition. Deux personnalités successives et antithétiques, par conséquent.

La ligne de force de la rencontre d'Aden, où Alain Borer, avec Chawki Abdelamir, joua un rôle pilote — et qu'il soit ici remercié pour la part qu'il prit ensuite à l'élaboration de notre numéro — visait à restituer pleinement à l'œuvre et à la vie de Rimbaud leur cohérence, leur unité interne, à cerner leur articulation évidente ou secrète. Alain Borer — et il n'est certes pas le seul, ayant ouvert cette perspective, à y poursuivre son exploration — s'était attaché par une analyse étayée de faits précis, à démontrer cette dynamique rimbaldienne dans son Rimbaud en Abyssinie.

Il reste toutefois, ce dont nous sommes conscients, à ne pas tomber dans l'excès inverse : Rimbaud représente effectivement la réalisation — ce qui ne veut pas dire : la réussite, notion que Rimbaud rejetait — d'une « œuvre-vie ». Alain Jouffroy ajoute : une « œuvre-voie ». Mais à scruter cette vie, à suivre dans tous ses méandres cette voie, on ne doit absolument pas en cacher les impasses et les contradictions insolubles. La vie aventureuse n'éclipse nullement l'aventure écrite, d'autant que la seconde contient implicitement la première, et cela dès les vers latins, comme le démontre dans ce numéro Alain Borer.

Une mystique de la rupture, qui répondrait trop opportunément à la marginalisation pour ne pas dire à la négation de la poésie dans notre société si prosaïquement marchande et consommatrice, ne doit pas reléguer le mystère de l'écriture rimbaldienne — heureusement quadrillée d'éclairages minutieux — au magasin des accessoires littéraires ou scolaires.

La bataille pour retrouver Rimbaud, un Rimbaud débarrassé des interprétations parasitaires, est loin d'être achevée. Cette bataille que menèrent autrefois avec fougue les Surréalistes, et dont témoigne le sensationnel inédit d'Aragon que nous publions aujourd'hui, sa préface de 1930 à Une saison en enfer, *miraculeusement exhumée, il faut que l'on sache qu'elle est loin d'être dépassée, inutile. En cette année du Centenaire, qui donne lieu à un déluge médiatique, à cet « absurde et pontifiant bavardage » que raillait déjà Aragon dans les* Chroniques du Bel Canto, *il est nécessaire de défendre encore Rimbaud contre la canonisation, la momification, l'académisme, toujours enclins à récupérer même l'* irrécupérable. *Car c'est cela qui caractérise le poète : il est proprement* irrécupérable *par les cuistres, les tartuffes, les conformistes de tout poil.*

Tandis qu'il reste pour nous perpétuellement repérable, *en tant que poète toujours vivant. Et c'est de ce poète-là qu'* Europe *s'est proposé de capter la lumière latente dans le miroir noir qu'il nous tend. Tel qu'en lui-même enfin le change* son éternité *— retrouvée — dans la mémoire des poètes ici réunis, qui manifestent par leur création la persistance féconde du ferment rimbaldien.*

Charles DOBZYNSKI

PETITE INTRODUCTION À UN MANIFESTE D'ADEN

Rimbaud, le premier, sut très vite — à dix-huit ans ! — se placer très au-dessus de tout ce qu'il a pu écrire. Il ne s'est jamais laissé coincer ni par ses vers, ni par sa *Saison*, dont il a même brûlé quelques exemplaires, ni par ses *Illuminations*. Aucun texte, aucune phrase, aucune formule de Rimbaud ne lui a été un poids, moins encore un carcan : tout au plus des repères, provisoires, dans sa course perpétuelle vers autre chose. Mieux que personne, il savait que le plus grand « chef-d'œuvre » n'est encore qu'un brouillon, et qu'en brouillant ses traces, et plus efficace encore en les effaçant, on devient plus libre, plus indépendant de tout passé et de toute fin. La seule formule qui a pu lui servir de guide inconscient, c'est celle de la liberté libre, qu'il a dû très vite oublier lui-même, puisqu'il ne s'en est jamais resservi après cette lettre du 2 novembre 1870 à son professeur Izambard où il lui dit : « *Que voulez-vous, je m'entête affreusement à adorer la liberté libre, et... un tas de choses que "ça fait pitié", n'est-ce pas ?* »

Le sens de toute son expérience africaine est là : il s'est placé jusqu'au bout, et pour ne jamais dépendre de son passé, au-dessus de tout ce qu'il a pu écrire — dire, et faire. Très au-dessus. C'est en gardant toujours à l'esprit cette donnée exceptionnelle de son éthique personnelle qu'on peut saisir, dans cette machine lancée très tôt contre toutes les croyances, toutes les vanités du XIXe siècle — y compris celles des trois religions de salut monothéistes — ce qui dépasse ce qu'on appelle encore, en cette fin de XXe siècle, une « œuvre », ce qu'on appelle aussi, séparément, une « vie ».

Alain Borer a proposé lors du « Colloque d'Aden », en mars 1990, à Aden, mais il l'avait déjà écrit dans *Rimbaud en Abyssinie*, qu'on définisse le projet rimbaldien comme une « œuvre-vie ». Formule adéquate, en effet, au poète qui s'est moqué le premier, dans ce qu'on appelle la « lettre du Voyant », de ceux qui se croient encore les

« *auteurs* » de leurs phrases, et de leurs livres : sinistre plaisanterie de vantards, que Rimbaud a dénoncée en parlant de ceux qui « *n'avaient trouvé du moi que la signification fausse* » et dont il faut « *balayer les millions de squelettes* », parce qu'ils ont, « *depuis un temps infini, accumulé les produits de leur intelligence borgnesse en s'en clamant les auteurs* ». Seuls quelques professeurs assez myopes et attardés, assez ignorants et naïfs, ou banalement académiques, peuvent encore prendre au sérieux la prétendue autonomie de cette conscience séparée du monde et de la vie sur laquelle on construit le mythe de l'auteur souverain, détaché de la réalité sordide, ou banale, que Rimbaud a vécue, lui, en la trouvant, simplement et modestement, « *rugueuse à étreindre* ».

Proche d'Alain Borer, j'appelle *œuvre-voie* l'aventure rimbaldienne, non seulement pour en définir le constant dépassement téléologique, mais pour cesser de la limiter à l'intérieur de son seul temps individuel biographique.

Ne l'oublions, en effet, jamais : la voie ouverte par Rimbaud a été suivie par d'autres, principalement par tous les individualistes révolutionnaires du XXe siècle : de Segalen à Saint-Pol-Roux et Cendrars, de Cendrars à Tzara et Breton, de Breton à Artaud et Michaux, de Michaux à Duprey et Rodanski, de Duprey et Rodanski aux poètes américains de la Beat Generation, et ça continue. Il n'y a aucune espèce de raison que cela ne continue pas au XXIe siècle, qui a commencé avant l'heure. Saint-Pol-Roux l'a dit une fois pour toutes : « la révolte est la loi vive du génie ». Depuis la mort de Saint-Pol-Roux, les raisons de se révolter auraient-elles disparu dans le monde ? Elles n'ont fait que se multiplier partout chaque jour, et souvent à l'insu des médias mondiaux.

Pour tous les poètes qui ne se confondent pas avec des « *assis* » de bibliothèque, cela demeurera partout leur seule loi, parce qu'un « génie » qui n'est pas lucidement et profondément collectif — lié au sort de tous par un choix intérieur délibéré — ne sera jamais qu'un avatar de plus de l'Unique et de sa propriété : l'individualisme même. Ce qui rimbaldise en nous est notre seule chance d'échapper à la banalisation et à la stérilisation universelles des activités productives de la pensée, et ceux qui n'ont pas encore compris que la resingularisation collective est le « *vent salubre* » qui nous pousse en avant sont, irrémédiablement, des autruches. La poésie, telle qu'elle se pratique encore en France, comme un genre ou une catégorie distincte des autres activités créatrices de l'esprit, ne permettra jamais d'en prendre conscience : elle ne s'enfonce depuis cinquante ans dans son isolement, et ne cultive académiquement son image séparée du monde que par incapacité à se transformer en un véritable « dialogue des autres ».

Tout en préparant le discours de conclusion du colloque, je lançai l'idée d'écrire un « Manifeste d'Aden » susceptible de définir le point commun que nous venions de trouver au Yémen. La veille de notre retour en France, Bernard Noël m'a remis, en guise de commencement de ce « Manifeste », le texte suivant :

« Aden est un mot, et chaque mot est en soi une image, car un mot ne se limite au sens de la chose qu'il désigne. Aden, où nous sommes venus, n'est pas un lieu, c'est simplement la forme qu' ici *donne à l'inconnu puisqu'il faut, un instant, que l'inconnu ait des lèvres et un corps pour que, dans l'Autre, notre propre limite prenne un contour aimable. Nous aimons l'amour qui nous souffle entièrement en tu. »*

Le discours que j'ai prononcé à Aden, en conclusion du « Colloque Rimbaud » et dont le texte suit, ne saurait être assimilé à ce « Manifeste d'Aden » demeuré en suspens. Il ouvre simplement la perspective où je me suis placé ensuite pour écrire *Arthur Rimbaud et la liberté libre* et commenter les textes et les lettres que Rimbaud a écrites pendant ses dix dernières années dans *Je suis ici dans les Gallas*. Lors d'un second voyage collectif au Yemen, que je tente d'organiser avec Serge Sautreau et Yves Hélias et auquel doivent participer sept artistes, le « Manifeste d'Aden » verra-t-il le jour ? Dans quelle dérive nouvelle de la guerre du Golfe serons-nous alors placés ?

*
* *

Ce texte de conclusion du « Colloque Rimbaud » a été prononcé le 17 mars 1990 — traduit simultanément par le poète irakien en exil Kadhim Jihad — devant le ministre de la Culture de la République populaire du Yémen du Sud, peu de jours avant sa réunification avec la République du Yémen du Nord. Le poète irakien Chawki Abdelamir, qui vit lui aussi en exil en France, et qui avait organisé ce colloque avec l'Institut du Monde arabe de Paris, était également présent, de même qu'Alain Borer, Colette Deblé, Charles Dobzynski, Mohammed Kacimi, Marc et Huguette Le Bot, Bernard Noël, Serge Sautreau et André Velter.

Le mythe-Rimbaud originel, qui s'est formé quelques années après sa mort à l'hôpital de la Conception de Marseille en 1891, nous a séparés longtemps — trop longtemps, près d'un siècle — de tout ce qu'il fut, de tout ce qu'il a conçu, d'un bout à l'autre de sa trajectoire.

Ce mythe originel reposait sur la certitude acquise de l'abandon de l'écriture poétique en 1875 — son dernier poème connu : *Rêve*, étant daté par la lettre qu'il a envoyée, de Stuttgart, à son ami Ernest Delahaye. On n'a pas remarqué — même Breton, qui en a souligné l'importance, ne l'a pas fait — que ce poème, qui clôt ainsi la saga « poétique » de Rimbaud par l'humour le plus noir, se termine par le mot *Etc.* Cet « Etc » montre à lui seul que Rimbaud ne met jamais de point final à rien, et qu'après 1875 comme avant 1875, son œuvre-voie n'est qu'une succession permanente de changements, de bouleversements, de remises en cause incessantes. Les temps de toute sa vie s'y télescopent, et comme l'indiquent en creux son nom et son prénom, où l'on retrouve toutes les lettres du mot *Harar*, l'œuvre écrite préfigure l'œuvre-vie. *Une saison en enfer* et les *Illuminations* peuvent être déchiffrées comme des pré-sciences, précises et retentissantes, de son expérience réelle d'Aden et du Harar. Elles en dégagent le sens avant même qu'elle ne soit amorcée.

Cela semble avoir à peu près complètement échappé à tous ceux qui, certains de l'abandon définitif de l'écriture poétique par Rimbaud, ont construit une sorte de dogme intransgressable : celui de l'existence de « deux Rimbaud », dont le « second » tournerait absolument le dos au « premier ».

Selon ce dogme, 1) le Rimbaud-Voyant, 2) le Rimbaud-Négociant-marchand de fusils opposeraient en quelque sorte un « Poète » à un « Antipoète », ou, si l'on préfère, un « Je » révolté et souverain — le Génie même — à un Autre, esclave et traître, qui aurait contredit, contrebattu, finalement « tué », assassiné son double initial.

Sur ces « deux » Rimbaud mythiques, ou sur ce « double Rimbaud », formule plus subtile que son premier héritier, poète-voyageur au long cours, Victor Segalen, explorateur lui aussi, a trouvé en 1905, se sont édifiés tous les autres mythes-Rimbaud :

a) Le mythe du « Rimbaud-négrier », qui aurait collaboré à la traite des esclaves. Pierre Petitfils, président de la Société des Amis de Rimbaud, a indiqué, dès 1963, dans un numéro de *Bateau ivre*, que ce mythe s'est nourri de la méconnaissance des lois et des coutumes de l'Afrique orientale, où les Européens étaient, comme en Arabie, tenus aux mêmes obligations. Alain Borer, le plus perspicace, le plus complice explorateur de Rimbaud, a définitivement fait justice, dans son livre *Rimbaud en Abyssinie*, comme dans son intervention nouvelle, lors de ce Colloque Rimbaud d'Aden, de cette accusation stupide.

b) Le mythe de l'« échec » et du « fiasco financier » de Rimbaud à Aden et à Harar. Alain Borer l'a démontré, également de manière définitive : revenu pour se faire amputer la jambe à Marseille, Rimbaud a rassemblé les sommes qu'il avait gagnées ou investies pendant dix ans à Aden et à Harar, soit environ 40 000 francs-or, ce qui équivaut à plus d'un million de francs actuels. Pour un homme qui s'occupait aussi de tout autre chose que de ses affaires, ne s'y concentrait, ne s'y limitait pas suffisamment pour accumuler une « grande fortune », ce n'est pas rien, et moins encore un « échec » ! Aucun poète de son époque n'a disposé de tant d'argent.

La phrase de Segalen qui a — si j'ose dire ! — fait fortune : « En affaires, je lui trouve un défaut capital [capital !], il a échoué », était nulle et non avenue. Mais elle procédait de la loi tacite qui consiste à interdire aux poètes qui ne sont pas nés riches à gagner de l'argent, ne serait-ce que pour en faire des maudits sur lesquels on puisse verser — plus tard — des larmes.

c) Le mythe du « négociant cynique », sans scrupules, qui aurait renoncé d'autant plus radicalement à écrire qu'il n'aurait plus raisonné qu'en chiffres. Il suffit de voir comment, dans l'histoire de la vente des 2 040 fusils réformés de Liège et des 60 000 cartouches au roi Ménélik, Rimbaud a payé toutes les dettes, réelles ou supposées, de son associé Labatut, mort d'un cancer avant qu'il ne les transporte à Enttoto, pour saisir à quel point il a su se montrer honnête et généreux, jusqu'à perdre une grande partie de ses droits. Personne n'a jamais dit du mal de lui à Aden et à Harar et personne ne l'a jamais attaqué dans aucune de ses caravanes : s'il avait été malhonnête et cynique, cela n'aurait pu être le cas dans une région infestée de bandits où les rivalités étaient féroces entre les peuples comme entre les individus.

Trois mythes solides, tous étayés sur celui des « deux » ou du « double » Rimbaud, qui se serait ainsi coupé de lui-même, jusqu'à transformer cette coupure en « mur ». Victor Segalen a lui-même défini ce « mur » : « Entre l'auteur des *Illuminations* et le marchand de cartouches du Harar, il existe un mur, et ce mur ne serait ni plus complet ni plus étanche, si, au lieu de n'avoir été que le second aspect du même homme, l'explorateur était né frère ennemi du poète, si, en place d'un double Rimbaud, nous avions eu deux Rimbaud ».

Tout ce que Segalen écrit là, qui fut publié bien plus tard, a été redit, répété à satiété sous diverses formes, avant même qu'on ait pu prendre connaissance de son texte, pendant tout le XXe siècle, comme si l'on ne pouvait supporter l'idée de l'abandon de la poésie écrite, comme on n'a pu longtemps supporter l'idée de « l'abandon de la peinture » par Marcel Duchamp.

Mais les faits sont têtus. Tandis qu'il continuait de travailler pour Alfred Bardey, qui l'avait envoyé d'Aden à Harar pour s'y occuper d'un nouveau comptoir, Rimbaud a profité très tôt de son séjour en Afrique orientale, des connaissances qu'il y a rapidement acquises, pour explorer, le premier, au sud du Harar, le pays des Gallas. Il a exploré cette partie inconnue de la terre comme il a *fouaillé* d'abord le latin et la langue française, puis des langues européennes, l'arabe et plusieurs langues et dialectes africains. A Stuttgart, en 1875, il a écrit qu'il *« fouaillait »* la langue allemande *« avec frénésie »*. Il a fouaillé de même les langues du Choa et des Somalis, comme il a fouaillé les territoires de son exploration. Et, loin de se taire à ce sujet, il a beaucoup écrit sur ses découvertes, non seulement dans ses lettres à sa famille et à Bardey, mais dans ses rapports pour la Société de géographie et son article du *Bosphore égyptien*, qui était dirigé par le frère de son ami l'explorateur Jules Borelli. Tous ces écrits ont servi à une meilleure connaissance des rapports politiques qui se nouaient et se dénouaient à l'époque entre les rois africains, la France, l'Angleterre et l'Italie. Ils ont servi également à compléter les données géographiques et ethniques des peuples d'Afrique orientale qu'il a rencontrés et étudiés. Ils ont permis, entre autres choses, de découvrir les meilleures voies d'accès à ces territoires méconnus depuis la côte et à l'avance favorisé la création d'une nouvelle ville, Djibouti, dont il fut le premier à comprendre l'importance stratégique.

Ecrivant donc, non des poèmes au sens littéraire du mot, mais des dizaines, sinon des centaines de lettres, des articles pour les journaux (non seulement *Le Bosphore égyptien*, mais aussi *Le Figaro* et *Le Temps*, où l'on a eu la bêtise de les jeter au panier), des rapports pour la Société de géographie, dont certains ont pu se perdre, mais dont deux ont été publiés de son vivant, Rimbaud n'a, en fait, et jusque sur sa civière, en descendant vers Aden, sa jambe malade accrochée à son cou, jamais cessé d'écrire. La poésie écrite n'était pas, ne pouvait être, pour un poète de sa dimension humaine, psychique et politique, la seule forme d'écriture possible. Il faut être un fieffé crétin pour ne pas savoir reconnaître cette évidence énorme, qui recoupe notre propre expérience, aujourd'hui même, parmi les poètes ici présents : nous avons tous, sans exception, écrit aussi autre chose que des poèmes, collaboré à des journaux, des encyclopédies, écrit des textes sur l'art, l'artisanat, la politique, la société, les pays où nous avons voyagé, etc.

Rimbaud n'a jamais cessé d'aller au-delà de ses transmutations successives d'écriture. Il a prolongé son travail d'écrivain par la photographie, en liant ce travail photographique non seulement au commerce (il vendait ses photos sur place), mais au projet d'un livre, celui qu'il voulait écrire sur le Harar et le pays Galla. Dans ce livre, il avait l'intention d'*intercaler* — c'est son mot — ses photographies dans son texte. Pour réaliser ce projet, il a fait l'énorme dépense d'acheter et de faire venir de Lyon un « appareil photographique complet », qui comprenait donc tout ce qu'il faut pour tirer soi-même des épreuves : glaces, cuvettes, flacons, produits chimiques, et cela pour la somme de 1 850 francs de l'époque, soit environ quatre fois son salaire mensuel. Tout se passe comme s'il avait voulu ainsi démontrer que le pays inconnu des « Gallas », *totalement inexploré des Européens* souligne-t-il dans la lettre à sa mère, à sa sœur et à son frère du 2 juillet 1881, existait réellement. Comme s'il voulait convaincre que l'*inconnu* qu'il avait découvert, et où il ne cachait pas de vouloir *trafiquer*, était une réalité *curieuse, intéressante* pour tous.

Il faut souligner que ce projet d'ouvrage, dont il a parlé deux fois, le 18 janvier 1882, dans une lettre à sa mère et une autre à son ami et ancien confident Ernest Delahaye, préfigure les livres de Jean Lorrain, illustrés eux aussi par des photos, et surtout *Nadja* et *l'Amour fou* d'André Breton, qui a parlé, dans le premier *Manifeste du surréalisme*, de l'inutilité et de l'ennui des descriptions littéraires trop détaillées. A partir du moment où la photographie existe, il n'est plus nécessaire de « décrire » ce qu'elle révèle, souvent de manière plus poétique — quand Man Ray tient par exemple la caméra — que ne peuvent le faire les mots. Ce qui peut expliquer aussi que, dans ses textes géographiques, Rimbaud ne s'attarde jamais à décrire quoi que ce soit et se contente de brèves notations. Son projet d'ouvrage sur le Harar et les Gallas était d'autant plus moderne, et même *absolument moderne*, qu'il annonçait, quarante ans à l'avance, une révolution de l'écriture et de la poésie du XXe siècle.

Les « mythes-Rimbaud » nous ont empêché de saisir par le fond les intentions véritables de Rimbaud, sous-jacentes à son travail de négociant et d'explorateur. Leur continuité a beau se rompre dans les aléas de son existence — et d'abord parce que la Société de géographie a refusé de lui payer les missions qu'il lui a demandées pour poursuivre ses explorations — elle se renouvelle jusqu'au bout, avec le projet du récit qu'il voulait faire de son « odyssée » de Harar à Aden sur sa civière et pour lequel il avait pris des notes dont il ne nous reste que son *Itinéraire de Harar à Warembot*. Les mythes-Rimbaud ont ainsi contribué à inventer une pseudo « fin de l'histoire » antérieure à sa propre mort, comme si l'on avait cherché à nous interdire de comprendre, *littéralement et dans tous les sens*, la totalité de sa *chasse spirituelle*.

Les « deux Rimbaud » n'en font qu'un, comme chaque individualiste révolutionnaire, qui se révolte d'abord contre l'unicité illusoire de sa propre personnalité, mais aussi contre l'image qu'on peut se faire de lui-même. Qu'est-ce, en effet, qu'un individualiste révolutionnaire, comme Rimbaud ou Lautréamont, sinon un homme qui, cherchant à s'inventer par tous les moyens une réelle indépendance dans la jungle sociale et politique du capitalisme, se révolte d'abord contre l'individualisme bourgeois et petit-bourgeois ? Pourquoi cette révolte, sinon pour se réinventer sans cesse soi-même, aller toujours plus loin au-delà de ses propres limites ? S'ouvrir sans cesse à d'autres, en lui comme dans les autres — et cela, dès le début, passant de son professeur Izambard à Théodore de Banville, de Banville à la Commune et à Verlaine, de Verlaine à Germain Nouveau, comme du français à l'anglais, de l'anglais à l'allemand, de l'allemand à l'italien, à l'espagnol et à l'arabe, etc ? Fils révolté, il est passé du mal au bien sans se convertir à aucune religion. Finalement, ce fils révolté a même rêvé d'avoir un fils ingénieur, qui eût réalisé son propre rêve de *Suprême savant*. Il le dit on ne peut plus clairement, et sur quel ton ! dans sa lettre du 6 mai 1883 à sa mère, à sa sœur et à son frère :

« Hélas ! à quoi servent ces allées et venues, et ces fatigues et ces aventures, chez les races étranges, et ces langues dont on se remplit la mémoire, et ces peines sans nom, si je ne dois pas un jour, après quelques années, pouvoir me reposer dans un endroit qui me plaise à peu près et trouver une famille, et avoir au moins un fils que je passe le reste de ma vie à élever à mon idée, à orner et à armer de l'instruction la plus complète qu'on puisse atteindre à cette époque, et que je voie devenir un ingénieur renommé, un homme puissant et riche par la Science ? »

De même que Lautréamont, dans *Poésies I* et *II*, avait réécrit au bien ce que *les Chants de Maldoror* écrivaient au mal, Rimbaud, qui a vécu plus longtemps, a non seulement changé, comme Lautréamont, d'écriture et de direction de pensée, mais de vie et de terrain d'existence. Sa volonté de science, qu'il avait annoncée dans la *Saison*, coïncide non seulement avec sa volonté permanente d'indépendance, mais de puissance et de richesse pour un autre : ce fils qu'il n'a jamais eu.

La liste de tous les livres techniques et scientifiques commandés d'Aden et de Harar par Rimbaud, telle que l'a établie André Velter, exprime à elle seule sa volonté d'élargissement incessant de la connaissance : Rimbaud ne se limite jamais à aucun savoir, à aucune acquisition de son esprit. Passant sans cesse à autre chose, il *travaille, voyage*, comme si le voyage lui-même était un travail, et le travail un voyage, songe à partir pour Zanzibar, le Tonkin, Panama, l'Inde, la Chine, le Japon. A chaque entreprise nouvelle, il se propulse dans un nouveau futur, qu'il remodèle à sa guise, comme il est passé, si vite, des alexandrins hugoliens à la voyance, des chansons aux poèmes pré-surréalistes des *Illuminations*. Comme il est passé des voyages en France à l'Angleterre, l'Allemagne et la Suède, de l'expérience homosexuelle avec Verlaine à l'expérience militaire dans la Légion étrangère hollandaise à Java, des leçons de piano aux visites des musées et des bibliothèques d'Europe, etc. Rimbaud fut le centre producteur d'un univers à horizons multiples, simultanés-successifs, de strates dynamiques chaque fois singulières, comme s'il voulait produire des effets dans tous les secteurs du réel, ne jamais se borner à une spécialité quelconque, multiplier les chances de transformations accélérées, aboutir comme il le dit aussi à *« quelque chose de bon, d'utile »*, ne serait-ce que pour contredire son premier « dieu » Baudelaire, qui prétendait que l'utilité avait quelque chose d'assez « hideux ».

Mais ce Fou, ce Mat a-t-il su, a-t-il pu seulement songer un seul instant qu'il serait utile, non pas à *« au moins un fils »*, mais à tous ces fils rebelles qui ont fait du XXe siècle le siècle de sa propre modernité ? A-t-il su, un seul instant, ce Fou, ce Mat, que ses vagues de travail et d'errance, ses déferlements de voyages sans fin et d'exploration, de poésie-voyance et de poétique scientifique et technique allaient non seulement re-déferler en Europe après sa mort, mais à partir de lui, dans le monde entier ? Et pas seulement Segalen en Chine et à Tahiti, mais Valéry, le Paul Valéry de *Monsieur Teste*, cessant d'écrire des poèmes lui aussi, s'enfermant dans un hôtel qui n'était pas, hélas pour Paul, un *Grand Hôtel de l'Univers* comme celui que M. Mouhairez vient de nous aider à retrouver à Aden, mais se consacrant à son tour aux mathématiques plutôt qu'à la poésie. Valéry, fascinant bientôt ce jeune André Breton qui, le premier, va s'appuyer sur une nouvelle science, la psychanalyse, pour fonder le surréalisme, le premier mouvement d'avant-garde qui ait su dépasser de loin, de très loin les *« parapets »* européens, après l'explosion « zutique » ou plutôt *ultra-zutique* de Dada. Et les langues étrangères, s'interconnectant aux langues maternelles, comme les ont pratiquées Ezra Pound dans *Cantos*, James Joyce dans *Finnegan's Wake*. Qu'ont-ils fait, tous ces poètes, sinon suivre le mot d'ordre rimbaldien de *l'« absolument moderne » ?*

Mais Arthur — cher Arthur —, tu aurais dû partir plus tôt de Harar, en 1890, ne pas attendre que ton genou t'enfle si terriblement pour en descendre, suivre le premier le conseil que tu t'étais donné à toi-même, avec ta prescience habituelle, le 10 janvier 1889, dans une lettre à ta mère et à ta sœur Isabelle, où tu leur disais, pour les rassurer sans doute, que si tu tombais malade à Harar, tu descendrais à Aden, « un pays civilisé, où on peut régler ses affaires immédiatement », car tu n'as pas toujours dit du mal des villes, et d'Aden en particulier.

Si tu avais su éviter ça, l'amputation de ta jambe, ta mort à trente-sept ans, tu aurais pu vivre jusque dans les années trente. En 1934, tu aurais pu rencontrer Michel Leiris, le poète du *Haut-mal*, mais aussi du journal ethnologique de *l'Afrique fantôme* qui, tirant aussi ta leçon, a travaillé toute sa vie au Musée de l'Homme ! Et Antonin Artaud, qui a élargi tes pistes jusqu'au Mexique, chez les Tarahumaras, poète lui aussi, mais qui a vite abandonné la poésie en vers pour devenir l'explorateur des continents les plus enfouis de la pensée. Ou encore Henri Michaux, parti sur les mers à dix-huit ans sur un cinq-mâts shooner, l'explorateur de l'Equateur et du *Barbare en Asie*, devenu l'inventeur de son propre pays : *la Grande Garabagne*, avant de se lancer dans l'exploration, dangereuse mais minutieuse, des mécanismes les moins connus du cerveau à la lumière mescalinienne. Mais cette liste de tes fils ne s'est pas close depuis. Elle s'est prolongée au-delà de la seconde guerre mondiale, a déclenché le départ sur les routes, *on the road*, de tous les poètes de la Beat Generation américaine, en Afrique comme en Asie. Elle a fait naître un grand poète, mort suicidé à trente ans : Jean-Pierre Duprey.

Aujourd'hui, où le cycle d'Arthur se reboucle, sa poésie, sa science ne peuvent plus être opposées l'une à l'autre sans que cette opposition ne se transforme en amputation permanente de sa pensée.

Nous venons de retrouver, sur les conseils de M. Masaoud Hamshooch, et grâce à *Barr-Adjam*, les *Mémoires d'Afrique orientale* d'Alfred Bardey, la maison de son Agence, au centre du cratère éteint, à Aden-Camp, vis-à-vis du minaret blanc que contemplait Rimbaud de la terrasse, quand il n'était pas en train de *trafiquer dans l'inconnu* de l'autre côté de la mer Rouge. Il y a travaillé, d'abord, en dirigeant les empaqueteuses de café moka, dans le *harim*, il y a travaillé aussi, entre ses mains nerveuses, sur des livres scientifiques, il y a surtout écrit et pas seulement des lettres. Cette maison, chaude, ouverte, devenue la Chambre du Commerce et de l'Industrie d'Aden, pourrait se transformer à nouveau, devenir la Maison internationale de la poésie, où les poètes arabes et les poètes de langue française se rencontreront, se traduiront les uns les autres, comme on pourrait moderniser un Phare du port d'Aden, grâce à un sculpteur, à un architecte, le dédier à la poésie et à la science, pour que l'histoire rimbaldienne nous aide tous à réinventer notre propre histoire. Que le Phare Rimbaud soit !

Alain JOUFFROY

ARTHUR RIMBAUD

Election du poète

Dans le silence qui précède et qui suit le poème, il importe tout de suite de conclure :

1. *Election du Poète* (1868) est le premier poème connu d'Arthur Rimbaud.

2. Les premiers textes latins de Rimbaud ne sont pas seulement des exercices scolaires, des « vers de collège », mais des poèmes à part entière.

3. Les écrits latins font entendre dès l'origine les thèmes qui traversent l'œuvre et la vie d'Arthur Rimbaud : ils font partie intégrante de son œuvre-vie.

Mais sans doute convient-il d'abord de s'effacer devant ce jeune impatient de quatorze ans qui, rendant sa copie assuré d'obtenir les lauriers en cartons dorés et *la publication*, semble dire, à tout maître qui veuille l'entendre — « j'ai l'archet en main, je commence »...

Alain BORER

*
* *

ÉLECTION DU POÈTE

Au printemps Orbilius à Rome languissait, engourdi
Par le mal ; la trique sans pitié de mon maître d'école
S'était tue ; les coups ne sonnaient plus à l'oreille assourdie ;
Le bâton cessait de torturer mes bras et mes épaules.
Je saisis l'occasion : je gagnai les riantes campagnes,
Oublieux, libre de tout souci, abandonnant l'étude,
Et la joie m'envahit doucement, chassant ma lassitude.
Mon cœur, quand je ne sais quel bonheur délicieux l'empoigne,
Echappant à l'ennui de l'école, à ses mornes leçons,

Se plaisait au spectacle des champs dans le vaste horizon,
Assistait au miracle enchanteur du printemps de la terre.
Tout enfant, je ne cherchais pas qu'un vain repos campagnard,
Pressentant au fond d'un pauvre cœur de plus hautes chimères.
Je ne sais quel souffle plus divin transportait mon regard
Exalté, donnait des ailes à mes sens accaparés
En silence : étonné, j'admirais le spectacle du monde.
Et pareil à cet anneau de fer accroché en secret
Par l'aimant, attiré sans un bruit par sa force profonde,
Tout l'amour de l'ardente nature envahissait mon âme.

Cependant, tous les membres brisés par mes longues errances,
Allongé languissant près du fleuve aux rives d'abondance,
J'entendais à travers mon sommeil son chuchotement calme
Et traînais ma paresse charmée par le chœur des oiseaux
Dans le vent... Blanche troupe venue par les vallées d'en haut
Voici que surgissaient les colombes portant dans leurs becs
Des couronnes de fleurs que Vénus avait cueillies avec
Les parfums des terrasses de Chypre ; puis l'essaim en douceur
Approchait l'herbe où je reposais couché de tout mon long ;
Et soudain entouré de leurs battements d'ailes, mon front
Couronné, je livrai mes poignets à leurs chaînes de fleurs
Et ma tête au myrte parfumé, me laissant enlever
Dans les airs... Leur troupe m'emportait par les nues élevées,
Somnolent, frêle fardeau posé sur des feuilles de roses.
De son souffle le vent balançait mollement ma nacelle.
Les colombes, à peine arrivées aux maisons maternelles,
Pénètrent promptement sous le toit d'une demeure enclose
Au sommet d'une haute montagne, et me posent à terre,
Me laissent, éveillé. O doux nid des oiseaux ! Mes épaules
Et mon corps tout entier irradiaient d'une blanche auréole,
Pur éclat ô combien différent de la sombre lumière
Qui mêlée aux ténèbres affaiblit la faculté de voir :
Ici-bas la lumière a perdu sa nature céleste !
Je ne sais quel dieu tout-puissant en moi se manifeste
Qui répand comme un flot continu son suprême pouvoir.

Cependant reviennent les oiseaux tenant du laurier
Dans leur bec, couronne bien tressée pareille à l'ornement
D'Apollon qui aime à caresser les cordes enchantées.
Mais alors que je tendais mon front à leur couronnement
Voici que le ciel s'ouvrit à moi et, prodige soudain,
Je crus voir Phébus même volant sur une nuée d'or
Et, m'offrant de sa puissante main sa lyre aux beaux accords,
Sur ma tête il se mit à graver ces mots d'un feu divin :

« Tu seras Poète ! » Une chaleur étonnante envahit
Tout mon corps : ainsi l'eau pure à la fontaine resplendit
Et bientôt les rayons du soleil enflamment son cristal.
Les colombes quittèrent alors leur aspect initial
Et les Muses paraissent en chœur chantant leurs mélodies
Doucement ; puis elles m'ont porté de leurs bras familiers
Jusqu'au ciel ; et trois fois elles ont clamé leur prophétie,
Et trois fois elles ont couronné mon front de laurier.

Traduit du latin par
Alain BORER et Claudia MOATTI

DE ARTURI RIMBALDI LATINIS CARMINIBUS

Adonaï !... Dans les terminaisons latines
Des cieux moirés de vert baignent les Fronts vermeils...

Rimbaud, *Les Premières Communions*

CAPTATIO BENEVOLENTIAE

Dans cette capacité de toute œuvre à nous surprendre quand nous croyons la connaître, un vers du *premier* texte latin d'Arthur Rimbaud s'est ravivé soudain — écho troublant, vertigineux, au regard de son œuvre et de sa vie : « les membres brisés par mes longues errances... ». Etrange « devoir sur table » que celui d'un écolier de quatorze ans — dont tout écrit est jugé *a priori* d'un béjaune, imitateur et immature — qui évoque les *errances* auxquelles il se livre en effet, qu'il pratiquera toute sa vie, et dont il mourra vingt-trois ans plus tard, d'un « membre brisé » littéralement... Ces « vers de collège » ne seraient-ils que les exercices d'un lauréat que le principal du collège de Charleville, M. Desdouets, voyait déjà à Normale supérieure ; d'un élève (on entend venir le poncif « brillant », qui entretient la certitude du statut scolaire) pastichant les maîtres au fil de la plume, au gré de ses lectures boulimiques ? N'évoquent-ils pas dès son surgissement ce désir de « promenades infinies » et les « bohémienneries » confiées à Izambard le 25 août 1870, la marche par la Nature dont *Sensation*, à seize mois de distance, parle au futur ; cette vie errante que rapporte *Vagabonds* dans les *Illuminations* ; la « vie errante et gratuite » (Le Caire, 1887) nommée en toutes lettres, menée en tous lieux et à laquelle celui que son ami d'enfance, Ernest Delahaye, appelle « l'écolier vagabond »[1] se conformera jusqu'à en offrir la prémonition ? « Les membres brisés par mes longues errances... » : Rimbaud répète la même exclamation en 1891, quand, la jambe bandée et attachée, il décrit à sa mère les causes de ses malheurs : « cette infirmité m'a été causée par [...] des marches fatigantes » (Harar, 20 février 1891) ; puis la jambe droite amputée, il explique encore à sa sœur Isabelle, depuis l'hôpital de la Conception — « ... des courses à pied de 15 à 40 kilomètres par jour, des cavalcades insensées à travers les abruptes montagnes du pays. [...] Je marchais et travaillais toujours beaucoup, plus que jamais... [...] — Je marchais toujours. » (Marseille, 15 juillet 1891). Quelques mois après la mort de son frère, Isabelle se rappelle ses récits de voyage « sur d'immenses étendues, après des courses épuisantes ou des chevauchées qui brisent les membres. »[2]

NARRATIO

L'Orient est là « dès toujours » pour Rimbaud[3], et c'est un résumé d'histoire ancienne sur l'Egypte, l'Assyrie, la Chaldée, montré à tout le collège par son professeur M. Crouet « avec un sombre orgueil », qui lança, dès son passage en sixième, selon son ami Delahaye[4], la réputation de l'écolier (« — Arthur ? Il est épatant », disait lui-même son frère Frédéric) ; mais les premiers succès scolaires du jeune Rimbaud à l'Institution Rossat avaient déjà reçu les honneurs de la gazette locale, *Le Courrier des Ardennes*[5], à chaque distribution des prix, les 13 août 1862, 17 août 1863 et 9 août 1864 : dans cet institut privé, avant ses lauriers du collège, Arthur avait obtenu un prix en grammaire latine et thème latin ; il ne fut pas seul, assurément, à exceller dans cette discipline à laquelle s'appliquaient en masse les grimauds de l'Empire ; on trouve même à cette époque un Rimbaud *Onésime*, lauréat au collège d'Aix (où il devance en toutes matières Emile Zola)[6] — de même qu'un Jules *Rimbod*, partisan de l'école buissonnière dans les Alpes-Maritimes[7]... Mais au collège de Charleville, où son palmarès est resté célèbre, « le petit Rimbaud », comme on disait, rafle pendant cinq ans (sans parler des premiers prix de discours français ou de version grecque) les premiers prix de latin (vers, thème, version, narration, discours[8] — puisque cette discipline offrait alors toute cette gamme aux potaches !) ; surtout, il emporte par deux fois, en seconde (1868-69) puis en rhétorique (1869-70), le fameux premier prix de vers latins du Concours académique, disputé entre les cinq lycées et les vingt-quatre collèges de l'Académie de Douai : plus fort que Baudelaire à Louis-le-Grand ! « Ses versions étaient pour la plupart traduites en vers, affirment les premiers biographes Bourguignon et Houin[9] ; au deuxième Concours académique, il avait réussi à traiter son sujet en vers latins, en proses latine et française, en vers français. Sa faculté de travail en ce genre était extraordinaire. Durant les classes de mathématiques, dont il se désintéressait complètement, il faisait les vers latins de ses camarades... »

Ces vers latins de Rimbaud, il revient à l'éminent rimbaldien Jules Mouquet (1878-1950), cousin d'Albert Samain, coéditeur de la première édition de la Pléiade en 1946, « inventeur » de la *Lettre du baron de Petdechèvre* et des vers latins de Baudelaire, de les avoir recherchés (en vain, dans les archives de l'Académie de Lille et de Douai), découverts, dans un bulletin parfaitement introuvable — et si l'on ose dire *incherchable* : le *Moniteur de l'Enseignement secondaire, spécial et classique, Bulletin de l'Académie de Douai,* paraissant à Lille, rue Neuve, Librairie de D. Guillot ; puis traduits et publiés en un petit volume intitulé *Vers de collège*, au Mercure de France, en 1932. Le numéro 2 du petit périodique scolaire, daté du 15 janvier 1869, publiait une pièce de vers latins signée *Rimbaud Arthur*, et datée du 6 novembre 1868 ; Rimbaud était alors élève de seconde au collège de Charleville, depuis un mois, dans la classe de M. Duprez. Sa carrière de latiniste s'arrêterait l'année suivante : elle ressemble à toutes les autres entreprises du poète ; que la guerre ait ou non interrompu ses études, Rimbaud abandonnera le latin comme il abandonnera la poésie, les langues, la musique, l'exploration ou toutes autres *formules* — en les traversant comme s'il en avait aperçu toutes les virtualités, croyant pouvoir les épuiser d'avance ; préférant « aller voir ailleurs », il délaisse tout brusquement — à la façon dont il se défendit un jour contre un séminariste délateur : en lui fichant son *Thesaurus* à la figure.

QUID USUS LINGUAE LATINAE DE RIMBALDO INDICET

« Pourquoi apprendre le latin ; personne ne parle cette langue. [...] Que sait-on si les latins ont existé ? C'est peut-être quelque langue forgée ; et quand même ils auraient existé, qu'ils me laissent rentier, et conservent leur langue pour eux ! Quel mal leur ai-je fait pour qu'ils me flanquent au supplice. [...] Il ne fait pas si bon de s'user les culottes sur les bancs... » Ce dénigrement juvénile d'un écolier de huit ans et demi, sur le ton de *Maldoror*, ne contredit pas par avance les passions à venir, il lui est habituel et ne le quittera pas : récitant bientôt par cœur des tirades de *l'Enéide*, Rimbaud se plaisait à changer *« debellare superbos »* en *« degueulare superbos »*, et l'on retrouverait jusqu'en août 1891, devant le parterre de fleurs du chef de gare de Voncq, ce pli ricaneur de la lèvre... D'emblée le latin fut associé au travail (« supplice »), et le travail à la malédiction originelle — ce que le petit écolier en képi de l'Institut Rossat consigne dans un cahier de brouillon : « ah saperpouillotte ! *adamus et eva...* ».

Puis l'on reconnaît dans cette période latine la hâte de parvenir, l'impatience fondamentale, le goût de l'« exploit » (l'exploit du 2 juillet 1869 à six heures du matin, rapporté par l'abbé Morigny, quand Rimbaud candidat au Concours académique demanda des tartines, avant de composer *Jugurtha* d'un trait de plume, sans consulter son *Gradus*...)[10], le dépassement de soi, la soif de connaissances et d'inconnu qui prendront tant d'autres formes. Plus qu'une matière scolaire obligatoire, le latin fut pour lui la première langue apprise et prisée, goûtée, qui témoigne de cet « appétit énorme d'apprendre » dont parle Delahaye.

Sa maîtrise de cette langue imposée aux adolescents atteste aussi ce *don des langues* dont on a voulu faire une légende, mais que confirment pourtant maints témoignages et documents : langue source de quelques autres, le latin fut la première langue de Rimbaud parmi beaucoup d'autres, apprises à d'autres âges, peu ou prou — grec ancien, anglais, allemand, espagnol, italien, grec moderne, russe, hindoustani, arabe (dans ce cas avec mention « admirable » décernée par trois témoins dignes de foi), oromo, galla, amhara...

Acquise avec une facilité époustouflante qui dépasse quelque peu, sans l'altérer, le mérite des enseignants (« Rimbaud vous bâclait, en un rien de temps un certain nombre de pièces de vers latins », se rappelle un condisciple, M. Delahaut[9]), la langue de Virgile et d'Erasme fut d'abord langue-cible, code secret des vieux livres savants, l'outil complexe des plus grands poètes. « Vivant au siècle des Jean Dorat et des Jean Sebond, il eût rivalisé avec eux, observe Jules Mouquet, et fût devenu sans aucun doute le premier poète latin de son temps. » En effet précoce et virtuose, Rimbaud eut la passion douloureuse d'une langue morte à ressaisir en langue vivante.

Imbattable en récitation — le professeur devait arrêter son débit de *l'Enéide* —, Rimbaud *parlait* latin, autant qu'il pouvait l'écrire. Langue de l'introversion, surgissant par éclat dans ses conversations, par bribes dans ses méditations (« latin d'église... refrains niais » de l'*Alchimie du verbe*) le latin se marmonne (et Rimbaud marmonne plutôt qu'il ne communique) ; la langue savante code sans doute les échanges avec quelque interlocuteur possible, et c'est en latin que Verlaine, comme pour retrouver son ami perdu, s'adresse à Rimbaud dans deux magnifiques poèmes intimes, *Laeti et errabundi, Crimen amoris*...

Il n'est pas un élément de la prétendue « seconde partie » de la vie d'Arthur Rimbaud qui ne se trouve dans la « première », puis dans l'œuvre, l'ensemble s'éclairant : quand Isabelle, dont le témoignage a pu être mis en doute, raconte que son frère, en été 1891, dans la ferme de Roche où elle le soignait, « entremêlait souvent à son langage des locutions de style oriental et même des expressions empruntées aux langues étrangères d'Occident »[11], nous nous rappelons le témoignage d'Armand Savouré[12], surpris lui aussi par les mots de « langues variées » qui survenaient dans les conversations du jeune homme, en Abyssinie ; et l'on peut vérifier dans l'œuvre, qu'il faudrait relire à l'écoute polyglotte — ne serait-ce que dans les titres, *Illuminations, Bottom, Being Beauteous...* — cette pluralité, signe de science et d'impatience, comme un désir impossible de *tout parler*, ou de « trouver une langue ».

Il est plus difficile d'oublier une langue que de l'apprendre. Comment oublier le latin ? Il insiste, s'insinue, se transforme — résonnant même dans ces verbes qui le désignent ! — et les allusions (« pas d'*orietur* », « *ad matitunum venit* »...), mais aussi les latinismes qui foisonnent dans les poèmes de Rimbaud (les « lactescent » du *Bateau ivre* !) appelleraient une étude spéciale — grammaticale, sémantique, prosodique. Delahaye, qui prononça en 1906 à Reims une conférence sur « Le latin, langue internationale » — remarque dans le poème de son ami, intitulé *Bruxelles* :

Bavardages des enfants et des cages

« les souvenirs tenaces de la poésie latine qui ont évidemment produit l'harmonie imitative »[13] ; il reconnaît « ce vers tout en spondée »[14] :

...les guerriers
Chevauchent lentement leurs pâles coursiers

dans *Michel et Christine* ou dans *Qu'est-ce pour nous, mon cœur...*, « ce vers absolument latin par son art expressif »[15] :

Qui remuerait les tourbillons de feu furieux...

Il se souvient qu'en 1873, *après* la *Saison en enfer*, son ami recevant des poèmes que Verlaine lui adressait depuis la prison des Petits-Carmes, à Bruxelles, appréciait surtout ce vers, « Rose dans le gris du soir », à cause « d'un rythme si virgilien »[16]. Il faut encore se représenter Rimbaud, accroupi dans une case d'un village danakil, en septembre 1886, à l'autre bout du monde connu à l'époque, aussi loin qu'on puisse l'être de l'élégie, discutant longuement de littérature avec August Franzoj, lequel « lisait constamment Horace dans le texte... »[17].

REFUTATIO

Ecartés de toutes les éditions des *Œuvres* de Rimbaud depuis leur découverte en 1932, les écrits latins n'ont pas été publiés depuis l'édition de la Pléiade, en 1972, établie par Antoine Adam qui les nomme « textes latins », les classes parmi les « Œuvres diverses » (autrement dit : « je ne sais pas quoi en faire »), et en relègue la traduction page mille trente... Ils n'ont jamais été commentés ni analysés[18] — le millier de pages des *Œuvres complètes* n'étant lu généralement, ou jugé vraiment digne de l'être, que jusqu'à la page cent cinquante-cinq, en passant vite sur les débuts. *Vers de collège* : le titre choisi par Jules Mouquet commande une curiosité indulgente orientée vers l'accessoire, sur le thème modeste du chercheur qui rapporte quelque petite chose des grands auteurs, préparant à une lecture dépréciée par avance.

Sans porter préjudice à la mémoire de leur inventeur, ces *vers de collège* furent traduits par ses soins selon un parti pris prosaïque (« grâce au déplacement et à l'absence de soucis, de douces joies... », vers 6), qui s'accommode plus loin de deux contresens — *chordas*, au vers 46, ne traduit pas « chœur », mais les cordes d'un instrument de musique, la lyre du poète : Rimbaud emprunte sans doute sa lyre à Tibulle, *impellere pollice chordas* — selon un projet délibérément non-poétique qui manque la visée explicite du poème par Rimbaud, son projet même. Jules Mouquet, qui se trompe aussi — *errare humanum est !* ; qui attribue à Rimbaud un sonnet célèbre de Scarron (« Superbe monument de l'orgueil des humains... »)[19] ; Jules, qui voulut rendre à Rimbaud cinquante hexamètres qui appartenaient à un autre élève de seconde, Alfred Mabille ; Jules Mouquet étendait aux « vers de collège » cette négligence dans laquelle sont tenus encore les premiers poèmes, notamment *les Etrennes des orphelins, Ophélie* ou *le Bal des pendus*, et qui exigent également un ré-examen[20]. Pourtant, note Marc Ascione en 1991, « ces vers latins méritent d'abord d'être bien édités et bien traduits. Ce travail risquerait de conduire à de nouveaux éclairages qui impliquent l'ensemble de l'œuvre. »[18]

QUID AD RIMBALDI LATINAM LINGUAM PERTINEAT

Il n'est que de s'exposer à ce risque, artisanalement ; et — quel que soit le succès d'une entreprise aussi délicate — il nous importait de retrouver le *degré de qualité* du poème latin, autant que son « sens » : en respectant les répétitions, nombreuses, des mots et des idées, les redondances et la rhétorique, nous voyons ces premiers vers attirer sur eux le jugement de Verlaine qui préface les *Poésies complètes*, en 1895 : « trop de jeunesse décidément, d'inexpérience mal savoureuse, point assez d'heureuses naïvetés » ; André Beaumier, à propos lui aussi des vers français (dans le premier article de critique littéraire digne de ce nom consacré au jeune poète, en 1900) remarque de même cette « sentimentalité puérile »[21], qui conviendrait aux vers latins : Arthur fut élégiaque... Il eût pu s'écrier avec Victor Hugo :

O Virgile, ô mon maître !

Virgile ? Ce « cher maître » plus sûrement admiré que Banville, « le jeune Rimbaud en était, si l'on peut dire (c'est Delahaye qui peut le dire[22]), saturé, pour l'avoir traduit, appris par cœur, pendant quatre ans (classes de 4e, 3e, 2e, rhétorique), et docilement, attentivement il étudia les procédés du poète classique, afin d'apprendre à faire lui-même des vers latins, où il acquit une virtuosité qui étonnait ses professeurs » ; et il sut d'abord prendre — un *languidulus* à Catulle, comme un peu plus tard une rime à Glatigny — chez tous les élégiaques en quelque sorte incorporés, et jubiler d'un chiasme réussi *(« homines hominumque » ; l'Ange et l'Enfant,* v. 28).

CONFIRMATIO

Le lecteur de Rimbaud reçoit cet *Avertissement*, qu'il faut tenir pour *dit* jusqu'à la fin : « Ces écritures-ci sont d'un jeune, tout jeune *homme...* » Les toutes premières « écritures » d'une brève non-carrière, qu'Edgar Poë appellerait « crude compositions of my boyhood » (frustes poèmes de mon enfance), disent déjà cette « fureur d'indépendance qui se manifeste [...] dans ses écrits — et dans la vie aussi » (André Beaumier[21]). Pour être élaborés dans une salle d'école sur un thème donné, ces *crude compositions* d'un jeune poète *qui se proclame tel* et deviendra l'un des plus grands ne seraient-ils pas pour autant des *poèmes* ? *Les Etrennes des orphelins* qui ouvrent d'ordinaire les *Poésies* ne sont que le premier poème connu *en français* — quoiqu'il fallût attendre vingt-cinq ans pour qu'il fût considéré comme tel — : les *Etrennes* furent aussi poème d'écolier, contemporain des vers latins, montrés au professeur — qui s'en étonnait autant, et corrigeait. L'ange, qui offre à l'enfant le privilège d'échapper à la condition humaine, dans le deuxième poème latin, *L'Ange et l'Enfant*, n'est-il pas ce même ange qui revient peu après au chevet des orphelins ? Quelle que soit la part de l'imitation, de l'emprunt ou du pastiche (qui nécessitent une analyse problématique, à la lumière des expériences du XXe siècle, *réécriture*, intertextualité, *cutup-foldin...*) ; quelle que soit la part de la jeunesse, il importe de reconnaître la qualité de la prosodie et la richesse des thèmes rimbaldiens constants que présentent les vers latins : de les lire comme les premiers poèmes d'Arthur Rimbaud.

Poèmes que la mère ne peut pas lire, poèmes refusés à la langue maternelle, poèmes de la langue savante adressée au père absent, offerts au père-professeur, orientés vers la domination des modèles par assimilation-dépassement, la connaissance du « suprême savant », et destinés à quelque plus ambitieux projet non-dit, les premiers poèmes révèlent et dissimulent les structures de l'Œuvre-vie : dans la figure imposée — développer cinq vers d'Horace (Ode IV, livre III)[23]

— retrouvons les figures libres, que la contrainte scolaire même permet de formuler pour la première fois : l'*élection*, thème fondateur du premier poème et qui nous semble devoir lui donner son titre[24] — plutôt sa *description*, préférée au « songe de l'écolier » que propose Jules Mouquet — l'élection à plus d'un titre révèle ce sentiment qui ne quittera pas Rimbaud, enfant désigné par les Muses qui lui apparaissent sous forme d'oiseaux, celui-là même qui se présentera à Théodore de Banville, le 24 mai 1870, « enfant touché par le doigt de la muse »... « *Tu vates eris* » « Tu seras Poète » (vers 53) ! L'élection, la reconnaissance d'une différence originelle, se reproduit dans *Mes petites amoureuses* (« Un soir, tu me sacras poète... »), et culminera dans l'autoproclamation de celui qui s'est « reconnu *voyant* ». Dans un autre devoir scolaire, en français « médiéval » cette fois, Arthur plaidant la cause de François Villon — « Les poètes ne sont pas d'ici-bas... » — explicite cette élection, qui n'est pas supériorité, mais altérité : cet autre à soi qu'il cherchera en vain partout réellement, à deux reprises, par exemple, sur l'île de Chypre, où a lieu le sacre du poète.

Alain BORER

1. Ernest Delahaye, *Souvenirs familiers*, Messein, 1925, Introduction : voir *Delahaye témoin de Rimbaud*, par Frédéric Eigeldinger et André Gendre, A la Baconnière, Neuchatel, 1974, p. 58.
2. Isabelle Rimbaud, « Mon frère Arthur », *in Reliques*, Mercure de France, 1922, p. 86.
3. Voir dans ce numéro l'article de Pierre Brunel, « Rimbaud et la tentation de l'Orient », et notre *Rimbaud d'Arabie, Supplément au Voyage*, Seuil, 1991.
4. *Delahaye témoin de Rimbaud, op. cit.*, pp. 66 et 275.
5. Stéphane Taute, *Cahiers du Centre Culturel Arthur Rimbaud*, n° 6, Charleville-Mézières, novembre 1978.
6. Palmarès du Collège d'Aix-en-Provence, 10 août 1853.
7. L. Leterrier et R. Bonnet, *Sur le droit chemin*, Delagrave, 1940.
8. Palmarès des prix de latin au collège de Charleville : année scolaire 1866-1867, classe de cinquième : 2e prix de Vers latins. 1867-1868, classe de quatrième : 1er accessit de Thème latin, 1er prix de Version latine, 1er prix de Vers latins.
1868-1969 : 1er prix de Vers latins au Concours académique ; classe de seconde : 1er prix de Narration latine, 1er prix de Vers latins, 1er prix de Version latine.
1869-1870, classe de Rhétorique : 1er prix de Discours latin, 1er prix de Vers latins, 1er prix de Version latine.
9. Jean Bourguignon et Charles Houin, « J.-A. Rimbaud », *Revue d'Ardenne et d'Argonne*, novembre-décembre 1896.
10. Cf. Pierre Petitfils, *Rimbaud*, Julliard, 1982, pp. 47-48.
11. Isabelle Rimbaud, « Le dernier voyage de Rimbaud », dans *Reliques, op. cit.*, p. 108.
12. Armand Savouré, lettre à Georges Maurevert, 3 avril 1930.
13. Ernest Delahaye, « Rimbaud, l'artiste et l'être moral » (1905), dans *Delahaye témoin de Rimbaud*, par Frédéric Eigeldinger et André Gendre, A la Baconnière, Neuchâtel, 1974, p. 43.

14. Ernest Delahaye, *Les Illuminations et Une saison en enfer de Rimbaud*, Paris, Messein, 1927, p. 94.
15. *Delahaye témoin de Rimbaud, op. cit.*, p. 42.
16. *Idem.*, p. 46.
17. Ugo Ferrandi, lettre du 7 août 1923, *Les Nouvelles Littéraires*, 20 octobre 1923.
18 Les soixante hexamètres envoyés secrètement par Rimbaud au Prince impérial à l'occasion de sa première communion (le 8 mai 1868, aux Tuileries) n'ont pas été retrouvés : ils ont fait l'objet de deux articles, « Rimbaud et le Prince impérial », par Stéphane Taute (note 5) ; et André Guyaux, « Rimbaud et le Prince impérial », dans *Bérénice*, Lucarini editore, Rome, mars 1981. Une traduction de Rimbaud, du français au latin, *Jésus à Nazareth* (1870), a été étudiée par George Hugo Tucker (psychanalyse des choix lexicaux) dans *Parade sauvage*, n° 5, 1989. « Sur les textes latins eux-mêmes, presque rien depuis Mouquet », regrette Marc Ascione dans « Rimbaud latiniste », *Le Magazine littéraire*, février 1991, p. 33 : un article en latin, *de Arturo Rimbaldo versificatore* dans une revue italienne.
19. Jules Mouquet, manuscrit inédit, collection personnelle.
20. Voir Steve Murphy, *Le Premier Rimbaud ou l'apprentissage de la subversion*, Presses Universitaires de Lyon, 1990. Marc Ascione (cf. note 18) : « ne conclut-on pas trop vite pour les vers français aussi de la découverte de sources ou de modèles (et les emprunts à Hugo, Banville, Coppée, Glatigny... abondent en effet) à l'idée d'un poète-écolier jusqu'en 1871 ? Ne passe-t-on pas du coup trop vite ? Pour les vers latins, on est passé bien vite [...] Il ne faut pas penser que nous n'avons affaire, avec les textes du *Bulletin académique*, qu'à des exercices scolaires. »
21. André Beaumier, « Arthur Rimbaud », *La Revue de Paris*, 1er septembre 1900, p. 204.
22. Ernest Delahaye, *Les Illuminations et Une saison en enfer de Rimbaud, op. cit.*, p. 20.
23. Le premier poème latin est inspiré de cinq vers d'Horace, dont Jules Mouquet résume ainsi le sens : « Un jour, dans mon enfance, fatigué de jouer et de sommeiller sur les bords du Vultur d'Apulie — non loin de ma maison natale d'Apulie — de merveilleuses colombes me couvrirent d'un feuillage nouveau... J'étais recouvert de branches du laurier sacré et de myrtes, non sans une intervention divine. »
24. Tout ce que fait justement remarquer Marc Eigeldinger à propos de « *Sensation*, poème inaugural », *(Bérénice, op. cit.)* peut se rapporter à *Election du poète* ; les perceptions sensibles, l'expérience fusionnelle, « le décor métaphorique où le Je du poète se confond avec l'*anima* de la Nature », ou ces références à Helvétius et Rousseau, confirmées par une lettre de Delahaye à Sofficci du 21 mai 1911 : « Rimbaud élevé moralement à la grande école de notre XVIIIe siècle ; Rimbaud frère de Jean-Jacques Rousseau... »

ARAGON, PRÉFACIER DE RIMBAUD

Les écrits des surréalistes conservent suffisamment d'attrait pour que l'on se réjouisse de mettre la main sur un de leurs textes resté jusque là inédit. C'est le cas avec les pages d'Aragon que nous révélons aujourd'hui dans Europe.

A la fin de sa période surréaliste, Aragon avait eu le projet de publier une édition d' Une saison en enfer *en anglais. Ce projet ne fut réalisé que de manière partielle, non pas à Londres mais à Belgrade : c'est dans un almanach surréaliste yougoslave que parut en effet la préface d'Aragon au livre de Rimbaud.*

« Est-ce que vous ne savez pas que nous aimions les objets neufs, les belles machines comme par exemple en peignait, tout à fait en dehors de leur usage, Francis Picabia, et que nous développions aussi les goûts absurdes, rimbaldiens, dont le point de départ est dans la Saison en enfer, *le goût des choses décriées, « peintures idiotes » bien sûr, cartes postales, objets de foire ? » Outre ce commentaire du poète lui-même dans ses* Entretiens avec Francis Crémieux, *un André Thirion, dans ses mémoires, ou un Monny de Boully, dans une lettre inédite, témoignent également de l'intérêt passionné d'Aragon pour Rimbaud dans les années 1929-1930.*

La publication en Yougoslavie de sa préface à Une saison en enfer *coïncide d'une part avec le suicide de Maïakovski (14 avril 1930), d'autre part avec le voyage d'Aragon et d'Elsa Triolet en Union soviétique (septembre de la même année). C'est au poète Marko Ristić que fut adressé le manuscrit, accompagné d'une lettre restée inédite jusqu'à ce jour*[1] *:*

> Monsieur Ristitch, pardon de ce retard à moi seul imputable. J'avais une paresse atroce de recopier cet interminable texte qui est tout ce que j'ai de décemment publiable. Agissez sans gêne vis-à-vis de nos envois si ça ne va pas, si c'est trop long (je parle pour moi). J'envoie tout par exprès pour gagner du temps. Pardon encore, et vous verra-t-on un jour ?
>
> Amicalement.
>
> Aragon

Lorsque parut à Belgrade, au printemps 1930, l'almanach poétique et philosophique bilingue Nemogućе-L'Impossible, *un papillon surréaliste annonça notamment au sommaire : « Un article capital d'Aragon sur Arthur Rimbaud, le premier jugement définitif sur le cas Rimbaud ». En écho, le premier numéro du* Surréalisme au service de la Révolution, *qui succéda en juillet 1930 à* la Révolution surréaliste, *informait de son côté : «* L'Impossible *— Sous ce titre vient de paraître, à Belgrade, en serbe et en français, une publication à laquelle ont collaboré : Aragon, Breton, Char, Eluard, Péret, Thirion... »*[2]

Le titre de l'almanach Nemogućе-L'Impossible *représente un emprunt au « livre païen » d'Arthur Rimbaud,* Une saison en enfer, *où figure un texte poétique du même nom, « L'Impossible », que l'on peut dater d'avril-mai 1873.*

Le texte d'Aragon paru à Belgrade dans L'Impossible *a trait précisément à ce livre de Rimbaud : « Préface pour une édition anglaise de* Une saison en enfer *» (pp. 84-88). André Breton avait salué Rimbaud comme l'un des précurseurs du surréalisme dans son* Manifeste *de 1924. Cette année fut également celle où, selon Aragon, on retrouva en Belgique des exemplaires de l'édition princeps d'* Une saison en enfer, *que Rimbaud, supposait-on jusqu'alors, avait détruits. En vérité, l'avocat belge Léon Losseau, en 1901, avait retrouvé tous les exemplaires non brûlés dans les locaux de l'Alliance typographique à Bruxelles. Après Isidore Ducasse, comte de Lautréamont, redécouvert par André Breton, Aragon et Philippe Soupault, lequel présenta en 1920 les* Poésies *jusqu'alors inconnues, Arthur Rimbaud occupe indéniablement une place privilégiée dans la réflexion des surréalistes.*

André Breton émit, on le sait, des réserves sur Rimbaud dans le Second Manifeste du surréalisme, *fin 1929 : « Inutile de discuter encore sur Rimbaud. Rimbaud s'est trompé, Rimbaud a voulu nous tromper. Il est coupable devant nous d'avoir permis, de ne pas avoir rendu tout à fait impossibles, certaines interprétations déshonorantes de sa pensée, genre Claudel ». Aragon répond à ce jugement catégorique par sa préface publiée dans l'almanach* Nemogućе-L'Impossible, *qui constitue précisément l'une des polémiques les plus virulentes touchant l'interprétation catholique de la* Saison *donnée par Paul Claudel*[3] *dans l'essai qui accompagna en 1912 l'édition des* Œuvres complètes *de Rimbaud.*

On se souvient que l'un des personnages du premier roman d'Aragon, Anicet ou le panorama *(1921), n'est autre qu'Arthur Rimbaud. Si on le reconnaît, dit Aragon, « c'est qu'on ne peut pas ne pas reconnaître Max Jacob, Jean Cocteau, André Breton, Jacques Vaché et Arthur Rimbaud. Mais, même les reconnaissant, je dirai que c'est leur aspect extérieur qui a été emprunté pour dire quelque chose... »*[4]*. Dans la préface à* Une saison en enfer, *Aragon recherche pour la première fois son* modèle intérieur. *Davantage qu'aux réticences de*

Breton dans le Second Manifeste, *il attache de l'importance à l'étude de Rolland de Renéville,* Rimbaud le Voyant, *parue en 1929 (date* ante quem non *de l'article même d'Aragon). L'ouvrage en question est cité par Aragon en dépit du conflit existant alors entre les surréalistes et le groupe du* Grand Jeu, *auquel appartenait Rolland de Renéville. Celui-ci collabora aux côtés de Roger Vailland (« Arthur Rimbaud ou Guerre à l'homme »), Roger Gilbert-Lecomte (« Après Rimbaud la mort des Arts ») et Georges Izambard (« Lettre inédite d'Arthur Rimbaud » du 12 juillet 1871), au dossier sur Rimbaud publié dans le n° 2 du* Grand Jeu *au printemps 1929.*

André Thirion, qui se trouvait d'ailleurs à Belgrade au printemps 1930, nous renseigne dans ses mémoires sur l'impact de Renéville sur Aragon, tout en situant le cas Rimbaud dans le contexte d'une époque où les préoccupations sociales des surréalistes se reflétaient dans le titre même de leur revue, le Surréalisme au service de la Révolution *:*

« Rolland de Renéville publia Rimbaud le Voyant. *Si tendancieuse qu'elle soit, cette étude est sans doute l'approche la plus intelligente jamais tentée dans le dessein d'élucider des problèmes qui ne demandent pas à être résolus. Elle contrastait si fort, en 1928 [sic], par son non-conformisme et son honnêteté avec les manœuvres d'annexion dont l'œuvre de Rimbaud était l'objet, qu'elle ne pouvait qu'être bien vue par tous les esprits libres. Aragon et Breton en firent grand cas. Ce livre n'étant pas réductible au marxisme — le titre, si rimbaldien, me hérissait — je me tenais sur la défensive. Je multipliais d'hypocrites réserves ; je contraignais Aragon à convenir, au moins devant moi, que Renéville n'avait vu qu'un côté du personnage. »*[5]

D'autre part, grâce à une lettre inédite provenant des archives de Monny de Boully (Belgrade, 1904 - Paris, 1968), une idée nous est donnée de l'écho que le texte d'Aragon, publié à Belgrade, suscita à Paris. Au moment de la sortie de l'almanach Nemoguće-L'Impossible, *Boully se trouve à Paris, isolé du groupe surréaliste belgradois, mais aussi « évincé » par Breton du groupe parisien depuis 1928, en raison de la réprobation qu'il montra face au rapprochement des surréalistes avec le Parti communiste*[6]*, tandis que Marko Ristić, « le promoteur du mouvement en Yougoslavie »*[7]*, se trouvait parmi les co-signataires de la déclaration des vingt surréalistes européens solidaires du lancement de la revue* le Surréalisme au service de la Révolution[8]. *Tout cela forme l'arrière-plan de la lettre de Monny de Boully à Rolland de Renéville, son ami du groupe* Le Grand Jeu *:*

16, avenue de Tourville (VIIe)
Paris, le 22 avril 1930

Mon cher André,

Voici la Préface d'Aragon parue dans un almanach surréaliste en Serbie. Je t'épargne le volume tout entier, vraiment sans aucun intérêt, à part, bien entendu, tout ce que dit mon ami Dusan Matić, les perles de ce vaste fumier balkanique.

Aragon me semble bien tiède. Vrai que sa Préface est destinée au public anglais ! Mais, au moins, honnête envers toi, cela m'enchante. (...)

L'amertume de Monny de Boully à l'égard des autres surréalistes, ses amis de jadis, culmine en cette « tiédeur » qu'il affirme trouver dans l'essai d'Aragon, alors que l'on peut au contraire y reconnaître une formidable énergie.

GENÈSE D'ARAGON RIMBALDIEN

Un des premiers articles d'Aragon, alors âgé de vingt et un ans, fut consacré à Rimbaud et publié dans le Carnet critique *au printemps 1918. Intitulé « Rimbaud... puisque son nom fut prononcé », il figure aujourd'hui dans le tome 1 de* l'Œuvre poétique. *En 1922, à l'initiative d'Aragon et de Breton, qui travaillent alors comme conseillers artistiques et bibliothécaires pour le couturier et mécène Jacques Doucet, « ont été réunis notamment les livres que lisaient le jeune Rimbaud et le jeune Isidore Ducasse »*[9]*. Aragon est lié à la révélation d'inédits de Rimbaud : le poème « Les mains de Jeanne-Marie », publié dans* Littérature *en juin 1919, et, dans cette même revue, en juin 1924, des fragments d'« Un cœur sous une soutane », prose des années de collège. Le texte intégral de cette dernière découverte sera édité en plaquette chez Ronald Davis en 1924. Aragon en signe la préface avec Breton, et bien que le manuscrit conservé de cette préface soit « entièrement de la main de Breton », on ne peut en conclure que Breton est le seul auteur de ce texte*[10]*. D'ailleurs, la Préface de 1930 nous ouvre une piste comparative : l'anecdote sur Paterne Berrichon (détenteur du manuscrit original de Rimbaud dont il tire profit), appartient à Aragon, comme le révèle le passage explicite du texte publié à Belgrade, où le poète parle à la première personne du singulier.*

S'il est certain que, parmi tous les surréalistes qui ont écrit sur Rimbaud, André Breton — depuis sa lettre de 1923 prouvant la non-authenticité d'un poème attribué à Rimbaud, jusqu'à Flagrant délit, *en 1949, où il éclaircit l'affaire d'un faux, « la Chasse spirituelle » —, s'il est certain, dis-je, que Breton reste le mieux informé et le plus susceptible de passer pour un grand spécialiste d'études rimbaldiennes, la seule préface d'Aragon à* Une saison en enfer *représente une somme des plus percutantes. Rimbaud y apparaît comme le critère de la poésie entière.*

Breton a été initié à Rimbaud depuis 1916, à l'âge de vingt ans, et il s'est braqué sur les sites des Illuminations, *« comme sous le coup d'un envoûtement... »*[11]*. Néanmoins, les poèmes de Breton que le poète lui-même dit influencés par Rimbaud, pâlissent à côté de l'original. « Forêt noire », de 1918, est légitimé par la note : « Rimbaud parle », mais une dizaine d'autres textes ne montrent que l'intention de suivre son exemple. En fait, le « Poème à crier dans les ruines » d'Aragon semble avoir été le seul poème surréaliste qui ait osé prolonger directement non la forme mais l'essence de la révolte et du désespoir existentiel du Rimbaud d'* Une saison en enfer *:*

.. Faim, soif, cris, danse, danse, danse, danse !

(« Mauvais sang »)

Quelques constantes ou plutôt les leitmotivs de la communication des surréalistes avec cette expérience des cris *de Rimbaud, se dégagent, donc, de la préface d'Aragon. A commencer par le rejet d'une approche positiviste d'historien littéraire à la recherche de la biographie exhaustive du poète maudit. Il s'agit d'un rejet analogue à celui exprimé par les surréalistes à l'égard de certains commentaires sur Lautréamont et Sade. Face à* Une saison en enfer, *Aragon montre ses préférences pour le sens du texte lui-même et pour son rôle social subversif. D'autre part, la verve polémique qui se donne libre cours dans les pages contre le duo Berrichon-Claudel et l'édition de Rimbaud de 1912 — à la différence des polémiques de Jacques Rivière et d'André Gide avec Claudel*[11] *—, élève la préface de 1930 à un niveau où le poète surréaliste exhibe son droit originel de parler de la poésie et de sa quintessence trouvée chez Rimbaud*[12].

Il est patent que la liberté que prend l'auteur du Paysan de Paris *ne laisse place à aucune concession dans sa présentation du* « Livre païen » *(on sait que le poète songea d'abord à intituler ainsi* Une saison en enfer*). Comme le sous-titre dans l'almanach* Nemoguće-L'Impossible *le révélait — et l'on a pu voir que la lettre de Monny de Boully citée plus haut y fait une allusion perfide — la préface d'Aragon était destinée à une « édition anglaise » du livre de Rimbaud. Peut-être cette édition fut-elle projetée en collaboration avec une des maisons anglophones établies en France, comme Hour's Press de Nancy Cunard, pour laquelle Aragon avait réalisé en 1929 la première traduction française de* la Chasse au Snark *de Lewis Carroll ?*

Quoi qu'il en soit, l'édition anglaise d' Une saison en enfer, *telle qu'Aragon l'appelait de ses vœux, est restée en suspens, et sa préface, demeurée dans les pages de l'almanach publié à Belgrade, tomba dans les oubliettes pour souffrir un destin semblable à celui d'une traduction de Rimbaud par Samuel Beckett*[13]*...*

Les pages que l'on va lire reviennent donc sur les rives de la Seine d'où elles étaient parties il y a soixante ans. Le texte original de Nemoguće-L'Impossible *revient dans le pays où la quête de « L'Impossible » avait commencé.*

Branko ALEKSIĆ

1. Cette lettre est conservée dans les archives Ristić à Belgrade. Elle est sans enveloppe, et comme elle ne porte pas de date, c'est à partir de la publication de l'almanach *Nemogućе-L'Impossible* à Belgrade, au début d'avril 1930, que nous pouvons la supposer du mois de mars de cette même année. Le terme « nos envois » concerne les textes manuscrits d'André Breton, de René Char, de Paul Eluard, de Benjamin Péret et de Tristan Tzara, également envoyés à Marko Ristić depuis Paris (André Thirion étant alors le seul surréaliste français présent à Belgrade). Un poème d'Aragon, « L'enfer fait salle comble » (in *le Mouvement perpétuel*) fut traduit par Ristić à Belgrade dès 1923 (et un autre par Dusan Matić en 1927), mais Aragon ne rencontrera Ristić que durant le troisième séjour parisien de celui-ci, en 1933.

2. *L.S.A.S.D.R.*, Paris, n° 1, p. 11.

3. La virulence de ton d'Aragon à l'égard de Claudel est digne du *Traité du style*. Toutefois, il convient de rappeler qu'après la Seconde Guerre mondiale Claudel et Aragon se témoigneront une admiration réciproque.

4. Aragon le déclare dans « La Clef d'Anicet ». Cf. *Entretiens avec Francis Crémieux*, Gallimard, 1964, pp. 45-46.

5. André Thirion, *Révolutionnaires sans révolution*, Laffont, Paris, 1972, p. 147.

6. Moni de Buli, *Zlatne bube* (« Insectes d'or »), mémoires rédigés en serbo-croate, Belgrade, Prosveta, 1968. Cf. « Entretiens » de Monny de Boully, *NRF*, n° 203, Paris, 1er nov. 1969, p. 713.

7. André Breton et Paul Eluard, *Dictionnaire abrégé du surréalisme* (1938), réédition José Corti, 1980, p. 24.

8. Le tract réédité à la fin du livre du *Second Manifeste du surréalisme* en 1930.

9. *Entretiens avec Francis Crémieux, op. cit.*, p. 19.

10. Cf. André Breton, *Œuvres complètes*, t. 1, Gallimard, 1988, édition établie par Marguerite Bonnet ; notes, p. 1443.

11. Cf. Gilles Cornec, « Les bonnes fées d'Arthur Rimbaud », *l'Infini*, n° 8, Paris, automne 1984, p. 85.

12. Dans d'autres circonstances, Aragon parlera à nouveau de Rimbaud. Après la Deuxième Guerre mondiale, dans les *Chroniques du bel canto* (Genève, Skira, 1947) et dans les *Lettres françaises*, n° 228, 7, X. 1948 : « De Baudelaire, Germain Nouveau ou Rimbaud, qui est le plus grand poète ? »

13. A Paris, en 1932, au moment du numéro spécial surréaliste de la revue *This Quarter*, où il publiait ses traductions des poésies de Paul Eluard, Samuel Beckett préparait aussi une traduction du *Bateau ivre* : les feuilles s'égarèrent et ne resurgirent qu'en 1976, en Irlande. Cf. *The drunken boat*, édité et préfacé par James Knowlson et Felix Leakey, Reading, Whiteknights Press.

ARAGON

Préface à *Une saison en enfer*

Rimbaud, Arthur, 1854-1891, entre ces deux dates l'existence le définit. Son enfance, ses fugues, l'enthousiasme pour la Commune, les poèmes envoyés à Banville, la rencontre de Verlaine, une vie misérable et scandaleuse, le fait divers de Bruxelles, le préceptorat à Stuttgart, puis la disparition, les voyages, Java, le Harrar, et ce retour pour crever. J'imagine que rien ne peut révolter un homme comme la considération de sa propre biographie, comme la possibilité laissée aux autres d'établir cette biographie. Sade jouit de ce privilège extraordinaire pour quelqu'un de sa célébrité qu'il n'existe de lui que des portraits apocryphes : il n'est donné à personne de contempler les traits véritables du divin marquis. Lautréamont a réussi en mourant à disparaître mieux encore, pas un ami, pas un témoin qui pût établir l'emploi de ses journées. Rimbaud, lui, a laissé derrière soi une meute, celle qu'il fuyait, celle dont le souvenir aux derniers jours suffisait à le mettre dans des rages terribles. Il n'a pas pu dissimuler assez de lui-même pour que les commentateurs abandonnent la reconstitution du monstre, à la façon des paléontologistes qui déduisent d'un seul os le squelette, et la couleur des yeux des géants disparus.

Le tragique du sort fait à Rimbaud est le tragique de la gloire, cette exploitation de la pensée par une société anonyme. Les courtiers de cette société ont inscrit sur le prospectus tout ce qu'ils jugent susceptible de lancer leur produit, ou bien, et c'est ici le cas, ces revendeurs de renommée avaient des intérêts dans plusieurs entreprises et ils ont cru habile de lier le destin de *l'affaire* Rimbaud à celui d'une autre valeur qu'ils avaient en portefeuille. Il arriva qu'une bande de fripouilles, dans le mystère qui entourait les dernières années du poète, trouva son compte pour échafauder une légende qui dure encore, malgré l'indignation de quelques-uns, et l'effronterie de la falsification. Il y a dans toute l'histoire de la découverte de Rimbaud par ses exploiteurs une ignominie qui rappelle les sordides, les abominables aventures des chercheurs d'or. Je lègue ce sujet aux écrivains de vies romancées : comment une fille dévote et crétine apprend au fond de sa province qu'il y a des gens de Paris pour accorder du génie à son frère le cerveau brûlé ; comment avant d'en venir à lui en trouver elle-même, elle l'a vu mourir (*à ce moment*, dit Claudel, *elle ignorait tout des livres de son frère*), elle a épié son délire sans y rien comprendre, interprété comme le font les familles dans le sens du catéchisme ce que dicte la fièvre, où mille mots sont pieusement ignorés des parents qui écoutent ; comment elle a quémandé les renseignements, et, vieille fille occupée de l'homme, passant de Jésus à son frère, comment elle est entrée en correspondance avec une sorte de requin naguère anarchiste, piètre sculpteur qui s'improvise écrivain, Paterne Berrichon, qui flairant l'héritage propose à Isabelle Rimbaud *sans l'avoir jamais vue* de l'épouser et l'épouse ; comment ce couple maquignonne avec un agent consulaire la version officielle du catholicisme de Rimbaud, et comment ce Paul Claudel, aujourd'hui ambassadeur, profite de l'occasion pour faire tourner à la gloire de son Eglise le poète irréductible dont il sait bien que la pensée sera un jour, si on ne triche pas à temps, un danger véritable pour cette église même. Jadis les prêtres faisaient des saints avec les rois morts pour engager dans leur voie les rois vivants. De nos jours les rois ne sont plus grand chose. On recommence le coup avec les poètes, les penseurs. Il s'agit de prouver que Rome ne brûle pas seulement ceux qui font la grandeur humaine. Il s'agit de les annexer et donc au travail ! Le truquage est le fort de ces hommes rompus à la sophistique chrétienne, de ces hommes qui parlent couramment des *preuves* de l'existence de Dieu. En attendant il faut surtout subtiliser les pièces du procès qui pourraient infirmer la thèse catholique : il est certain que sur les conseils de Claudel, le couple Berrichon enterra deux poèmes blasphématoires, et tenta d'escamoter *Un cœur sous une soutane* publié ces dernières années ; puis vinrent le maquillage des lettres, la destruction des photographies, la falsification des comptes de famille ; les années passant, les souvenirs d'Isabelle devenaient plus nombreux et plus précis. Elle se mit à écrire, la niaise. Et Paterne, le sinistre Paterne, ivrogne et bafouilleur, qui n'appelait plus autrement le beau-frère mort qu'il n'avait jamais connu, pouvait me confier en 1919, la larme à l'œil : « Dire que j'ai vécu pendant toute la guerre des droits d'auteur d'Arthur ! Est-ce beau ? » Ah oui, c'est beau, ce monde dont il n'est pas possible de sortir, même en foutant le camp à l'autre bout, même en crevant, ce monde, cet enfer dont en 1873 d'un coup d'œil le poète avait fait le sanglant inventaire.

*

Une saison en enfer. La place singulière de ce poème que dans leur langage spécial les critiques ont coutume de considérer comme une confession, la place singulière de ce poème dans la vie de Rimbaud au bout de sa prétendue carrière poétique, à la veille de cette vie nouvelle sur laquelle l'insuffisance des renseignements permet de bâtir la légende, cette place singulière devait faire que ce fût à l'exégèse de ce poème singulier que les falsifications s'appliquassent d'abord. Et cependant pour y trouver l'alibi désiré, l'espèce de preuve morale de la probabilité d'une conversion du poète, que ne fallait-il pas négliger !

« ... *Je ne me vois jamais dans les conseils du Christ ; ni dans les conseils des Seigneurs, — représentants du Christ.*

... *Je n'ai jamais été chrétien ; je suis de la race qui chantait dans le supplice ; je ne comprends pas les lois ; je n'ai pas le sens moral.*

... *les anachorètes ? des artistes comme il n'en faut plus.* »

Oui, le vrai est là : il n'a jamais été chrétien. Mais qu'importe à ces ecclésiastiques habitués à introduire partout où ils passent, au milieu des nègres ou des esquimauds, le mythe de l'Immaculée Conception dans les récits des natifs, ou l'arche de Noé, ou n'importe laquelle de leurs misérables inventions, pour saintement démontrer l'universalité de leur religion ? Il n'a jamais été chrétien. Ça ne les empêchera pas d'entendre à travers leur dictionnaire évangélique les mots que Rimbaud prononce sans précaution. Le sens chrétien de ces mots, du mot Dieu par exemple, une fois écarté que reste-t-il qui ne soit à la honte de ce Christ qui veut qu'on rende le tribut à César, ce Christ dont les seigneurs sont les représentants ? N'oubliez pas : Rimbaud *est d'une race inférieure.* Y a-t-il dans tout ce qu'il a écrit, dans tout ce qu'il a laissé échapper qui permette de croire qu'il ait jamais pu être du côté de la barricade où se tiennent *les blancs* ? « M. Prudhomme est né avec le Christ », et de nos jours il se nomme Claudel. Voyons comment dans la préface aux *Œuvres d'Arthur Rimbaud*[1], ce diplomate se tire d'affaire pour ce qui est de la période qu'il définit lui-même (en note)[2].

« *Troisième période. — J'ai déjà cité souvent la* Saison en enfer. *Il me reste peu de chose à ajouter à l'analyse définitive que Paterne Berrichon a faite de ce livre si sombre, si amer, et en même temps pénétré d'une mystérieuse douceur...* » Définitive est charmant, mais ne l'interrompons pas : « *Là Rimbaud, arrivé à la pleine maîtrise de son art, va nous faire entendre cette prose merveilleuse tout imprégnée jusqu'en ses dernières fibres, comme le bois moëlleux et sec d'un Stradivarius, par le son intelligible. Après Chateaubriand, après Maurice de Guérin, notre prose française, dont le travail en son histoire si pleine, et si différente de celle de notre poésie, n'a jamais connu d'interruption ni de lacune, a abouti à cela. Toutes les ressources de l'incidente, tout le concert des terminaisons, le plus riche et le plus subtil qu'aucune langue humaine puisse apprêter, sont enfin pleinement utilisés. Le principe de la "rime intérieure", de l'accord domi-*

nant, posé par Pascal, est développé avec une richesse de modulations et de résolutions incomparable. Qui une fois a subi l'ensorcellement de Rimbaud est aussi impuissant désormais à le conjurer que celui d'une phrase de Wagner. — La marche de la pensée aussi qui procède non plus par développement logique, mais, comme chez un musicien, par dessins mélodiques et le rapport de notes juxtaposées, prêterait à d'importantes remarques. »

Ainsi s'exprime l'homme de l'art, et j'imagine qu'on le prend en Angleterre pour un grand écrivain, car l'ambassadeur est viande d'exportation. Cependant je ne sais ce qui est le plus confondant de ce pathos musical, de Stradivarius à Wagner, en passant par les bons auteurs catholiques Chateaubriand et Guérin, avec ses concerts, ses modulations, ses notes juxtaposées (et comment voudriez-vous qu'elles se tinssent vos notes ?) ; ou du point de vue national de l'employé du Quai d'Orsay sur l'histoire de la *prose* française, dont le *travail* n'a jamais connu de lacune ni d'interruption, par opposition à l'histoire de *notre* poésie, opposition ici particulièrement intéressante, quel esprit distingué ce Monsieur Claudel ! (et faut-il admettre que cette chose vivante, ce cri, cette fureur, soient avec une pareille satisfaction maniaque considérés comme l'aboutissant du *travail* de *nos* prosateurs ? dégoûtant spectacle) ; ou encore cette dernière phrase piteuse, où l'on constate, pour parler clairement, que la pensée de Rimbaud pourrait donner lieu à d'importantes remarques. Là-dessus le préfacier va à la ligne : *« Je pose la plume, et je revois ce pays qui fut le sien... »*, et nous avons droit à une description. Ce pays qui fut le sien, et qu'il détestait, ce pays... mais n'ai-je pas entendu le nom de Mézières ? Mézières où le jeune Rimbaud s'est un jour rendu pour voir les Prussiens, et ce spectacle l'a tout ragaillardi, écrit-il le lendemain, le bon Français. Ah comme il l'a haïe, cette France *(j'ai horreur de la patrie)*, cette Ardenne dont on veut à son occasion réchauffer la sotte poésie d'ardoise et de ciel tendre ; et qu'on vienne de Charleville nous rapporter que *c'est là qu'il repose sous un blanc tombeau de petite fille*[3] en dit long sur la compréhension qu'a de Rimbaud celui qu'on donne pour le représentant de Rimbaud sur la terre. De Rimbaud qui appelait sur sa *patrie*, sur ses *concitoyens*, l'orage du canon, et la botte allemande. De Rimbaud, qui courait à Paris se joindre aux communards ; de Rimbaud... avez-vous remarqué l'emploi du mot *français* chez Rimbaud : *... la terreur n'est pas française... ce serait la vie française, le chemin de l'honneur...* à chaque fois la lèvre de celui qui parle se crispe, *française*, et le ricanement en dit long sur ce qu'il n'est pas besoin de préciser. Imaginez-vous que la pensée de Rimbaud n'est pas réductible à l'emploi de quelques incidentes, que cette pensée n'est pas purement incidente. *« Les gens de l'Eglise diront : c'est compris. Mais vous voulez parler de l'Eden... »* Il les avait vu venir. Il savait sans doute qu'il n'y a rien à faire contre cet ennemi-là tant que cet ennemi est debout. Mais patience, l'ennemi sera terrassé. Verrons-nous ce jour ? *« Ah la science ne va pas assez vite pour nous ! »* Rimbaud interprété a passé dans le bazar poétique de Claudel qui se sert de son nom comme rime et lui fait jouer un petit numéro au cours d'une messe de sa façon. Enfant de chœur, on devient enfant de chœur à tout âge, avec le visa de son Excellence. *« Oui, l'heure nouvelle est au moins très sévère »*, l'enfer continue, personne ne s'est évadé. Rimbaud sert. Enfin. Il sert à tout ce qu'il a combattu, fui, détesté. *« La domesticité mène trop loin »* n'est-il pas vrai ? Mais ceci va finir. Le pouvoir du Christ n'aura pas beaucoup gagné à l'aventure. Ce qui importe ici est, au delà de l'incroyable abus, le mécanisme de l'abus. Nous voyons devant nous se former, puis avorter une de ces légendes chrétiennes qui ont permis la survie de la machine romaine, du crucifié à Jeanne d'Arc. La honte de Lourdes a pour pendant le scapulaire accroché à Rimbaud par des mains tachées d'encre. Que ceci serve à confondre cette prétraille et cette police surprises la main dans le sac, avant que sur la *petite* tombe de Charleville des hystériques n'aillent demain se faire miraculer.

*

Une saison en enfer marque quand le XIXe siècle commence à décliner, la liquidation du compromis poétique qui avait rendu acceptable aux romantiques, tout compte fait de leurs écarts de langage, la vie *française*, le bonheur établi. C'est à cet égard que ce texte constitue un véritable danger social, auquel, on l'a suffisamment vu, la résignation chrétienne ne suffit pas à remédier. Il n'est plus permis d'ignorer le dilemme rimbaldien du fait qu'il a été posé, et il n'est plus possible de ce fait, que l'activité poétique soit exercée encore à titre de jeu. Désormais la poésie engage l'homme dans sa vie, et l'homme n'est rien qui n'est pas d'abord venu au bord de ce gouffre où Rimbaud fatalement le mène. Il n'est pas dit, comme un peu facilement pas mal de gens concluent, que Rimbaud ait connu la réponse à la question posée. Il n'est pas sûr que la conséquence de la pensée rimbaldienne doive être cette évasion, qui est tout ce qu'on veut retenir de l'histoire, ce qui enivre et enchante la jeunesse lyrique qui assurément ne s'évadera pas. Mais il est certain que tout homme qui s'est pris à discuter la signification de la vie maintenant empruntera cette voie à travers l'enfer humain où retentit la parole d'Arthur Rimbaud : *Cela s'est passé. Je sais aujourd'hui saluer la beauté.*

L'alchimie du verbe : ce chapitre d'*Une saison en enfer* permet seul de pénétrer le sens de ce qu'il sonne si curieusement de nommer cet ouvrage. Les hommes qui se sont attachés au problème de l'expression, même alors que leur pensée s'exprime au-delà de ce problème, on ne peut les entendre que si on connaît les règles de leur grammaire mentale. C'est ainsi que l'alchimie du verbe nous ouvre cet étrange dictionnaire qui n'est ni le Larousse, ni le Glossaire évangélique, mais l'introduction à toute poésie, et ce qui est extraordinaire, unique, et presque impossible à croire, l'introduction à toute conscience du langage. Ici pour la première fois il est rompu avec le machinal du langage et cette rupture essentielle restitue à l'homme qui parle la dignité perdue à imiter la démarche commode du verbe accepté, du verbe social, (vous tournez dans la deuxième rue à droite, puis à gauche et à ...) : ici l'on passe avec une aisance qui surprend du mot à la chose qu'il nomme. Si, comme l'estime le préfacier dont nous ne parlions que trop, tout tenait à la seule suppression du mot *comme*, quel faible artifice de style ! mais non, il faut vraiment en croire le poète : *cette famille* EST *une nichée de chiens*. La mécanique est démontée. Vous ne repasserez pas des chiens à votre famille de départ. Jamais auparavant personne ne s'était ainsi soucié de savoir quelle est la limite de la pensée humaine, et ce qui en fait l'unité là où la raison (comme on dit) n'est qu'un *des sophismes de la folie — la folie qu'on enferme*. La volonté de voyance, cet étrange concept qu'une lettre ancienne de Rimbaud définissait, ici devient méthode, et sans doute qu'il faut lire tout Rimbaud à cette lumière. C'est en quoi il est impossible de ne pas s'accorder avec Rolland de Renéville, dont le livre *Rimbaud le Voyant* est sans doute de toute la littérature rimbaldienne déjà volumineuse la seule étude à consulter. En 1914 on nous faisait espérer la publication des brouillons d'*Une saison en enfer*. Je ne sais ce qui fait qu'en 1930 ils ne sont pas encore entre nos mains. Pour le peu que j'en ai aperçu, il semble qu'au moins en ce qui concerne l'*Alchimie du Verbe* Rimbaud ait plus encore, et mieux tenu *le système* qu'il ne l'a laissé paraître dans la version définitive de ce chapitre. Les ratures couvrent, pour des raisons à étudier, une partie du secret que le poète croit inutile de divulguer en toutes lettres. Il faut dire que tout ce qui s'est écrit de Rimbaud est bien hâtif, qui ne tient pas compte de ces brouillons précieux. Si l'on songe que jusqu'à 1924 Rimbaud passait pour avoir détruit complètement la première édition d'*Une saison en enfer*, et que c'est alors seulement qu'on l'a retrouvée en Belgique, on comprendra quelle part d'affabulation sentimentale entre dans presque tout ce qui se dit de Rimbaud. Bien des gens ont intérêt, sans doute, à ces brumes devant la lumière. La lettre du 15 mai 1871 où se précise le point de vue qui détermine l'*Alchimie du Verbe*, n'indique-t-elle pas cette nouvelle *mystique matérialiste* que Claudel même n'a pu passer sous silence ? On ne tiendra jamais un compte assez exact de ces *épouvantes* dressées devant Rimbaud par un titre de vaudeville. Ce ne sont pas des plaisanteries.

*

Je suis un inventeur bien autrement méritant que tous ceux qui m'ont précédé. Ce n'est pas l'orgueil qui met ces mots dans la bouche de Rimbaud. Ce n'est pas seulement *quelque chose comme la clef de l'amour* qu'il a trouvé, comme il se borne à dire. Il a trouvé toutes les clefs de l'enfer. De la pensée rimbaldienne naît quelque chose qui n'a point encore de nom, que Rimbaud n'a pas nommé, et qu'il ne m'appartient pas de nommer à sa place. Quelque chose qui est à la science ce que la science est à la vie, si l'on veut jouer à cette marelle des proportions où il est si facile de se perdre. Rien n'est si précieux peut-être en ce monde qui nous est donné, que ce qu'il a découvert. Une sorte de radium intellectuel, dont on ne peut deviner l'usage, mais dont les ravages au loin se font déjà merveilleusement sentir.

ARAGON

1. Mercure de France, 1912.
2. « C'est ici que Rimbaud a voulu s'arrêter sur la route de Dieu dans une sorte d'attente *suspicieuse* » (Paul Claudel).
3. Paul Claudel.
N.B. Ce texte d'Aragon est publié avec l'aimable autorisation de Jean Ristat. (N.d.l.R).

L'ABSENCE DE RIMBAUD

Bien que la présence de Rimbaud existe, produite par des « souvenirs », ceux d'Ernest Delahaye, de Verlaine ou encore de cet autre témoin rien moins qu'impartial, Mathilde, la jeune épouse du pauvre Lélian, nous la voyons plutôt à l'égal d'un mirage, voire d'une approximation, constamment sujette de retouches, de variantes, de repentirs. Rimbaud, à la mesure de notre curiosité, se retire, même s'il s'imposa par toute l'énergie qu'il mit à vivre. Cet à peu-près de sa présence coïncide, en fait, avec le caractère fluide de toute vie et l'impossibilité que ressentent les biographes à capter de nouveau la vérité d'un esprit et d'un corps. Il ne faut pas méconnaître cependant, venant de Rimbaud lui-même, la conscience d'une stratégie biographique joignant étroitement la nécessité de l'écrit à la progression existentielle et programmant des rôles.

Il n'est jamais évident d'être présent à autrui. Qu'offre-t-on de soi-même ? Qu'en est-il de cette réalité secrète que nous percevons en nous et que souvent contredisent nos attitudes les plus superficielles ? L'accession du « petit d'homme » à la personne passe par une histoire et ce n'est pas parce que, plus tard, nous nous présentons aux autres sous l'aspect d'une figure constituée que nous sommes, en fait, cette représentation. Rimbaud introduit vite son lecteur dans un réseau d'images où l'on pourrait croire qu'il se reflète, mais nous ressentons comme évasive la place foncière qu'il occupa. Sa présence, certes, vaut comme une certitude attestée par les dates de la naissance et de la mort, assurée par un tissu d'événements irrécusables. Tout ceci pourtant ne parvient à sécréter qu'une image et, pour ainsi dire, une extériorité. Pour trouver alors l'autre présence de Rimbaud, rien ne vaut — croit-on — de lire ses textes. C'est dans ce milieu qu'il continue d'être, alors que l'autre demeure à l'horizon, comme une authenticité évanouie, une forme difficilement saisissable. La seule façon pour nous de le rencontrer consisterait donc à fréquenter ses écrits et, dans ce cas, à entendre une certaine parole, présence non plus aléatoire cette fois, comme des faits et gestes rapportés et transformés par la mémoire, mais persistance d'une voix et présent pur qu'assure toute lecture quand elle s'applique au texte d'un écrivain. Très prenante, néanmoins, l'impression que ce qu'on appelle « Rimbaud » (être et texte) se joue dans une relation spéciale liant la vie et l'écrit. Tout ce qui, en ce nom propre, nous semble admirable vient du rapport limitrophe qu'il voulut et sut établir entre l'écriture et l'existence : tentation extrême sans doute, extraordinairement risquée, et qui mena parfois ceux qui le suivirent vers l'impasse des plus grandes confusions, celles en vertu desquelles, par exemple, la poésie pourrait être affaire de conduite vitale et non plus de pratique littéraire délibérée.

La présence de Rimbaud questionne, parce qu'elle paraît relever d'une question que lui-même n'a cessé d'adresser à la présence, non seulement à la sienne, mais à celle des choses. Comme s'il éprouvait un déficit d'être, frappant les éléments du monde. Pour mieux exprimer cela, il faudrait, bien sûr, s'expatrier du discours philosophique, rendre le langage à une forme de nudité qui est celle de la poésie. Je ne vois pas Rimbaud pris dans l'ancienne dialectique occidentale de l'être et du paraître ; il ne pense pas que nous sommes constamment mis en face de simulacres qu'il conviendrait de renverser pour voir surgir enfin les formes sincères de l'authenticité ; il ne croit pas que des leurres dérobent un univers plus beau ; il ne se fie pas aux archétypes dont Baudelaire et Nerval s'enchantaient. Son souci porte bien davantage sur l'immaturation qui est la nôtre et celle du monde. Or, selon lui, tout demande à venir à son plein épanouissement, attend de grandir ; il espère un accroissement, il a le sens d'une venue, il en fait l'annonce. Sur quel fond de présence déficitaire ressentie comme une intense déception en vint-il à former une telle espérance ? La prise en compte minimale de la biographie place ici devant l'événement d'une première absence : celle du père. Le capitaine Rimbaud quitte le foyer conjugal quand Rimbaud a l'âge de six ans. Il n'y reviendra pas. Cette absence sera strictement répercutée dans *les Etrennes des orphelins* (où la mère se voit pareillement anéantie, puisqu'elle est morte !) : « Plus de mère au logis ! — et le père est bien loin !... » situation orpheline à laquelle le premier récit, connu sous le nom de « narration des dix ans », avait pourtant essayé d'apporter une compensation rêvée, puisque y était reconstitué un couple uni : une mère aimante, mais grave, un père attentif et enjoué. On ignore, assurément, si le départ du capitaine Rimbaud fut ressenti par son fils cadet comme un événement douloureux, voire traumatique, et il serait exagéré de considérer que les vagabondages du poète, puis ses voyages au long cours eurent comme motif inconscient le désir de retrouver le géniteur en allé. A notre connaissance, en tout cas, Rimbaud ne s'est jamais soucié de revoir son père réel. Très tôt, du moins, l'absence résonna dans sa vie, lui donna une insoupçonnable profondeur. Quelque part il y avait du manque. A la place de quelqu'un qu'il avait vu enfant et dont il ne pouvait guère garder le net souvenir ne restait plus qu'un monceau de papiers remisés dans un débarras : écrits militaires et remarques sur la langue arabe !

Ecrire forme de la présence avec des éléments impalpables, les mots. Les premiers textes de Rimbaud disent de façon variable un *état*. L'enfant comme fils s'y voit tour à tour chéri, puis privé des siens. Orphelin. Ce terme devançait la réalité, il ouvrait la porte à l'univers de substitution que propose la littérature. Attiré par cet univers supplémentaire, Rimbaud « poète de sept ans », vivant sa vie quotidienne, deviendra donc un être capable d'absences, ou mieux, d'*absentements.* Eprouvant son entourage et Charleville, « cité supérieurement idiote », comme un vide, personnes et lieux d'où la force de l'esprit s'est définitivement exilée, il cherche ailleurs et d'abord activement en lui-même, à trouver, par les moyens de l'écriture, la réelle présence du monde. Ainsi, pour des « visions », il écrase « son œil darne », puisque la vue ne porte plus à son regard que des objets évidés, dévitalisés ; il s'absente dans le rêve en présumant qu'un au-delà géographique livre des régions où luit « la Liberté ravie », où vibre un trop-plein d'être, pubescences analogues au désir qui monte dans son corps.

Au fur et à mesure que sa personne s'édifiait, se construisait sa poésie. L'une n'allait pas sans l'autre. Il est même certain que la poésie lui permit de former son identité, alors qu'il ignorait encore qui il était. Ainsi acquérait-il un rôle repérable dans le milieu social, même s'il en occupait les marges. Rimbaud sort de l'enfance ; mais l'enfant que tant de ses textes rappelleront fera longtemps partie du réseau de ses identifications ; il signifie une étrange disponibilité sexuelle en-deçà de l'interdit et une apparence de liberté. La magnifique aube d'été l'étreint contre son corps tutélaire ; nul ne se détache tout à fait de la jouissance rêvée assurée par cette grande mère naturelle. Adolescent, Rimbaud se doit d'endosser le rôle pour lequel il se sentait le plus violemment fait ; il sera poète : « Tu vates eris » !, et non plus seulement le fort en thème régulièrement couronné par les serviteurs du régime impérial. Timide dédoublement, qui ne laissait pas présumer quel redoutable éveilleur couvait en lui. Cependant, s'il se prétend poète, s'il souhaite être reconnu comme tel (par Banville, pour ne citer qu'un de ses correspondants), il complique bien vite cet emploi trop manifeste. Ses lettres des 13 et 15 mai 1871, tardivement qualifiées de lettres du voyant, ce qui cache une réalité autrement plus nuancée, contiennent des phrases troublantes, des sortes de mots d'ordre perturbant volontairement le statut de l'être poétique. Le « Je est un autre », notamment, met à l'épreuve l'apparente cohésion de la personne, introduit en elle un principe discriminant, altère le moi psychologique. En ce printemps communard bientôt sanctionné par la Semaine sanglante, Rimbaud s'exprime, en fait, à travers une contradiction majeure. D'une part, le Je ignore qui il est : « On me pense », dit-il, appliqué à remettre en cause le *cogito* cartésien. D'autre part, le poète doit se connaître. A vrai dire, l'essentiel des deux lettres suggère surtout les éléments d'une méthode, « raisonné dérèglement des sens » ou bien « encrapulement », qui, appliquée, assurerait l'accès à l'inconnu. Loin de considérer la poésie comme un exercice particulier portant sur le langage, Rimbaud distingue celle qui continue de se dire au moyen de « vignettes pérennelles » (les stéréotypes les plus usés) et celle qui serait capable de changer la vie, de transformer êtres et choses par son efficience. La Commune avec laquelle il est de cœur (il y participa peut-être) a provoqué chez lui une accélération des idées de liberté. Son poème-clef, *le Cœur supplicié*, donne à voir sur l'encrapulement souhaité. Le locuteur s'y présente victime de quolibets proférés par des pioupious ivres, excités, « ithyphalliques » ; d'une telle scène il éprouve un profond dégoût. Pourtant, à partir de là, une vérité négative se fera jour, et Rimbaud, plus ou moins comparable à cette victime, semble avoir découvert la jouissance de ceux qui la brutalisaient et s'adonnaient aux ivresses les plus ordurières. Il se scinde, se dédouble, voit prendre forme une autre partie de lui — la crapule, dont se réclamait déjà son « forgeron ». L'encrapulement — il le croit — livre accès, par la voie la plus sombre, la plus basse, à une vérité de l'être placée en dehors de toute morale et que seul l'excès est en mesure de révéler. A ce moment, sa rigoureuse lucidité lui fait comprendre qu'un instinct de paroxysme anime la personne humaine et que parvenir en ces zones psychologiques extrêmes et presque repoussantes ouvre l'individu à l'inconnu — avec lequel se confond la poésie à venir. Le « se connaître » rimbaldien débouche en toute conscience sur ce domaine vierge. La personne se torture sur un « chevalet féerique » ; elle se dépasse dans l'horreur ou la monstruosité et, plus généralement, se livre à l'entraînement d'un vertige.

Les mois suivants, à Paris, Bruxelles, Londres, Rimbaud suivra le cours de ses intuitions apocalyptiques. Sa vie quelque temps devient conduite pro-vocatrice (entendons l'appel qui passe là). Il procède à sa révolution intime plus qu'à un travail conséquent sur le langage. Il s'attend à ce que la poésie lui saute au visage, comme une vérité qui ne serait pas bonne à dire. Ses rages, son mutisme, sa violence, parfois sa sincérité blessante le font ressembler à un maître *koan* frappant avec dureté le disciple, alors que celui-ci désire une réponse intelligible. Sa démarche rudoie l'autre ; il pratique une forme d'abjection purificatrice, active le rejet. Ce qu'il rejette ? tout ce qui est obligation morale ou contrainte sociale, tout ce qui empêche le risque de la pensée et de l'action. Par sa présence en excès, en trop, par son caractère énergumène, il projette le pressentiment d'une vie à venir, indépendante, libre, en marche. Mais ses actes ne sont pas compris comme tels ; ils choquent simplement et l'on n'y devine pas (parce qu'il néglige de les expliquer) le souci de montrer la nécessité d'une libération profonde. C'est que les poètes de son temps sont encore prisonniers du langage et qu'ils ne lient pas ce langage à une manifestation effective engageant l'être tout entier. Un mot peut les désigner : des littérateurs ! La présence de Rimbaud en 1871-1872 ne se réduit pas à un être-là ; elle s'impose comme *surprésence*, excès visible, audible. Or c'est précisément à cette époque aussi que commencera à se dessiner ce que j'appellerai — énigmatiquement d'abord — l'absence de Rimbaud.

Tout à la mesure de la présence qu'il souhaitait imposer (et plutôt par un tour scandaleux), Rimbaud a su également ne pas être où on le croyait, marquer une sombre indifférence à l'égard de ses contemporains, oser poursuivre en aparté une entreprise poétique. A l'égal de très hautes figures de l'humanité auxquelles lui-même a pensé (ainsi le Jésus des évangiles qu'évoquent ses paraphrases), il s'est ménagé un retrait, réservé, au temps même de son activité littéraire, une occultation. Après la période parisienne, mais aussi pendant, il n'a pas été qu'une présence offensive toute de sarcasme et d'impertinence. On oberve également de sa part une abstention, un dégagement. L'ensemble que l'on nomme traditionnellement « Vers nouveaux » compte, parmi d'autres motifs, la disparition même de celui qui s'y exprime. Quelqu'un parle, mais pour signifier qu'il veut s'effacer, disparaître, mourir ou se soustraire à la vie (tout en y demeurant) par une extase, un envol : « Des anciens suffrages,/Des communs élans,/Là tu te dégages/Et voles selon. » L'essor abandonne le corps. Lévitation fabuleuse ou coalescence avec les éléments. Ainsi les soifs qui le torturent le font-elles se dissoudre, fondre. Plus qu'absentement, cette démarche évite la présence pesante ; elle active la chasse spirituelle.

Une saison en enfer, « sorte de prodigieux récit autobiographique » aux dires de Verlaine, tente de repenser les phases d'un parcours. Rimbaud est conscient du trajet accompli ; le dernier « couac » l'a forcé à dresser ce bilan provisoire de son existence. Or il produit devant nous les présences qui l'ont hanté, les modèles forts qu'il s'est donnés, exemples négatifs comme ceux qu'affirmait déjà la lettre du 15 mai 1871 : grand maudit, grand malade, grand criminel. En tant qu'être vivant il a voulu très tôt se donner une destinée, et celle-ci ne pouvait que passer par les avatars d'individus dévoués à la pente du mal, à la transgression. Rimbaud se défie de la maintenance d'un état, d'une stature sans fêlure ; il songe à une expérience dilacérante révélant un tréfonds inconnu. Aussi évoque-t-il « le forçat intraitable », héros certes (depuis *les Misérables*), mais surtout homme d'une possible *évasion*. Aux captifs de la vie il substitue celui qui s'enfuit, clandestin, « sacrant les auberges et les garnis par son séjour ». Présence en déplacement perpétuel, *heimatlos*. Elle n'est pas là où elle devrait être : au bagne. Lorsque Rimbaud endosse l'identité de cet autre, il en acquiert une étonnante qualité : translucidité, pouvoir de disparaître. Ainsi l'exprime l'une des phrases les plus surprenantes d'*Une saison* : « Au matin j'avais le regard si perdu et la contenance si morte, que ceux que j'ai rencontrés *ne m'ont peut-être pas vu*. »

Est-ce une formulation exagérée, un artifice littéraire ? Tout prouve, au contraire, que Rimbaud semble avoir été perçu de la sorte par ses contemporains. Certes, ils ont retenu quelques-uns de ses gestes, ils ont rapporté à son sujet maintes anecdotes. Mais qui l'a vraiment pris pour ce qu'il était ? Qui l'a vraiment vu ? La plupart, sans en excepter Verlaine, l'accompagnateur fondamental, mais aveugle, *ont assisté à Rimbaud* comme à un spectacle dont ils n'ont finalement pas compris l'argument ; ils ont saisi, par fragments, un certain nombre de significations probables, sans véritablement voir à quoi tendait ce déploiement d'activité ou cette réserve hargneuse. Rimbaud, donateur et ordonnateur d'une présence, a également doté celle-ci d'un caractère insaisissable ; et ne pas l'avoir vu, ne pas l'avoir entendu correspond à la surdité, à l'aveuglement des hommes prisonniers de la vie et ne concevant pas le dégagement rêvé ni la grâce. *Une saison en enfer* est un livre frontalier, placé comme en équilibre sur une arête temporelle. Les hésitations qui s'y trouvent consignées enregistrent une grande inquiétude à l'instant du choix. Comme s'il fallait à tout prix choisir ! L'identité de poète que Rimbaud jusque là avait conquise de haute lutte (en s'opposant violemment à la fausse poésie) y est partiellement, sinon complètement remise en cause, parce qu'elle ne tient pas devant les nécessités auxquelles il doit faire face, l'entrée dans la vie française : métier, service militaire. Pendant quelques années, il a pu ruser avec ces obstacles fatals ; il s'y retrouve maintenant confronté comme à des écueils. Et c'est pourquoi, à ce moment de laps, de passage, de franchissement d'une frontière, celle que marque très précisément l'obtention de la majorité civile, il interroge sa propre teneur, en hésitant dès lors à décider de sa future présence. Il regimbe, lui, l'homme du « Je est un autre », contre l'identité qu'il va devoir assumer, toutes lui paraissant également ingrates, la « main à plume » comme « la main à charrue ». Il n'y a plus de place pour l'absentement, le rêve, ni pour la permutation des rôles — et se donner la mort ne serait qu'une solution romantique, relâchant trop facilement les tensions du dilemme où il se sent pris. Peut-il assurer une présence désormais ? Et s'il s'y refuse, de quelle matière sera faite son absence ? Paresse ? Désertion ? On est à la fois proche et à cent lieues de « l'être ou ne pas être » d'Hamlet. Rimbaud transforme la formule en un « être et ne pas y être » ; il produit une présence traversée d'absence. « Je suis caché et je ne le suis pas », affirme-t-il, donnant beaucoup à voir par cette seule phrase sur l'évidence maligne de la *Saison*. Doute quant à la présence, au rôle à remplir (puisque de toute façon « l'homme se joue »), à l'authenticité de ce qu'affirme son récit. Apparition/ disparition qui est le propre du sujet biographique œuvré par le texte, mais encore variabilité sur le plus ou moins de réel qu'implique notre présence. Il faut retenir de l'être rimbaldien sa capacité à intégrer la négation, à s'y unir. « Etre et n'être pas. » Le type de présence que Rimbaud offrira de lui par la suite à ceux qui le fréquenteront en Arabie ou en Afrique rentrera dans ce cas de figure, chacun croyant qu'il s'affuble d'un masque, se conforme à un rôle officiel, alors même qu'on le devine hanté, au tréfonds, par une nécessité que, bien entendu, nul n'a le flair de référer à la littérature oubliée, à l'oubli de la littérature.

Qu'il retrace symboliquement sa cohabitation avec Verlaine ou mesure l'amplitude de ses secrètes fureurs, Rimbaud dans la *Saison* se montre démultiplié ; et, mû par une sorte d'instinct démoniaque, tout en se donnant, se place hors de portée. Il défie toute tentative d'appropriation, en vertu de l'expérience confondante qu'il a faite de sa propriété : « Il n'y a personne ici et il y a quelqu'un », assure-t-il encore. Il est vrai qu'on peut attribuer une telle remarque à ses talents de maître en fantasmagories — et il ne s'en cache pas. Surtout, Rimbaud se tient là, génie au double sexe, parce qu'à sa façon il dénonce le je univoque garant du narcissisme ; traversant le miroir, il déplace la personne qui s'y reflète, affiche la disponibilité d'un acteur prêt à jouer tous les rôles sur l'étroite scène du monde. Il est à la fois aucun et quelqu'un ; sa présence est trouée d'absence et son absence est façon d'être. Le verbe « être » lui-même, comme le substantif qui en résulte (l'ontologie, en somme), deviennent aléatoires.

Fondés sur une révolution des à priori du temps et de l'espace et du principe d'identité, les poèmes en prose des *Illuminations* produisent des figures nouvelles, décidément incompréhensibles si l'on persiste à se référer à une logique du tiers exclu, claires cependant pour peu que le battement, la syncope de l'apparition et de la disparition soient perçus comme animant et vivifiant les mots et les images. La fantasmagorie rimbaldienne traduit non seulement l'ingéniosité supérieure d'un montreur de lanterne magique captant dans son dispositif les anamorphoses de l'esprit ; elle porte aussi sur le fantasme qu'est la personne même et la fixation hébétée qu'implique la notion d'être, si bien qu'autre chose nous apparaît, nous remettant en cause, proposant un grandissement de la notion ou de la structure d'homme. C'est sur de tels plans qu'il convient de situer la lecture de pareils textes, toujours recentrés consciencieusement dans le cadrage de l'histoire littéraire, entre *le Spleen de Paris* de Baudelaire et les *Poèmes en prose* de Mallarmé, alors que Rimbaud engage une mutation radicale pour atteindre le lecteur, le férir. Fables, apologues d'exisence. Oui, la beauté y est — en plus, mais surtout une manière de sagesse violente, de cruauté que l'on trouvera plus tard chez Artaud. S'il y a effet esthétique qui entraîne notre admiration, il y a davantage projection de corps superbes et neufs, de sites inouïs, et la profération intense d'un monde à être, proposé par le texte pour que nous y venions, pour qu'il se manifeste parmi nous.

A plusieurs reprises, Rimbaud développe ses vues sur cette présence variable exhumée par sa manière poétique. Dans *Conte*, le Prince décide de s'affirmer par la négation. Loin de se contenter des louanges qu'on lui adresse, des bonheurs dont il jouit, il s'emploie à les anéantir. Un tel « saccage du jardin de la beauté » semble d'ailleurs répéter la tentative d'encrapulement voulue par Rimbaud au printemps de 1871. La personne tente de se surpasser par la destruction. Quête inutile, du reste, jusqu'au soir, où le Prince trouve son Génie, l'autre qu'il devinait être au fond de lui, mais qui, cette fois, lui apparaît, objectivé, de face. La présence du Prince ainsi se dédouble ; elle passe à la limite d'elle-même. L'être s'unissant à l'autre s'anéantit dans la « santé essentielle », se défait dans une coalescence secrète qui pourrait être aussi l'acte mystérieux que suppose la poésie, étrange rencontre de soi-même là où l'on s'ignorait encore. La fin de *Conte* rétablit toutefois l'ordre logique. Le Prince n'était pas mort ; il décédera, en effet, à un âge ordinaire. Mais par cet apologue Rimbaud nous a suggéré que l'excès, le passage de l'être à sa limite révèle la poésie et cet accroissement de l'individu sans laquelle elle ne serait pas. L'autre poème producteur d'un comble de présence est évidemment *Génie*. Son titre prouve la fidélité de Rimbaud à un motif mythique ; mais alors qu'auparavant il essayait de trouver son génie et qu'il était ainsi contraint de reconnaître les strates de son être et les transitions magiques de sa présence, *Génie* objective ici même et pour tous (l'ensemble indiqué par « nous ») une instance nouvelle. Comme dans *Being Beauteous* et *A une Raison*, le texte projette une présence, trait par trait, selon une anatomie fabuleuse, une spectrographie merveilleuse, constamment en devenir, mobile malgré la rigidité des lignes imprimées. Présences superlatives que magnifie un excès d'être et à partir desquelles se diffuse une évidence : « car c'est fait, lui étant, et étant aimé. » Pour autant que la présence est affirmée, elle est prise dans une célérité vertigineuse, elle est mouvement et nous sentons qu'il faudrait la doter de ces lignes en plus par lesquelles Marcel Duchamp entraîne l'image de son *Nu descendant un escalier vite*. S'il est un bon usage du *Génie*, ce sauveur qui vient bien après le christianisme, charités et prières, il ne consiste pas à profiter d'une présence, comme Verlaine voulait « se ménager » Rimbaud. Que nous dit Rimbaud, en effet : « Sachons [...] le héler et le voir, et le renvoyer [...] » Audace et force de ce congé donné au génie, parce qu'il n'est pas de l'ordre du mobile d'être assigné à résidence et que le devenir rimbaldien donne au texte sa loi, en avant et en avance, résolument moderne et hors des modes les plus brèves.

On a parlé du silence de Rimbaud ; et comment, de fait, ne pas voir qu'il fut celui qui sut se taire, et que la force de son écriture progressa, taillée à même le silence, en y faisant de durs éclats ? Rimbaud avança, entouré de l'écoute impossible des autres. Il ne fut pas plus entendu que vu ou lu — ce qui ne l'a pas empêché d'ausculter sa voix ou ses voix, « multiples sœurs », et d'être hanté par ses présences intimes. Ce qu'il proférait délibérément, comme la silhouette qu'il dressait pour autrui, relevaient assurément d'un semblant. A l'endroit où il nous apparaît, il disparaît d'autant. Ce n'est pas qu'il se dérobe, mais plutôt que la force de son écrit brille d'un excès de présence. Mais plus que du silence de Rimbaud qui désigne aussi le moment où il aurait décidé de taire son écriture, tenons compte de son absence, du constant pouvoir qu'il eut d'être là et de ne pas y être, au nom de la perception intacte d'un vrai monde, d'une vraie vie qui serait ailleurs. Ailleurs. Non pas dans les nuages, non pas dans l'au-delà, mais *en travail*, à l'œuvre à chaque instant, dans le mouvement d'une germination constante. Le Rimbaud qui part et qui, à plusieurs reprises, quitte l'Europe, donne alors son absence à ceux qui le cherchent ; il n'en reste pas moins identique dans son mouvement, féru d'effacement, prêt à devenir divers autres : l'anonyme traversant à pied une partie de l'Europe, ou le marin Edwin Holmes à bord du *Wandering Chief*, retour de Java. Rimbaud est « ailé » d'absence ; il tire de cette capacité d'effacement l'espoir toujours possible d'une remise à neuf ; il se fuit en tant que paysan ; il se fuit en tant que poète connaissant les mille et un tours rhétoriques ; il fait de la disparition une trouvaille. Déterminé par un manque originel, cet orphelin n'a conquis qu'une famille, celle des lecteurs, auxquels il n'offre d'ailleurs qu'un espace de malentendus ; impressions controversées, nulle vraie coïncidence avec lui, mais une suite d'approximations ; donné, il continue de se soustraire. Pour avoir trop cru la poésie capable d'initier à la vraie vie, il a dû se rendre à l'évidence. Il n'apportait que du vide. Ou bien les autres se trompaient, ne savaient pas voir. De là son départ. Vous ne voulez pas me croire, alors je m'en vais ! D'ailleurs il fut toujours cet absent — ne sachant trouver ici-bas son site. La surprésence du poème n'a pas ébloui les hommes. Alors Rimbaud s'est reconstitué ailleurs, mais « opéré de la poésie » et vivant, par devoir, d'une présence dérobée, endurant le sursis accordé. Disparu de lui-même, déplacé, il exista comme un commentaire inadapté de son œuvre et cependant l'accomplissant.

Attisant le manque par la réalité de sa poésie et l'erratisme de sa démarche, il en est venu à figurer l'une des formes que peut prendre l'objet du désir — signe au-delà du tangible, héros seulement lisible, éclaboussé des reflets de la chimère. Et parce qu'il ne dura qu'un instant et que ses textes, en dépit de leur apparente permanence, ne s'en retirent pas moins, il vibre à l'horizon nouveau à l'instar d'une image troublée qu'il faut encore accommoder, d'un perpétuel devenir mettant à l'épreuve nos sensations, notre intellect et jusqu'à la légitimité de l'être, cette instable figure à laquelle l'homme croit encore bon de se rattacher.

Jean-Luc STEINMETZ

N.B. : Jean-Luc Steinmetz vient de publier une biographie de Rimbaud aux éditions Tallandier : *Arthur Rimbaud. Une question de présence*. Le présent article a d'abord été lu au colloque sur Rimbaud organisé par l'Université de Varsovie et qui s'est tenu dans cette ville les 10, 11 et 12 avril 1991.

LE VRAI PAYS EST AILLEURS

Un lieu nous est imposé : celui de notre naissance. Après, libre à chacun de se persuader de sa bonne fortune, de faire contre mauvaise fortune bon cœur, voire contre bonne fortune mauvais cœur. Selon les cas de figure, cela produit des chantres, des indifférents ou des irrécupérables.

Pas plus que d'autres, Jean-Nicolas-Arthur Rimbaud n'a choisi de venir au monde à Charleville un 20 octobre 1854. Mais plus que d'autres il va en montrer très tôt un féroce déplaisir. *« Ma ville natale est supérieurement idiote entre les petites villes de province »*, écrit-il à Izambard, son professeur de Rhétorique. Il n'a pas seize ans et se dit : *« dépaysé, malade, furieux, bête, renversé »*, avec un espoir de *« bains de soleil »* que le climat des Ardennes n'a guère pour habitude d'exaucer.

Evidemment, et comme toujours par la suite, Arthur exagère. Ce qu'il exècre, c'est moins Charleville que le fait d'y être, alors qu'il voudrait tant être ailleurs. Aucune ville, jamais, ne trouvera grâce à ses yeux, aucun village, aucun coin de terre terrestre. Hanté d'absolu et mordu d'impatience, il veut l'Eden séance tenante et, sur l'heure, l'éternelle clarté. L'inévitable obligation de se tenir ici ou là, autrement dit quelque part, lui semble une torture. L'espace, le temps sont des catégories trop étriquées et trop lentes. Où est donc l'inconnu, que l'on s'y précipite ? Où est donc l'impossible ? Où le soleil brûlant ? Où le salut dès maintenant, la vérité dans une âme et un corps ? L'insatisfaction chronique de Rimbaud est une variété foudroyante d'affection métaphysique.

Question pourtant : l'aire d'origine fut-elle sans incidence ? Il suffit de traverser la place Ducale, de rejoindre le Vieux-Moulin qui domine un bras de Meuse, et qui abrite aujourd'hui le musée Rimbaud, pour identifier certains décors d'écriture — surtout si l'on sait que la famille s'installa six ans (de 1869 à 1875) dans une maison du Quai au numéro 7, d'où l'on aperçoit le fleuve et le bien nommé Mont-Olympe. *Le Bateau ivre* est sorti, à fleur d'eau, de la voûte de pierre du Vieux-Moulin et de l'ombre des saules.

Mais plus qu'à un repérage pointilleux, ce secteur de Charleville, à la fois au plein centre et en marge de la ville, inspire de plus amples dérives. Peu de sites urbains accueillent d'emblée, avec cette intensité, la résonance du grand large. La mer est loin et l'océan presque impensable, la courbe de Meuse cependant crée un ravin de lumière entre les collines, une brèche au Nord et au Sud, un appel. Et ce Mont-Olympe, irruption de nature au bout d'une passerelle, joue la sentinelle avancée de la forêt et du massif de l'Ardenne. Il y a de la magie dans ce rostre de schiste qui laisse les rues, les places et les squares à distance. Il y a de la solitude aussi, comme à la croisée des chemins.

Certes, la géologie n'explique pas tout. Elle peut quand même glisser sous les semelles ce qui retient ou déstabilise, ce qui change le lieu d'origine en refuge ou en embarcadère. Rimbaud est né sur la fracture, là où l'Ardenne primaire, dévonienne, vient au contact des calcaires et des marnes du lias secondaire. En quelques pas : des millénaires par milliers. On marche sur un vertige immobile. On marche sur un effondrement des temps.

Sans compter que pour les vacances le parcours jusqu'à la ferme du grand-père maternel Jean-Nicolas Cuif, dans le canton d'Attigny, à Roche, permettait encore de dévaler les âges : tous les étages de l'ère secondaire pour venir en lisière d'une dépression de craie. En route on franchissait les Crêtes d'un seul mouvement de *Bascule*, puisque c'est ainsi le nom du lieu-dit où soudain le vieil horizon se passe.

Alors, il y a peut-être pour les regards les plus alertés et pour les cœurs avides ou trop vastes, une irrépressible envie de fuir les montagnes rabotées, enlisées comme des barges. Il y a peut-être une exaspération à demeurer sur les sédiments d'une altitude absente, d'où la tentation frénétique de partir droit devant n'importe où... Rimbaud de Charleville, Michaux de Namur, Daumal de Boulzicourt, ces Ardennais de tous les exils réels ou rêvés, se sont inventés *la Grande Garabagne, le Mont-Analogue* et des Zanzibar par delà Zanzibar, le bout du monde et la dernière lettre de l'alphabet.

Je les entends qui reprennent en chœur le crédo patriotique de Scutenaire : « *Que chacun reste chez soi : les Maoris au Groenland, les Basques en Ethiopie, les Peaux-Rouges en Nouvelle-Guinée, les Picards à Samos, les Esquimaux à Bratislava, les Papous en Wallonie, les Celtes en Sibérie, les Kalmouks en Provence...* ».

André VELTER

« ÂCRES HYPOCRISIES »

L'épreuve d'un monde figé dans l'*effectif*[1] fut celle de Rimbaud dès l'enfance. C'était un monde rangé, de faux devoirs, dont au fond de lui-même il ne voulait pas.

Il le dit dans *les Poètes de sept ans* :

Et la Mère, fermant le livre du devoir,
S'en allait satisfaite et très fière, sans voir,
Dans les yeux bleus et sous le front plein d'éminences,
L'âme de son enfant livrée aux répugnances.

Tout le jour il suait d'obéissance ; très
Intelligent ; pourtant des tics noirs, quelques traits
Semblaient prouver en lui d'âcres hypocrisies. (43)

La « Mère » d'abord. Elle porte une majuscule au premier vers du poème. Elle est dotée de tous les pouvoirs, depuis la disparition du père. Elle est mère, sans doute, mais comme ayant tous ces pouvoirs et le montrant (« satisfaite et très fière »), elle n'est mère que dans l'effectif : une mère effective. Sans intuition de mère : une fois son rôle rempli, comme de père, elle « s'en allait..: *sans voir...* l'âme de son enfant livrée aux répugnances. » Elle est mère qui ne touche pas à l'« âme ». De cette « âme », elle ne sait rien ou ne veut rien savoir. Et surtout pas de ses mouvements profonds, des « pitiés immondes » qui portent l'enfant, dans le quartier pauvre où ils vivent alors, vers les petits deshérités (v. 22-26), les seuls à être ses « familiers », car ces élans du cœur n'ont pas de place dans l'effectif social qu'elle défend. Et ainsi mère sans tendresse, aveuglée qu'elle était par l'effectif, non seulement de son rôle, mais de son milieu. Et quand elle « s'effrayait » de ces « tendresses » de son fils, « profondes », souligne Rimbaud après une virgule, mais qui n'étaient pour elle que « pitiés immondes », c'était l'affrontement entre eux. Sur un terrain sûr alors, n'étant plus celui du devoir à remplir, mais de l'âme, un vrai défi à l'effectif : « C'était bon », où elle se montrait sous son vrai jour, dans son hypocrite et vaine sollicitude, dans l'éclat de son regard bleu, porteur de ses fausses raisons, et soudain dépeuplé : « le bleu regard, — qui ment ! ».

Celui de l'enfant n'était pas moins bleu (v. 3) et il lui fallait aussi, mais autrement, mentir. La mère régnait sur tout dans la maison. L'enfant était soumis. « Tout le jour il suait d'obéissance », écrit Rimbaud ; qui ajoute, comme en incise : « très intelligent ». L'enfant doué, surtout pour l'étude, jouait le jeu, sans trop de peine sans doute. Mais il n'était pas dupe et se libérait parfois de son trop-plein comme on fait à cet âge : « Dans l'ombre des couloirs aux tentures moisies, /En passant il tirait la langue, les deux poings/A l'aine, et dans ses yeux fermés voyait des points. » On notera le détail. Grimace et poings serrés dans les poches ne disaient qu'à moitié le refus : il lui fallait encore fermer les yeux. Ne plus voir. Effacer à ce point la vue, qu'il en venait à voir en lui « des points ». Fermer les yeux sur sa vie d'enfant dont il ressentait le poids sans vraiment le comprendre — sur la vie. Il continue : « Une porte s'ouvrait sur le soir : à la lampe/On le voyait, là-haut, qui râlait sur la rampe,/Sous un golfe de jour pendant du toit. » Il s'échappait ainsi par moments, cherchant la solitude en haut de l'escalier, et c'était pour « râler », penché sur le vide. Le mot est fort et en dit long sur ses dégoûts d'alors, « les misérables incidents de mon enfance » dont il parlera plus tard dans *Ouvriers* (133) en même temps que de ses « désespoirs d'été ». Et c'est le même lien dans *les Poètes de sept ans* quand il enchaîne : « L'été/Surtout, vaincu, stupide, il était entêté/A se renfermer dans la fraîcheur des latrines :/Il pensait là, tranquille et livrant ses narines. » Déjà il haïssait l'été, la chaleur qui étouffe, le monde qui se resserre dans cette chaleur, renforce son étau. C'est alors, « vaincu, stupide », qu'on a le sentiment de n'y pas échapper. « Vaincu » est un autre mot fort, et « stupide ». Ailleurs il dira « effaré » : « moi pauvre effaré » (Lettre à Paul Demeny, 252). Effaré, comme sont les petits visionnaires de la faim *(Les Effarés)* ou, plus profondément, comme Ophélie, autre « enfant » (12, v. 18) : « C'est que la voix des mers folles, immense *râle*,/Brisait ton sein d'enfant.../ Et l'Infini terrible effara ton œil bleu ! » (*Ophélie*, 11). « Vaincu, stupide » : c'est tout ce que l'enfant sait alors de sa révolte. Mais il est « très intelligent » et s'il s'enferme dans les latrines afin d'y respirer un air plus frais, c'est aussi, c'est d'abord pour y être seul, livré à son imaginaire : « Il pensait là, tranquille ». Que pouvait-il « penser », sinon sa propre vie contrainte et pourtant jaillissante, sinon ce que « pense » un enfant, dans une belle confusion des désirs, des élans, des sensations contraires ? Il imaginait d'abord.

« A sept ans, il faisait des romans, sur la vie/Du grand désert, où luit la Liberté ravie,/Forêts, soleils, rives, savanes ! — Il s'aidait/De journaux illustrés... ». Il les faisait dans sa tête, en partant de données fournies par le dehors : celles des « journaux illustrés » qu'il avait sous la main, où il trouvait ce qui lui manquait le plus alors : espace et liberté. L'espace urbain et la « nature » à Charleville, on sait ce qu'il en dira : « Sur la place taillée en mesquines pelouses,/Square où tout est *correct*, les arbres et les fleurs... » (*A la musique*, 21). Restait, comme on verra plus loin, « le jardinet » derrière la maison, aux « galeux espaliers ». Cela ne faisait pas un monde. Quant à la liberté, muré comme il était dans la triste maison, il s'y morfondait au rythme des devoirs et sans doute de mille astreintes : « Il craignait les blafards dimanches de décembre,/Où, pommadé, sur un guéridon d'acajou,/Il lisait une Bible à la tranche vert-chou... » Heureusement, et comme par surprise dans ce milieu austère, il y avait les illustrés. *Le Tour du monde, le Magazin pittoresque* apportaient les grands espaces, le désert « où luit la Liberté ravie » (« ravie », c'est-à-dire enchantée, ou « ravie », c'est-à-dire ôtée, aux hommes, à lui-même ?), les forêts, les savanes, les « soleils » en échange du seul « golfe de jour pendant du toit » (v. 13). Le rêve, en soi, n'était pas facile. Il fallait que l'enfant « s'aide » de ces refuges imaginaires. L'effectif de sa vie, si opposée à « la *vie* du grand désert », le tenait puissamment. Et, de toute manière, il ne faisait que « rêver ». « Il rêvait la prairie amoureuse, où des houles/Lumineuses, parfums sains, pubescences d'or/Font leur remuement calme et prennent leur essor ! ». Il s'échappait, tournant les pages, vers une nature paradisiaque et délivrée, où les « houles » naturelles, rythmes purs de la terre se déliant, comme échappant à elle-même, dans un « remuement calme », « prennent leur *essor* », une nature à peine réelle, au moins qui n'était pas d'*ici* — qui peut-être n'était d'aucun « ici »... Et si ce sentiment d'un *ailleurs* pur, inatteignable, confusément le gagnait, il pouvait, oui déjà, en reconnaître en lui la blessure. « Et comme il savourait *surtout* les sombres choses,/Quand, dans la chambre nue aux persiennes closes,/Haute et bleue, âcrement prise d'humidité,/Il lisait son roman sans cesse médité,/Plein de lourds ciels ocreux et de forêts noyées,/De fleurs de chair aux bois sidérals déployées, /Vertiges, écroulements, déroutes et pitié ! » Déjà, c'était « surtout » ces « sombres choses » qu'il « savourait ». Dans ce poème plus tardif sans doute, mais d'enfance et si proche d'elle encore, même s'il ne fut écrit qu'en 1871, on voit apparaître déjà le thème, toujours insistant dans l'œuvre ultérieure, de la destruction, dévastation, abolition. Il faut le considérer un instant.

Il ne s'agit encore ici que de lecture. Dans la chambre haute aux murs nus, sans doute inhabitée au sommet de la maison, vide de toute trace de l'effectif quotidien, il s'abandonnait au rêve que lui procurait son roman de prédilection, « son » roman, « sans cesse médité ». Le cadre était propice. Les persiennes closes diffusaient une lumière bleue presque irréelle. La rumeur de la vie « en bas » (v. 63) ne parvenait que faiblement. L'enfant était « seul ». Il avait dû s'échapper pour se glisser dans cette sorte de débarras tout en haut où l'on n'irait pas le découvrir. Et là, dans cet îlot préservé, à l'abri du monde oppressant et médiocre d'en bas, il s'adonnait à la lecture. Ou plutôt : il rêvait sa lecture, celle du livre favori auquel il revenait « sans cesse », par une sorte de sombre attrait. Il y retrouvait ces péripéties violentes, ces guerres, ces débâcles, ces vertiges qui l'exaltaient. Il « savourait » ces « sombres choses ». « Savourer » est tout de même un terme fort et que n'appelle aucun des artifices du poème, comme pourrait être un appel de rime... « Savourer » est au moins un souvenir de Rimbaud, au moment où il écrit et interprète le sentiment d'alors. Il y eut tôt, sans doute, chez lui, cet appétit d'en finir avec un réel irréductible. Dans *les Poètes de sept ans*, ce n'est que nostalgie, confuse encore. Mais parée déjà de tous les prestiges du verbe. Les quelques vers qui concernent l'amour des « sombres choses », leur obscure attente, sont parmi les plus lyriques, les plus achevés aussi du poème ; les plus riches de mots aimés, comme caressés... Le cadre de destruction y est somptueux, d'une lourde opulence. C'était un roman « plein de lourds ciels ocreux et de forêts noyées » : la nature s'y montrait dans une sorte de congestion finale, d'une beauté convulsive, mais en même temps voluptueuse, avec ces « fleurs de chair aux bois sidérals déployées » ; elle allait à sa fin dans une ardeur fiévreuse, presque une jouissance, un rougeoiement d'apocalypse : « vertige, écroulements » où l'homme était pris : « déroutes et pitié ! » et sans doute avec lui tous les vivants. Ce vertige du réel accomplissait le vœu secret de l'enfant, son attente inconsciente, mais fiévreuse elle aussi, d'un ébranlement général, qui mettrait fin dans la déflagration au monde mesquin qui l'entourait. Et tandis que la vie continuait « en bas », au niveau de l'effectif détesté auquel le soustrayait le silence et le demi-jour de la chambre haute, fermant le livre, il s'abandonnait à d'immenses élans : « —Tandis que se faisait la rumeur du quartier,/En bas, — seul, et couché sur des pièces de toile/Ecrue », incité sourdement par le contact et l'odeur des étoffes, il rêvait d'évasion, de grands espaces, « et pressentant violemment la voile ! »

Rien encore pourtant du « Bateau ivre » et la chambre haute des grands désirs reste « *âcrement* prise d'humidité » (v. 57). C'est le même mot, en adverbe, que celui dont il usait pour désigner les « hypocrisies » de sa vie ordinaire (v. 7). La chambre des rêves en reste imprégnée, dans son abandon. L'enfant ne peut que « pressentir » la fuite. À cet âge, du moins, il ne s'en ira pas. Peut-être pourrait-il échapper à ce monde en y restant, puisque tel est son lot, moyennant un autre regard, par une autre vision ? Dans cette première et sourde approche d'un « poète » qui n'a encore que « sept ans » — mais c'est bien de « poètes » qu'il s'agit dans cette pièce, non de simples souvenirs d'enfance — interviendra le seul et maigre espace de nature attenant à la maison : le jardinet.

Quand, lavé des odeurs du jour, le jardinet
Derrière la maison, en hiver, s'illunait,
Gisant au pied d'un mur, enterré dans la marne
Et pour des visions écrasant son œil darne,
Il écoutait grouiller les galeux espaliers.

Ce pouvait n'être là qu'un jeu, mais non tout à fait innocent. Assez étrange, au moins, dans ses données de base, et auquel le regard ultérieur de Rimbaud prête un sens. C'est même le premier sens déchiffré, dans le poème, après la description des « âcres hypocrisies », des révoltes et de l'esseulement, avant celle des tentatives d'évasion dans l'imaginaire. Le « jardinet » relève encore du quotidien. Il appartient à la maison, mais comme son dehors déjà. Il est tentant par là même. Il offre une autre solitude, non plus dans, mais hors du cocon familial. Il est doublement sollicité : dans l'espace, pour ce dehors qu'il offre ; dans le temps, pour le moment du recours : la nuit, et d'hiver (car il n'est de nuit dans la journée qu'en hiver, en fin d'après-midi, soit à une heure où l'enfant peut encore s'échapper un temps plus ou moins long). Le dehors du jardinet, il est vrai, n'est dehors qu'à demi, car il reste attenant à la maison ; et son espace n'est pas l'ouvert des « savanes » : il est pris dans le triste espace alentour, les bruits et les effluves du quartier s'y répandent, le jour. Mais il est plus pur dans la nuit. Et c'est alors que l'enfant sort, vient y chercher refuge. « Quand, lavé des odeurs du jour, le jardinet/Derrière la maison, en hiver, s'illunait... » « Derrière la maison », et peut-être hors de vue, le jardinet, lavé de l'effectif du jour, purifié par la lumière de la lune et le froid de l'hiver, est un autre gîte. L'enfant solitaire s'y installe, « *gisant* au pied d'un mur », blotti là, « enterré dans la marne », dit même Rimbaud. Et qu'y fait-il ? Il n'y contemple pas la lune ni le petit jardin blafard sous la lumière blanche, irréelle, « poétiquement » séduisante. Il ne veut, étrangement, que s'en déprendre. Il y cherche des « visions ». Il veut d'abord, sinon exclusivement, ces visions : « Et *pour* des visions écrasant son œil darne »... Le mot « darne » se retrouve dans *Accroupissements* (42). Il a le sens, nous dit le dictionnaire de Wartburg, d'« étourdi, pris de vertige, d'éblouissements ». Très courant dans les Ardennes, précise Bruneau, où il désigne les moutons atteints de « tournis ». En pressant violemment ses paupières, l'enfant *veut* voir un autre monde en lui, dans l'éblouissement et le vertige qui s'ensuit. Le monde bascule dans ce vertige qu'il recherche. Car ce n'est pas tellement un monde intérieur, de pur miroitement visuel, qu'il a en vue. C'est le monde alentour, déjà soustrait au profil quotidien par l'heure et le lieu, qu'il découvre autrement. Un monde qui n'est pas soi, n'est rien de soi, est son autre apparence, comme non vue. Il y a beaucoup plus ici que l'exercice innocent dans les couloirs de la maison, où l'enfant ne faisait que « fermer les yeux » pour y voir « des points » (v. 10). Autrement, pourquoi Rimbaud reviendrait-il sur le même jeu dix vers après ? La vision, cette fois, est reliée à l'*écoute*. Elle procure l'écoute, une autre et bien curieuse écoute qui a laissé en arrêt la plupart des commentateurs. Tout est dit dans une même phrase, après la conjonction « et » : « Et pour des visions écrasant son œil darne,/Il écoutait grouiller les galeux espaliers. » Le participe « écrasant » se rapporte à « il écoutait » dont il est l'apposition directe. L'enfant « écrase » son œil « pour » des visions, sur le fond desquelles il « écoute ». L'autre vision permet l'écoute. Et certes il n'en est pas de plus inusitée. A ce moment singulier, sous la clarté lunaire et froide, qu'est-ce en effet que l'enfant sage « écoute » ? « Il écoutait grouiller les galeux espaliers. » Les espaliers sont dépouillés, rabougris, bien misérables en cette saison : « galeux ». Ils ne sont plus qu'écorce rêche et noirâtre, sans vie. Ne portent plus ni fertilité ni beauté. Reflets d'un monde éteint, sous une lumière d'ailleurs qui n'habille plus les choses, mais simplement, presque durement les découpe, ils ne sont que liens noueux le long du mur. L'œil « darne », égaré, qui les voit les fait basculer dans sa vision, eux-mêmes les égare, les abîme. Les espaliers autrement s'animent, semblent abriter l'innommable. Ils « grouillent ». Et ce grouillement est comme un bruit. *Voyant*, l'enfant *écoute* ce bruit. La vision de vertige se fait écoute. La vue n'est plus la vue, et l'écoute est mentale. Les sens sont troublés dans la solitude froide du jardinet où l'enfant pour ainsi dire s'ensevelit, « enterré » (v. 19). Où il n'est plus lui-même qu'en vertige, « darne », comme les choses ne sont plus ce qu'elles sont. « Dérèglement » des sens déjà ? Au moins ses premiers signes, au moins dans le souvenir que Rimbaud en garde à l'époque où il écrit le poème et qui est celle même de la Lettre du Voyant, si elle ne lui est pas légèrement postérieure. Pour le « poète » de sept ans, le monde alentour était nié, dans le jardinet. Vu et nié à la fois — vu comme nié, assumé, biffé dans l'épreuve mentale commençante, réelle et mentale, du grouillement sans nom des « galeux espaliers »... A la faveur aussi d'une fugue plus ou moins innocente, mais qui restait dans les limites de la maison. Viendra le temps, quand les « âcres hypocrisies » de l'enfance auront donné tout leur venin, où la fuite dans l'imaginaire ne pourra plus compenser l'insupportable. Pour échapper à l'effectif, à son enfermement, la fuite elle-même effective s'imposera. Mais elle ne sera qu'*effective*, justement et, par son échec, permettra un nouveau bond, un repliement essentiel d'où le poète, le vrai cette fois, surgira.

La première sera liée aux événements de l'histoire, à la défaite de la France en 1870, à la Commune. Rimbaud vient de terminer ses études au Collège en raflant les premiers prix, parmi lesquels le premier prix de vers latins du Concours académique. Ce sera la dernière, et éclatante, « hypocrisie » du brillant élève d'Izambard. Le 2 août, l'annonce de la victoire de Sarrebrück avait enflammé les esprits et son frère Frédéric, qui escortait les régiments en marche vers la frontière avec d'autres jeunes gens exaltés, un soir ne rentra pas à la maison : il avait décidé de suivre l'armée en campagne. Cette fuite d'un autre genre donna-t-elle des idées à Rimbaud ? Cependant, les événements se précipitent. Le 6 août, jour de la distribution des prix au Collège, c'est la défaite de Wissembourg. Dans le désordre qui s'ensuit, Rimbaud reste calme, s'adonne à d'immenses lectures dans l'appartement d'Izambard dont il avait la clé. Mais sans doute pense-t-il déjà à s'enfuir. « Je suis dépaysé, écrit-il le 25 août à Izambard, malade, furieux, bête, renversé ; j'espérais des bains de soleil, des promenades infinies, du repos, des voyages, des aventures, des bohémienneries enfin... » (238). L'air du large, en un mot. Quatre jours après, voyant l'étau se resserrer autour de Charleville, il vend ses deux livres de prix du Concours académique (pour les autres il n'avait reçu que des couronnes !), se rend à la gare où il veut prendre un billet pour Paris. Mais la ligne directe de Paris est déjà coupée. Il prend un billet pour Givet, avec l'idée de sauter à Charleroi dans l'express Bruxelles-Paris. Le détour par la Belgique était malheureusement plus coûteux et excédait ses ressources. Il fit donc une partie du voyage, de Saint-Quentin à Paris, sans billet. Et c'est ainsi que la première fugue s'acheva à la prison de Mazars, d'où Izambard vint le tirer. Il l'emmena chez lui où Rimbaud séjourna jusqu'au 25 septembre. La « bohémiennerie », mal engagée, avait une fin heureuse. Mais c'était une fin. Car dès le 29 août au soir, ne voyant pas son fils rentrer à la maison, comme avait déjà fait son frère, Madame Rimbaud s'était affolée. Son angoisse fut longue, puisque entre le premier appel de son fils prisonnier à Mazars et les nouvelles données par Izambard et son retour à la maison, le 26 septembre, il s'écoula presque un mois. La dernière sommation de la mère au professeur de son fils montre jusqu'à quel point l'avait surprise l'attitude d'Arthur. Dans le climat d'« âcre hypocrisie » soigneusement entretenu à la maison, elle ne se doutait vraiment de rien. « Est-il possible, écrit-elle à Izambard, de comprendre la sottise de cet enfant, lui si sage et si tranquille ordinairement ? Comment une telle folie a-t-elle pu venir à son esprit ? Quelqu'un l'y aurait-il soufflée ? Mais non, je ne dois pas le croire... » (224).

« Comprendre » est ce qui lui manqua. Mais le jeune Rimbaud se comprenait-il lui-même, « lui si sage et si tranquille *ordinairement* » ? C'est ce dernier adverbe, sans doute, qui donne la clé. Lui-même était double. Il y a l'« ordinaire » de la vie, son effectif auquel nul n'échappe. Toute une part de lui-même, bon gré, mal gré y consentait. Il était même très doué pour le faire. Mais une autre part, et de plus en plus pressante, repoussait cet « ordinaire », condamnait ce qui n'était dans sa conduite, ce qui ne pouvait être qu'une « âcre hypocrisie ». Dès l'âge le plus tendre, à l'en croire, une contradiction l'habitait. Elle va se dénouer entre les fugues et à partir d'elles, qui toutes échouent lamentablement. La vraie libération n'est pas sur les routes. Elle est dans la contradiction assumée et le regard différent qu'elle permet de jeter sur le monde. Le monde « ordinaire » se sépare de lui-même, au plus ras de l'épreuve se révèle comme effectif, au moment où la personnalité se sépare d'elle-même : « JE est un autre. »

Roger MUNIER

1. Sur l'épreuve de l'*effectif* chez Rimbaud, on pourra lire *Arthur Rimbaud et le réel*, par R. Munier, *NRF*, n° 428, sept. 1988, et *« J'y suis »*, par R. Munier, *NRF*, n° 449, juin 1990. Les références sont toutes faites à l'édition Adam des *Œuvres* de Rimbaud dans la Pléiade (Gallimard).

« DE LA PENSÉE ACCROCHANT LA PENSÉE ET TIRANT »

Ma petite intervention se situe dans l'appel que me lancent ces quelques mots de la lettre dite du Voyant.

Pour jalonner le territoire à travers lequel ils retentissent, aujourd'hui comme toujours, je commencerai par rappeler une phrase d'André Breton, en juin 1935, devant le Congrès des écrivains : « "Transformer le monde" a dit Marx ; "changer la vie" a dit Rimbaud : ces deux mots d'ordre pour nous n'en font qu'un. »

A ces deux citations, j'en ajouterai complémentairement deux autres : « Il faut rêver » a dit Lénine ; « Il faut agir » a dit Goethe.

Ma manière de synthétiser ces quatre volontés sera de dire : *Il faut voir*.

La nécessité de *voir* s'exerce par une pratique et cette pratique, en pensant à la lettre de Rimbaud, je l'appellerai le travail du voyant.

Ce travail a comme moyen d'expression l'image et dans le domaine qui est ici le nôtre : l'image poétique.

La lettre du Voyant est du 15 mai 1871 : elle est adressée à Paul Demeny pendant la Commune de Paris. On en a surtout retenu : « Je dis qu'il faut être *voyant*, se faire voyant » — et ceci qui peut sembler donner le processus : « Le Poète se fait *voyant* par un long, immense et raisonné *dérèglement de tous les sens*... »

Cette phrase risque fort de n'être que l'anecdote de la lettre — ou son voile — si on la sépare de : « J'assiste à l'éclosion de ma pensée : je la regarde, je l'écoute » — et de : « La première étude de l'homme qui veut être poète est sa propre connaissance entière » ; si on la sépare encore du fait clairement indiqué que « le voyant » va vers « l'inconnu » et qu'il doit « trouver une langue » pour — cet inconnu — le « faire sentir, palper, écouter » — une langue qui « sera de l'âme pour l'âme, résumant tout, parfums, sons, couleurs, de la pensée accrochant la pensée et tirant ».

La lettre du Voyant est déjà ce qu'elle annonce : elle nous précipite sans nous laisser le temps d'assimiler. C'est sa force et notre problème.

Ce qui m'importe là, c'est cette langue qui sera de « l'âme pour l'âme », cette langue qui sera « de la pensée accrochant la pensée et tirant ».

Qu'est-ce que cette langue sinon une langue capable d'impression intime et immédiate ? Une langue qui, loin d'être un système de références et de médiations, serait de l'identité en mouvement — de l'identité agissante.

En somme, la langue même de la littéralité.

Tous les mots employés par Rimbaud sont extrêmement concrets, en particulier les verbes : sentir, palper, écouter, accrocher, tirer.

Et ces verbes, qui tous sont des verbes d'action, signalent très concrètement l'effet de la pensée poétique sur la pensée du lecteur.

Pour que la pensée poétique *accroche* et *tire* la pensée du lecteur, il faut qu'elle soit l'autre, que littéralement elle devienne l'autre, au lieu de médiatiser vers lui ce que j'articule.

Il faut qu'elle diffuse et non qu'elle transmette, il faut qu'elle soit efficiente et non pas instrumentale. Elle doit donc accomplir un saut qualitatif qui la fait sortir de la représentation.

Mais sortir de la représentation ne peut se faire qu'en rompant avec le système sur lequel reposent le langage courant aussi bien que l'art, la littérature et la poésie depuis toujours.

Le problème est que cette langue, qui est *de la pensée accrochant la pensée et tirant* est aussi de la langue normale, car le propos de la pensée poétique est de changer la langue sans changer *de* langue — de la changer à l'intérieur d'elle-même, opération radicale mais forcément impure malgré sa radicalité.

C'est la réflexion sur la négativité nécessaire qu'introduit cette impureté, qui pourrait permettre d'élaborer la poétique qui nous manque, en français, et qui ne peut se situer que dans l'affrontement de la langue par la langue — ce que le surréalisme n'a pas fait et que seul, après Rimbaud, a tenté le Grand Jeu, avec sa métaphysique expérimentale, et surtout René Daumal avec « Clavicules d'un grand jeu poétique ».

J'en reviens à ce qui tente de changer la langue sans changer *de* langue, et qui est depuis toujours la métamorphose. Le propos de la métamorphose est de déplacer le langage vers un système de référence autre que l'habituel rapport utilitaire de la nomination. La métaphore révèle des rapports nouveaux : elle fait voir. L'image poétique va plus loin : elle rapproche, comme l'a dit Pierre Reverdy, qui en fut le théoricien, « deux réalités distantes » mais elle ne peut le faire qu'« en l'absence de tout contrôle exercé par la raison, en dehors de toute préoccupation esthétique ou morale ».

Donc, en toute liberté.

L'image n'est pas déduite ; elle n'est pas non plus descriptive. Elle procède par association brusque et elle déclenche entre ses deux pôles une circulation vive ou une décharge qui ont pour effet que *la pensée accroche la pensée et tire.*

Cette image faite de mots du langage courant, en voici un exemple emprunté à Breton : « Sur le pont la rosée à tête de chatte se berçait ».

Chacun des termes en est connu de tous : le pont, la rosée, la tête, la chatte et l'action de se bercer. D'ordinaire, ces termes renvoient à ce qu'ils représentent ou du moins rien ne vient paralyser le jeu explicatif de ce renvoi. Ici, rien ne va plus dans ce sens. Et si l'on raisonne sur le fonctionnement de cette association qui défait la raison, on doit bien convenir que l'interruption du sens raisonnable ne signifie pas fatalement la perte du sens. Qu'est-ce qui, en réalité, est interrompu ? Le seul mouvement des mots vers l'oubli de ce qu'ils représentent, donc vers l'abstraction. Cette irréductible rosée à tête de chatte nous oblige à reconsidérer notre rapport au langage et à la réalité. Elle nous ramène au concret.

L'image nous trouble parce que nous ne pouvons pas ne pas interroger le sens ordinaire de ses mots, qui est ici impensable, et qui, à la fois, exige d'être pensé. Ou tout au moins d'être attribué à la pensée. L'image suscite une présence, et celle-ci n'opère pas dans le champ ordinaire de nos références : elle n'y a pas son lieu, mais elle a de toute évidence un lieu — un lieu qui est autre : un lieu mental.

Alors cette rosée à tête de chatte garde son effet de surprise tout en cessant d'être aberrante : elle est la concrétisation d'un état pensif — ou poétique, ce qui est pour moi la même chose. Et son étrangeté, maintenant, ne provient pas de sa position à l'égard du réel : elle est liée à la nature même de l'image, qui a la double capacité de s'exprimer et d'être. Inséparablement, car l'image est la substance de la pensée qu'elle exprime.

Cette situation lui confère une littéralité communicable que n'eurent jamais les mots, car elle ne tient pas plus à l'adéquation qu'à la justesse, même quand elle les réunit : la littéralité de l'image vient du fait qu'il n'y a chez elle aucune différence entre l'expression et l'exprimé.

Ce que je viens d'esquisser entraîne à penser qu'il y a identité entre l'expérience poétique et l'expression poétique, identité entre l'événement mental qu'est le poème et la concrétion verbale qui est son expression.

Je le crois.

Et qu'ainsi la substance de l'image devient littéralement la substance de la pensée du lecteur, selon l'effet rimbaldien *de la pensée accrochant la pensée et tirant.*

Bernard NOËL

« J'AVAIS BIEN AUTRE CHOSE À FAIRE QUE DE VIVRE »

Rage de Rimbaud : la poésie, Dieu, l'histoire, l'encrapulement, il aura tout rejeté, à commencer par ce qui lui brûlait le cœur, et sans rien préserver ni protéger. Ni l'enfant, ni le voyant, ni le voyou, ni l'ange, ni le mage, ni sa vitesse, ni sa patience, ni le mal, ni sa *charité*, ni ses *rinçures* de poèmes, ni même ce qu'il nommait sa damnation. Alors à quoi bon ces protestations indignées contre le « mythe Rimbaud » — comme si l'anti-mythe n'était pas, lui aussi, un alibi ? Qu'on y prenne garde : à force de vouloir le rendre à ce qui serait sa vérité « nue », sa quotidienneté, sa banalité, on tend d'abord à nier son expérience, à la réduire à un tissu d'échecs, d'erreurs et de puérilités, sans jamais s'être mis en situation de revivre en profondeur les mobiles de cette vie, de son intensité. De surcroît, ces coups d'épée dans l'eau sont assenés, neuf fois sur dix, par des non-poètes, c'est-à-dire par des gens qui n'entrent pas dans sa marche, qui se refusent à le voir *avec son idée*. Rimbaud ne les a pas attendus pour se démythifier lui-même, et démasquer par avance l'imposture de ceux qui, le craignant, interdisent de l'aimer puisqu'ils en sont ontologiquement incapables. Lui non plus ne s'aimait guère, et il ne s'est pas épargné. Voilà ce qui le rend... insupportable, et à jamais, aux Narcisse qui ne se découvrent un semblant de « vérité » qu'à travers la satisfaction incommensurable où les plonge leur propre image dans la glace ou sur l'écran. Certains s'adorent. Grand bien leur fasse. Mais comment approcheraient-ils, même fugitivement, de *l'indépendant à outrance* ? Indépendant de tout, et d'abord de sa présence même, il restera, en France comme au bout du monde, celui qui se dérobe à l'emprise du réel, de la vie, et du moi. « J'avais bien autre chose à faire que de vivre », dit-il dans les brouillons d'*Une saison en enfer*. Un siècle après sa mort, voici qu'il est donné en pâture aux foules, ce qui ne va pas sans quelque justice ni ambiguïté. Pourtant, entre mépris et idolâtrie, entre insulte et flatterie louches, Rimbaud, superbement inconnu, trafique toujours dans l'inconnu. Il continue d'affronter l'impossible, et *la plénitude du grand songe* échappe. La célébration le fige dans son mouvement, mais une éventuelle absence de célébration aurait été dénoncée de toutes parts comme un manque scandaleux, y compris par ceux qui la réprouvent.

Bernard-Henri Lévy [1], de son côté, soigne ses étalages : le *voyant*, il le solde au rayon des « ingénuités démagogiques », et tout ce qui a fait l'âpreté de son aventure, il le brade purement et simplement : « douteux mélange d'archaïsme, de naïveté, de naturalisme, de candeur ». « C'est toujours, hélas, Rimbaud », finit-il par gémir, s'excusant presque de n'avoir que cet article de « fâcheuse postérité » à offrir aujourd'hui. Il n'aime ni ne comprend ni ne connaît Rimbaud. Soit. Il voit quelque grand danger se profiler dans « la vision du monde » qu'il lui prête (en avouant au passage qu'il a « peine à démêler ce qui revient, au juste, au poète ou seulement à ses dévots »). C'est encore son droit *idéologique*. Comme tout idéologue normalement constitué, c'est-à-dire laborieux et naïf à la fois, il croit qu'il peut déduire ceci de cela, et, par exemple, « une vulgate un peu sotte » du « corps même d'une œuvre » qui « reste... extraordinaire ». Laissons-le à cette approximation comme à l'à peu près généralisé de ses jugements sur le « poème » du « grand écrivain ». Au moins a-t-il un mérite : celui, si l'on peut dire, de la franche hypocrisie : comment pourrait-il nous faire croire qu'il goûte ce qu'il nous dit goûter ?

Reste cependant l'équivoque de la célébration, de l'embaumement, du « rimbaldisme » de tous ceux qui croient pouvoir dédouaner leur propre conformisme en vantant les mérites du *voleur de feu*, les errances de l'aventurier, la rébellion permanente de *l'horrible travailleur*. Mais avec Rimbaud toute commémoration se piège elle-même. En 1889, celui qui se voulait *absolument moderne* et qui n'avait pu revenir à Paris pour l'Exposition universelle écrit, depuis Harar, à sa mère : « Ce sera pour la prochaine fois ; je pourrai peut-être exposer les produits de ce pays, et, peut-être, m'exposer moi-même, car je crois qu'on doit avoir l'air excessivement baroque après un long séjour dans des pays comme ceux-ci... » Le voici à présent abondamment idolâtré et, sans doute, quelque peu *surexposé*. On comprend l'irritation de qui se méfie de lui, et, au fond, le déteste : les « valeurs » que Rimbaud évoque et piétine, l'élan de négation qu'il imprime à sa dérive, l'Eden rêvé, touché et largué sans pitié par le silence du *maître du silence* — tout cela devrait être proscrit au nom d'un usage moins « fervent », plus convenable, de la pensée. Mais pour qui cependant s'obstine affreusement à voir dans la démarche de *l'homme aux semelles de vent* autre chose que la fable spiritiste et réactionnaire que croit y déceler la vieillerie *politique*, Rimbaud demeure irrécupérable. Ni les officialités du centenaire ni les médiocrités des assis ne sauraient sérieusement altérer sa voix. Irréductible, il continue de narguer toute tentative d'embrigadement ou de dénégation. Comme si, à le considérer dans la totalité de sa démarche, nul ne pouvait éviter l'implacable portée de ses refus. Il y a chez lui une pratique de l'écart absolu qui dépasse, et de loin, les palinodies militantes, universitaires et religieuses. Cette pratique n'est nullement le fruit méthodique d'une théorie préalablement constituée, mais la résultante d'une navigation à vue, d'une *fatalité misérable.* De *l'inconnu* à *l'impossible*, l'écartèlement se tend comme une nécessité à laquelle il ne peut ni ne veut réellement se soustraire. Et quiconque n'a pas vécu au fond de soi ce sentiment de la chute, de la *damnation*, ne saurait se représenter ce qu'ont pu être, dans sa balance[2], les oscillations du désespoir et de la liberté, les affres suractivées du royaume déchu et de l'exil à étreindre. Autrement dit, et quels que soient les effets de mode, il ne sera vraiment reçu que de ceux dont l'existence ne se borne pas à une adaptation au monde, mais recherche sans trêve la destruction permanente d'une telle adaptation : finalement, fort peu. Les autres, admirateurs ou pas, restent au monde, installés dans le faux-semblant et le confort rassurants de leur situation. Adultes dès le berceau, vieillards dès l'enfance, et propriétaires, croient-ils, de « leur » pensée : exactement le contraire de l'adolescent qui, à seize ans, jetait le masque. *Je est un autre*, oui, et, adulant ou condamnant Rimbaud, on ne fait guère que s'encenser soi-même. « Si les vieux imbéciles n'avaient pas trouvé du moi que la signification fausse »... ou encore : « Des fonctionnaires, des écrivains : auteur, créateur, poète, cet homme n'a jamais existé » : il n'est pas donné à n'importe qui d'assister à l'éclosion de la pensée. Alors, oui, quand bien même Rimbaud serait-il donné à lire à des millions d'individus, seuls quelques-uns retrouveraient avec lui *la clef de cette parade sauvage*. Nul élitisme, nul ostracisme dans une telle constatation. Rien que l'évidence d'une expérience sans partage, parce qu'elle concerne chaque être dans son rapport à l'absolu qu'il porte en lui. Absolu ? Le mot n'apparaît guère chez Rimbaud. Pourtant, il caractérise clairement ses fins et ses moyens, qui ne transigent pas. C'est qu'à travers le rejet des dogmes, la nature de son *écart* est bel et bien d'ordre spirituel. Ni Jésus, ni Allah, ni Marx, dit-on pieusement à son endroit — et on a raison. Sauf qu'on risque par là de manquer l'essentiel. Rimbaud rejette, mais après examen, après expérimentation douloureuse, le *salut* proposé par les religions. Il veut *la liberté dans le salut*, et précisément les constructions métaphysiques lui offrent un certain type de salut, d'issue de secours — mais sans cette *liberté libre* qu'il s'entête à *adorer*. Son *atroce scepticisme* lui interdit une finalité qu'il situe d'emblée à l'origine, *avant* la chute, *avant* « l'horrible arbrisseau » du bien et du mal, *avant* les oppositions de l'Occident et de l'Orient. « C'est vrai ; c'est à l'Eden que je songeais ». Vivre n'est qu'un pis-aller, relevant de *la farce a mener par tous :* « Comme je deviens vieille fille, à manquer du courage d'aimer la mort ! » La *minute d'éveil* qui réalise la *pureté* ne dure pas : il ne sera donc pas un saint, un anachorète, un de ces *forts comme il n'en faut plus.* Il sait qu'il est *une bête, une brute, un nègre.* Il voit qu'il est *de race inférieure de toute éternité.* Cannibale, il *attend Dieu avec gourmandise* (« Il en veut, mon esprit ! »), mais se résoud à le manquer : « Par l'esprit on va à Dieu ! Déchirante infortune ! » — *et libre soit cette infortune !* Si l'on ne perçoit dans cette problématique qu'un jeu d'enfant, qu'une vague hésitation juvénile, on se condamne évidemment à ne rien appréhender de ses folies, de ses poisons, de ses enfers — et du « festin où s'ouvraient tous les cœurs, où tous les vins coulaient ». Le déchirement de Rimbaud, sa hâte de *trouver le lieu et la formule* n'ont rien d'une spéculation littéraire : c'est d'une angoisse monstrueuse qu'il s'agit, d'une *chasse spirituelle* — pas d'un pari d'« écrivain ». N'en déplaise aux thuriféraires comme aux contempteurs, sa démarche procède d'une manière d'ascèse inverse, où l'enfer apparaît comme le signe et la rançon de l'exigence même d'un être qui se sera voulu *mage, ou ange.* C'est à partir de là, et à partir de là seulement, que peut s'ouvrir une véritable *critique* de Rimbaud. Cette critique, largement commencée par ses soins, il serait bon d'en tirer aujourd'hui le fil, sans complaisance ni sévérité superflues.

Encore faut-il poser d'emblée qu'une telle critique ne saurait guère s'effectuer sur le plan littéraire, où elle serait quelque peu déplacée (qui, sérieusement, pourrait donc s'en prendre à *l'écriture* de Rimbaud ?), mais sur le terrain spirituel. Il est vrai que ceci n'intéresse pas le plus grand nombre de ses lecteurs, et surtout pas ceux qui tiennent les aspirations du *voyant* pour une resucée de « romantisme éculé », ou qui imaginent en Rimbaud un adepte du spontanéisme, un précurseur de l'automatisme surréaliste — qu'ils tiennent également en piètre estime sans en connaître les chances ni les infortunes, faute, là encore, de *pratique effective.* Ce qu'Isabelle, dévouée mais bigote, ne pouvait saisir ; ce qu'un Claudel, volontairement ou non, ignore ; ce qu'un adepte d'un Rimbaud « athée » méconnaît inéluctablement tient en ceci : Rimbaud, dans son refus des religions (aussi bien du christianisme que de l'islam) a longtemps cherché à en dépasser les morales tout en essayant d'en accomplir le but ultime. En fait, *mage ou ange*, il s'est voulu l'égal de Dieu. Peut-être le statut mythique des Rishi hindous, s'il avait pu y avoir accès, l'eût-il comblé : poètes-voyants, ceux-ci, par la profération de la Parole, créaient les mondes en même temps que leur organisation « parfaite ». « Qu'a-t-on fait du brahmane qui m'enseigna les Proverbes ? » : sans doute, précisément, n'a-t-il rencontré nul « enseignant » de ce genre, qui lui aurait permis de *trouver une langue* appropriée à cette fin suprême : *adorer Noël* (ou toute autre forme de parousie) *sur la terre.* Sans doute aussi aurait-il reconnu, là encore, l'impossibilité pratique d'adhérer pleinement à une telle vision, et de s'y fonder. Reste ce qu'on oublie trop souvent : Rimbaud a commencé, dans son enfance, par se manifester comme un affreux petit bigot (à l'époque, à Charleville, on disait : « cagot ») — au point de se battre contre un camarade de classe, plus âgé que lui de quatre ans, parce qu'il tenait des propos insultants à l'égard de Dieu. A deux reprises, dans sa vie ultérieure, il envisage, nous signalent Delahaye et Enid Starkie, de devenir missionnaire afin de pouvoir voyager en contrées lointaines ; s'il ne le fait pas, c'est qu'il est bien conscient, justement, de la fausseté qu'il y aurait pour lui à assumer, même parodiquement, un tel « emploi ». Enfin, il faut souligner avec force l'estime en laquelle il tenait les saints, à peine moins haut que *le forçat intraitable* auquel il s'identifiait volontiers. Son véritable problème demeure celui de l'incapacité qu'il se reconnaît d'avoir accès à cette *force* : il est, à ses propres yeux, indigne d'une telle libération, et hors d'état d'y parvenir : sa condition « inférieure », ses appétits brutaux, ses « vices » le lui interdisent. Mais son dépit est immense : « Et dire que je tiens la vérité, que je vois la justice : j'ai un jugement sain et arrêté, je suis prêt pour la perfection... Orgueil. » Il n'en est pas moins vrai qu'il veut se « saisir sur-le-champ de cette Eternité », et « posséder la vérité dans une âme et un corps ». Il y a là, qu'on le veuille ou non, une terrible lucidité, qui lui fera plus tard renoncer à la poésie, désormais ressentie comme une de ces « erreurs qu'on (lui) souffle, magies, parfums faux, musiques puériles » : en un mot, comme un mensonge supplémentaire. L'ascétisme effectif de sa vie en Arabie et en Abyssinie s'apparentera lui aussi à une forme de refus du monde non dénuée d'arrière-plans « christiques ». Sa *charité merveilleuse* trouve là l'occasion de se déployer, et ce n'est pas le moindre paradoxe de celui qui taguait *merde à Dieu* sur les bancs publics de Charlestown et écrivait sans la moindre ironie dans la *Saison* : *Dieu fait ma force et je loue Dieu*, que d'avoir pu murmurer, dans sa correspondance du Harar : « Je n'ai jamais fait de mal à personne. Au contraire, je fais un peu de bien quand j'en trouve l'occasion, et c'est mon seul plaisir. » Tout ceci montre assez qu'à défaut d'avoir *jamais été chrétien*, ses références participent volontiers d'un christianisme ambiant auquel il est difficile d'échapper. *Esclave de (s)on baptême*, esclave du péché originel (« Pourquoi a-t-on semé une foi pareille dans mon esprit ? »), il a « reçu au cœur le coup de la grâce » et ne l'oubliera sans doute jamais. De fait, et Yves Bonnefoy le suggère clairement, il lui en restera cette nostalgie de « l'acte vraiment *moderne*, qui est de vouloir fonder une vie "divine" sans Dieu ». Alors ? « Mystique à l'état sauvage », comme le voulait Claudel ? Alain Jouffroy, au téléphone, ironise : « Sauvage à l'état mystique serait plus... convenable » !

Un minimum d'exactitude inclinerait plutôt à supposer qu'en Rimbaud se profile un *gnostique à l'état brut*. Mais ceci est une autre histoire, qui renvoie aussi bien aux onze dernières années de son existence qu'à ses débuts : avec et sans écriture, Rimbaud déborde. Même cette dernière suggestion, qui nécessite à elle seule des développements approfondis, ne saurait l'enfermer dans un cadre satisfaisant. C'est que Rimbaud n'est jamais « satisfaisant » : il provoque, il éveille, il piège ses commentateurs dans l'exacte mesure où il se piège lui-même. La clef, ici, est dans la *formule* : sachons nous y arrêter un instant.

Ainsi, « posséder la vérité », « se saisir de l'Eternité » : voilà au moins deux propositions qui disent tout net *l'impossible*. Du point de vue d'une *chasse spirituelle*, il y a là contradiction dans les termes, et ce, quelle que soit la tradition considérée. Nul, en toute rigueur, ne saurait *posséder* la vérité, ni « dans une âme », ni « dans un corps » — pas plus qu'aucun individu, serait-il Arthur Rimbaud soi-même, ne pourra *se saisir* de l'éternité. Il en va de ces catégories ultimes comme de celle de la « délivrance » : aucune personne jamais n'atteint à la délivrance, parce que c'est de la personne que la délivrance, précisément, délivre. Au mieux, un être sera possédé par la vérité, saisi par l'éternité, et non l'inverse. C'est exactement là que la formule, et toute la vie de Rimbaud avec, se fourvoie. A propos de *la liberté dans le salut*, Henry Miller[4] avait déjà repéré le même glissement, la même inexactitude : « Il ne peut y avoir de salut qu'en renonçant à cette chimérique indépendance », et Miller précise : « la licence pour son moi de s'affirmer sans bornes (...) n'est pas la liberté » — en tous cas, pas la liberté absolue, inconditionnée, à laquelle nous convient les grandes problématiques spirituelles. Rimbaud, au fond, rêvait de ce « corps glorieux » promis par les uns, ou encore de cet état de *djivan mukti*, d'« être réalisé » entrevu par les autres — mais sans devoir en passer par les longs détours d'une initiation en bonne et due forme, laquelle demande patience, temps, et pureté plutôt qu'encrapulement. C'est *sur-le-champ* qu'il voulait tout, ne voyant décidément pas pourquoi l'Eden — la vraie vie — devrait attendre. Peut-être n'a-t-il pas toujours eu à l'esprit la leçon implicite de son fameux *Je est un autre* : qui songerait à le lui reprocher ? C'est sa grandeur et sa misère que de n'avoir pas su, jusqu'au bout, abdiquer devant cet *autre* tout en sachant que *la justice est le plaisir de Dieu seul*. Mais Dieu en serait-il encore à éprouver du « plaisir » ? Au moins a-t-il vu, et à quel prix, que « le combat spirituel est aussi brutal que la bataille d'hommes ». Il est urgent, au-delà des génuflexions et autres accroupissements de la pensée, de lui rendre cette ultime justice : contrairement aux « écrivains », il n'a ni triché ni enjolivé, et, faute de posséder « des secrets pour *changer la vie* », il aura su la « donner tout entière tous les jours ». Le Temps des assassins est rarement déserté par ceux, absolument rares, qui se tuent à lui faire face.

Serge SAUTREAU

1. *Le Nouvel Observateur*, « Spécial Rimbaud », 4-10 avril 1991.
2. Henry Miller : « Rimbaud, né sous le signe de la Balance, choisit les extrêmes avec la passion d'un danseur de corde » (*le Temps des assassins*, 10 x 18).
3. Yves Bonnefoy, *Rimbaud par lui-même* (Seuil).
4. *Le Temps des assassins, op. cit.*

RIMBAUD ET LA TENTATION DE L'ORIENT

Il est difficile de définir l'Orient, et surtout de le définir géographiquement. Il est bien connu, par exemple, que l'Orient de Victor Hugo, dans *les Orientales*, comprend l'Espagne. Si je me fie aux allusions éparses dans le texte de Rimbaud, je dirai que cet Orient comprend aussi le Damas ou la Samarie de « Métropolitain », le Japon de « Promontoire ». L'Orient est peut-être d'abord une direction. Il y a, si je puis dire, une orientation vers l'Orient qui est une de ses polarités essentielles.

L'Orient n'est en fait, chez les poètes du XIXe siècle et peut-être même dans la conscience commune, qu'un mirage oriental. Le grand orientaliste Henri Maspéro écrivait à cet égard en 1925 (à l'époque où l'Orient exerçait sa séduction sur les Surréalistes) : « Cet Orient, dont suivant leur tempérament, les uns craignent, les autres souhaitent l'influence, n'est, je le crains bien, en grande partie, qu'une création de notre propre imagination occidentale qui, de quelques principes religieux et philosophiques, choisis isolément et indûment étendus à toutes sortes de peuples très divers, et de quelques observations plus ou moins justes s'est forgé une chimère assez agréable, mais fausse, d'un esprit inverse du nôtre »[1].

Nous verrons cette chimère se constituer très tôt dans l'imagination de Rimbaud. Nous verrons aussi le poète lutter avec elle. Mais l'image de cette lutte était plus grave que quelques images orientales qu'on peut relever çà et là. Rimbaud ne s'est pas contenté de rêver de l'Orient. Il y est allé. Il a, si je puis dire, cédé à la tentation de l'Orient. Et pour cela, il a renoncé, vers sa vingtième année, à ce qui lui était plus cher que tout, la poésie. Peut-être était-ce encore pour satisfaire un rêve, que je m'efforcerai de caractériser.

Je voudrais établir tout d'abord une continuité, montrer que si Rimbaud a été finalement happé par l'Orient, c'est que tous les signes précurseurs étaient là, et en particulier dans son œuvre.

Après 1875, Rimbaud est devenu celui que Verlaine a appelé « l'homme aux semelles de vent ». Les dessins de ses amis le représentent tantôt sous l'aspect d'un roi nègre, tantôt sous celui d'un explorateur trinquant avec un ours blanc « sous le 70e parallèle ». Ne retenons que la première image. Elle peut nous faire penser au roi Ménélik du Choa avec lequel, quand il était au Harrar, Rimbaud l'Africain essaya de faire du trafic d'armes. Mais je songe aussi à celui des trois rois mages qui était noir, et j'y songe parce qu'il est arrivé une fois à Rimbaud de faire allusion à cet épisode évangélique. C'était en 1873, dans *Une saison en enfer*, à la fin de l'avant-dernière section, « Matin » :

Dans le même désert, à la même nuit, sans que s'émeuvent les Rois de la vie, les trois mages, le cœur, l'âme, l'esprit. Quand irons-nous, par-delà les grèves et les monts, saluer la naissance du travail nouveau, la sagesse nouvelle, la fuite des tyrans et des démons, la fin de la superstition, adorer — les premiers ! — Noël sur la terre !

Le texte est très beau, très mystérieux. Mais il est essentiellement marqué de négativité. Les Rois mages sont des absents (« sans que ») dans une attente continuelle, qui est l'attente d'une étoile, d'une naissance, d'un Noël. L'Orient est alors le terme d'un appel intense, et peut-être toujours insatisfait.

Le décor déjà est oriental : c'est le *désert*. Et Rimbaud l'a connu plus tard, ce désert. Aux siens, Harrar, le 13 décembre 1890 : « Je suis arrivé dans ce pays après vingt jours de cheval à travers le désert Somali. » Mais il le connaît déjà. « Mauvais sang », 4e section : « Allons ! La marche, le fardeau, le désert, l'ennui et la colère. » L'existence de Rimbaud se passe dans un désert où il est forcé d'avancer, guidé par une espérance douteuse, illusoire même. Car on oublie trop que la vie de Rimbaud en Afrique fut encore une existence ambulatoire. Aux siens, Harrar, le 2 juillet 1881 : « Je reviens de l'intérieur, où j'ai acheté une quantité considérable de cuirs secs. J'ai un peu la fièvre à présent. Je repars dans quelques jours pour un pays totalement inexploré par les Européens. » Le texte d'*Une saison en enfer* n'échappait pas à cette mobilité : le « désert » y était associé à la « marche » ; à l'horizon se trouvait un « par-delà les grèves et les monts ». L'Orient a donc été vécu par Rimbaud intérieurement, et antérieurement à son existence proprement orientale.

Peut-être même est-il atavique chez lui. Quand il brasse son sang, le sang de sa race, il retrouve le passé des Croisés ses ancêtres :

Je me rappelle l'histoire de la France fille aînée de l'Eglise. J'aurais fait, manant, le voyage de terre sainte ; j'ai dans la tête des routes dans les plaines souabes, des vues de Byzance, des remparts de Solyme ; le culte de Marie, l'attendrissement sur le crucifié s'éveillent en moi parmi mille féeries profanes (« Mauvais sang »).

Le frère aîné de Vitalie Cuif, la mère de Rimbaud, Jean-Charles Cuif, était surnommé « l'Africain ». Il s'était engagé dans l'armée d'Afrique en 1841, rentra au pays en 1854 et mourut le 3 décembre de cette année-là (Arthur Rimbaud venait de naître, le 20 octobre). L'enfance de Rimbaud a pu être nourrie de l'histoire du frère, et il en repasse peut-être vaguement quelque chose dans cette notation d'« Enfance » II, dans les *Illuminations*, et dans une série d'évocations de morts-vivants :

C'est elle, la petite morte, derrière les rosiers. — La jeune maman trépassée descend le perron — La calèche du cousin crie sur le sable — Le petit frère — (il est aux Indes !) là, devant le couchant, sur le pré d'œillets. — Les vieux qu'on a enterrés tout droits dans le rempart aux giroflées.

Il y a surtout le père de Rimbaud, celui dont il ne dit jamais rien, le capitaine Frédéric Rimbaud. Né en 1814, il s'est engagé à dix-huit ans et embarqué pour l'Algérie comme sous-lieutenant le 13 avril 1841. Il fit partie des fameux « chasseurs à pied » qui évoluèrent dans la région de Tlemcen, fut affecté en juillet 1845 à la Direction des Affaires arabes, et devint en juin 1847 chef du bureau arabe de Sebdou, près de la frontière marocaine. De la guerre d'Algérie restent dans « Après le Déluge » les mazagrans fumants. Frédéric Rimbaud rentra en France le 26 juin 1850 et, le 47e régiment d'infanterie étant stationné dans les Ardennes, il rencontra Vitalie Cuif à Charleville, à la fin de 1852. Après la naissance de Frédéric junior et d'Arthur, il partit pour l'Orient : en mai 1855 il est embarqué sur le *Zénobie* à destination de la Crimée et creuse des tranchées dans la région de Sébastopol. Les époux Rimbaud se sont séparés en 1860 :

...Hélas, Lui, comme
mille anges blancs qui se séparent sur la route,
s'éloigne par delà la montagne ! Elle, toute
froide, et noire, court ! après le départ de l'homme !

Ces vers, peut-être discrètement évocateurs de cette séparation, se trouvent dans « Mémoire ». Et sans doute demeura-t-il en effet, au creux de la mémoire d'Arthur, le souvenir du père et du *Coran* annoté par ses soins. C'est le *Coran* « à la sagesse bâtarde » dont il sera question dans « L'Impossible » d'*Une saison en enfer*. Et on verra plus tard Rimbaud commander le *Coran* à la librairie Hachette, le 7 octobre 1883.

Il faudrait pouvoir retrouver aussi toutes les lectures de l'enfant. S'il n'eut pas accès aux ouvrages inédits de son père (une *Correspondance militaire*, un *Traité d'éloquence militaire*, un *Livre de guerre*), il eut l'*Atlas* de Delamanche (publié en 1864), *L'Habitation du désert* de Mayne Reid (1861), l'un des livres de prix glanés quand il était élève à l'Institution Rossat, et toute une série de *Robinsons*. D'où la rêverie dont est nourri le poème intitulé « Les poètes de sept ans » (26 mai 1871). C'est une rêverie du désert déjà :

A sept ans, il faisait des romans, sur la vie
Du grand Désert, où luit la Liberté ravie,
Forêts, soleils, rives, savanes !

Mais il faut, me semble-t-il, envisager plus largement les rêveries d'évasion de l'enfant et de l'adolescent.

Dès « Sensation » (mars 1870), c'était une évasion dans la nature ensoleillée, « Par les soirs bleus d'été ».

Nourrie de souvenirs scolaires, cette rêverie ramène dans l'antiquité lumineuse, grecque et orientale de « Credo in unam » (mars 1870 ; dans le recueil Demeny, le poème deviendra « Soleil et chair ») :

Je regrette les temps de la grande Cybèle
Qu'on disait parcourir, gigantesquement belle,
Sur un grand char d'airain, les splendides cités ;
Son double sein versait dans les immensités
Le pur ruissellement de la vie infinie.

C'est une rêverie du désert, mais c'est aussi une rêverie de la fécondité diluvienne (on la retrouvera dans les « pays poivrés et détrempés » de « Démocratie ») :

— Il rêvait la prairie amoureuse, où des houles
Lumineuses, parfums sains, pubescences d'or,
Font leur remuement calme et prennent leur essor !
...
Il lisait son roman sans cesse médité,
Plein de lourds cieux ocreux et de forêts noyées,
De fleurs de chair aux bois sidérals déployées,
Vertige, écroulements, déroutes et pitié

(« *Les poètes de sept ans* »)

Il y a assurément dans cette rêverie le « rêve des Asies » dont il sera question en 1871 dans le poème « communard » intitulé « Les mains de Jeanne-Marie ». Mais il faut faire très attention car ce rêve se trouve alors comme dépassé dans la strophe qui évoque le rêve qui a saisi les mains de la militante :

Oh ! quel Rêve les a saisies
Dans les pandiculations ?
Un rêve inouï des Asies,
Des Kenghavars et des Sions.

Il faut comprendre que ce rêve nouveau était inconnu des Asies, représentées ici par la ville de Perse Kenghawer et par la ville de Judée Sion, — alliance à dire vrai quelque peu suspecte.

La rêverie d'enfant se trouve dépassée à la faveur d'une mutation qui doit maintenant requérir l'attention. Cette mutation, elle est celle de la Commune. Contrairement à ce qu'on a prétendu, Rimbaud n'est sans doute pas allé à Paris au moment de la Commune. Mais il l'a vécue intérieurement. Et elle coïncide avec une grande mutation poétique, qui est la naissance du Voyant.

Alors il se passe ceci de très curieux : d'une part, le rêve oriental se trouve dépassé par le rêve communard (c'est ce qu'on trouve dans « Les mains de Jeanne-Marie ») ; d'autre part l'état de voyance va permettre de retrouver des images orientales. C'est le temps de la contradiction.

Après la Commune, Rimbaud se révolte plus violemment que jamais contre la religion, donc contre ce Seigneur de l'Orient qu'est le Christ. La dérision se manifeste clairement dans « Oraison du soir » :

Doux comme le Seigneur des cèdes et des hysopes,
Je pisse vers les cieux bruns, très haut et très loin
Avec l'assentiment des grands héliotropes.

Il est probable que le poème « L'Homme juste » est dirigé contre le Christ, « pleureur des Oliviers ». Vers la même époque sans doute Rimbaud songe à des proses contre-évangéliques dont nous avons trois échantillons et qui se continuent dans *Une saison en enfer*. Dans ce dernier grand texte le rejet du Christ se confirme, avec la protestation contre le baptême, et surtout avec la mise en scène, dans « Nuit de l'enfer » d'un thaumaturge oriental qui est une caricature du Christ. On assiste donc en même temps au rejet du Christ et à une vision qu'il ne cesse de dominer de sa personnalité.

Rimbaud se révolte contre la réalité. C'est l'expérience du Voyant, déjà annoncée dans les deux lettres du 13 et du 15 mai 1871. Rimbaud veut maintenant pratiquer ce qu'il appelle dans « Alchimie du verbe » l'hallucination simple, c'est-à-dire la substitution volontaire d'un objet à un autre : « Je m'habituai à l'hallucination simple : je voyais très franchement une mosquée à la place d'une usine ». Il est très remarquable que le premier exemple d'hallucination simple soit une hallucination orientale, la substitution d'un Orient religieux à notre Occident industrialisé.

Mais cette hallucination simple engage un processus catastrophique auquel il importe de mettre fin. Rimbaud dit certainement adieu aux mosquées en même temps qu'il dit adieu aux « saisons » et aux « châteaux » dans la dernière chanson de « Délires » II. L'« Adieu » d'*Une saison en enfer* correspond à l'abandon de la vocation de mage oriental :

Moi ! moi qui me suis dit mage ou ange, dispensé de toute morale, je suis rendu au sol, avec un devoir à chercher, et la réalité rugueuse à étreindre. Paysan !

De nouveau, il cherche à s'évader. « Je quitte l'Europe » (« Mauvais sang »). « Je m'évade » (« L'Impossible »). Le morceau le plus remarquable à cet égard est la section d'*Une saison en enfer* intitulée « L'Impossible ».

Quelle évasion ? Il songe avec dérision à ses évasions d'autrefois, ses évasions d'enfant, qu'il s'agisse de la fugue à travers la Belgique, à l'automne de 1870 ou de simples rêves d'évasion. Il voudrait s'évader de l'enfer, de cet enfer qui est ici-bas. Mais il se rend compte que c'est l'Impossible même : puisqu'il est impossible de se réfugier auprès d'authentiques élus, on ne trouvera que de « faux élus », « des gens hargneux et joyeux », ceux que Rimbaud appelle ailleurs les forts, — les puissants de ce monde. Il voudrait s'évader hors de ce qu'il appelle les « marais occidentaux » pour passer à l'Orient, pays de la « sagesse première et éternelle ». Il faut observer à ce propos que c'est l'image de l'enfer qui se prolonge : l'Occident constitue comme un Styx d'où il faut parvenir à s'échapper pour pénétrer dans les Champs-Elysées qui correspondraient à l'Orient. L'Orient est un espace. Il est aussi, et surtout, un temps, situé aux débuts de l'histoire (Rimbaud parle de « la fin de l'Orient »).

Ce désir d'évasion vers l'Orient suscite une série de commentaires, un dialogue sur une sorte de théâtre, avec des intervenants. Les gens d'Eglise : « C'est compris. Mais vous voulez parler de l'Eden. Rien pour vous dans l'histoire des peuples orientaux. » L'Orient passe bien pour le lieu du Paradis terrestre. Mais ce Paradis est à jamais perdu. Il est antérieur à l'histoire, et il est même anhistorique. La réponse me semble à la fois grave et ironique. Grave : « C'est vrai ; c'est à l'Eden que je songeais ». Ironique : « Qu'est-ce que c'est pour mon rêve, cette pureté des races antiques. » Ce rêve de pureté est insuffisant au regard de la pureté du rêve.

Les philosophes. Rimbaud plus haut a déjà dit sa méfiance à l'égard des catégories philosophiques (la lumière, la forme, le mouvement) qui le ramenaient à l'Occident. Les philosophes eux-mêmes tentent de l'y ramener en démontrant qu'il suffit d'un effort de l'esprit pour se persuader que, tout en étant à l'Occident, on se trouve en Orient. Ou bien encore les philosophes inventent la théorie des cycles, selon laquelle il y aurait un retour périodique en Occident, un retour périodique en Orient. Mais Rimbaud ne veut voir dans ces divagations philosophiques que des divagations occidentales. « Philosophes, vous êtes de votre Occident. »

On pourrait, à partir de là, définir l'Orient de Rimbaud comme ce qui échappe à toute Eglise et à toute philosophie. D'où la nouvelle déclaration de guerre au christianisme qui est faite dans « L'Impossible ». D'où le refus des preuves, — de toute argumentation. Ceci renforce l'opposition au présent, la volonté de repli dans le passé, dans une « patrie primitive ».

Mais le pire adversaire est peut-être celui qu'on porte en soi. Le théâtre va devenir un théâtre intérieur où se joue ce que Valéry appellerait une « comédie de l'esprit ». On peut distinguer un entracte (« deux sous de raisons ». Le passage est ambigu. La raison est nécessaire pour y voir clair. Mais en même temps la raison est ce qui est occidental par excellence, la « vieille femme radoteuse » dont a parlé

Nietzsche), un acte (la tyrannie de l'esprit. « L'esprit est autorité, il veut que je sois en Occident. Il faudrait le faire taire pour conclure comme je voulais ». C'est à travers lui que se sont exprimés les philosophes), un dénouement (le sommeil de l'esprit. Si l'esprit dort, cela ne va guère mieux. S'il veille, il ne donne que des regrets). « L'Impossible » s'achève sur une série d'hypothèses amères dont l'accumulation même dit assez bien la déception. C'est moins un Orient perdu qu'un Orient jamais atteint. Là encore, tout sera donc toujours à recommencer.

En abordant les *Illuminations* après *Une saison en enfer*, j'ai l'air de prendre hardiment parti quand il est, dans l'état actuel de nos connaissances, impossible aussi de trouver une solution complètement satisfaisante aux problèmes de la chronologie rimbaldienne. A dire vrai, je vais être conduit à faire apparaître des continuités, l'une d'entre elles étant, si je puis m'exprimer ainsi, la continuité de la rupture.

Le Génie est une figure de la mythologie orientale, particulièrement bien représentée dans *les Mille et une nuits*. Or c'est aussi une figure rimbaldienne. On la trouve déjà dans une poème de 1871, « Les Sœurs de charité », où la Femme se trouve rejetée, ainsi que la Muse verte et que la Justice ardente avant un appel final, très baudelairien, lancé vers la Mort. L'évocation initiale de celui qu'on pourrait appeler le patient le place sous le regard d'un Génie oriental :

Le jeune homme dont l'œil est brillant, la peau brune,
Le beau corps de vingt ans qui devrait aller nu,
Et qu'eût, le front cerclé de cuivre, sous la lune
Adoré, dans la Perse, un Génie inconnu.

Cette imagerie orientale se retrouvera dans un très beau poème de Verlaine quand, après leur rupture, il évoquera la fascination que Rimbaud a exercée sur lui : « Crimen amoris ».

Dans un palais, soie et or, dans Ecbatane,
De beaux démons, des Satans adolescents,
Au son d'une musique mahométane,
Font litière aux Sept péchés de leurs cinq sens.
...
Or le plus beau d'entre tous ces mauvais anges
Avait seize ans sous sa couronne de fleurs.
Les bras croisés sur les colliers et les franges,
Il rêve, l'œil plein de flammes et de pleurs.

Cette imagerie reparaît dans une très mystérieuse prose des *Illuminations* qui s'intitule « Conte ». Le titre lui-même indique assez nettement la référence aux contes des *Mille et une nuits* ou à des histoires orientales comme le *Vathek* de William Beckford. Un prince oriental, comblé apparemment, mais qui porte en lui le désir de l'absolu « voulait voir la vérité, l'heure du désir et de la satisfaction essentiels ». Il recherche cet absolu dans la destruction : les femmes, les bêtes de luxe, les palais, la foule. Tout est toujours ressuscité. Le Prince rencontre le Génie qui lui offre la chance de l'amour absolu. Cet absolu ne peut être réalisé que dans la mort à deux. Mais il semble que ce soit le poète lui-même qui se trouve saisi à son tour par le démon de la destruction. La « moralité » met en doute l'apologue qui a précédé :

Mais ce Prince décéda, dans son palais, à un âge ordinaire. Le Prince était le Génie. Le Génie était le Prince.
La musique savante manque à notre désir.

On a l'impression d'assister à la ruine du conte oriental comme s'il fallait être un musicien plus savant encore pour parvenir à lui donner de la consistance. L'histoire de nouvel amour qui nous était accordée procéderait seulement d'un narcissisme extrême : la rencontre de moi avec moi jusque dans la mort.

Le problème devient plus complexe encore quand on prend en compte cette prose qu'on place souvent à la fin des *Illuminations* : « Génie ». On remarquera la révolution qui s'est définitivement opérée depuis « Les Sœurs de charité » : ce n'est plus le jeune homme qui est contemplé par le Génie ; c'est le Génie qui est l'objet de tous les regards. Et si amour, « nouvel amour » il y a, il est dans cette fascination multiple qu'exerce le Génie : « Il est l'affection et le présent... Il est l'affection et l'avenir, la force et l'amour... Il est l'amour... ». Il représente une somme de tous les amours, qui devrait permettre d'atteindre à cet absolu dont rêvait le Prince. Mais c'est un absolu fuyant, qu'on s'épuise à vouloir suivre du regard. C'est par cette fuite même, par cette mobilité essentielle qu'il suscite l'amour.

Le thème oriental des vies multiples permet d'établir une autre continuité, d'*Une saison en enfer* aux *Illuminations* cette fois. Dans « Alchimie du verbe » le délire culminait sur le fantasme des vies multiples : « A chaque être, plusieurs *autres* vies me semblaient dues ». La croyance hindoue en la métempsycose va se trouver plus nettement caractérisée encore dans « Vies », séquence de trois poèmes en prose que je vais m'efforcer de caractériser rapidement.

« Vies » I est le rêve d'une vie antérieure qui a pour cadre l'Inde précisément (le temple, le brahmane, les Proverbes, c'est-à-dire les Védas dont les brahmanes ont pour charge de transmettre la doctrine). Vient ensuite une rupture, une stupeur, correspondant à une fin plus qu'à une mutation du rêve. Tout se réduit à la seule ressource de la démultiplication des vies sur la scène du théâtre, avec la création d'un état de vide, comme dans « Parade », d'un « néant ».

Avec « Vies » II le résultat de l'alchimie des vies est saisi dans un de ses états (« gentilhomme d'une campagne aigre au ciel sobre »). Est-ce Roche ? Est-ce l'état dans lequel fut écrite *Une saison en enfer* ?

L'évolution est nette, dans les deux cas, vers le scepticisme et vers la folie.

La première phrase de « Vies » III est une réminiscence de la rêverie d'évasion de l'enfance. Mais le facteur commun est que toutes les vies dont il est question ici furent apprises dans les livres. Le sommet en est la vie orientale :

Dans une magnifique demeure cernée par l'Orient entier j'ai accompli mon immense œuvre et passé mon illustre retraite.

Mais tout ceci passe à tout allure. Un renoncement s'exprime, le sentiment de l'inutilité de tout cela. « Je suis réellement d'outre-tombe, et pas de commissions. »

Ici et là, dans les *Illuminations*, on trouverait d'autres images orientales : les « jardins de palmes » dans « Royauté », les « Libans de rêve » et le « boulevard de Bagdad » dans « Villes » I, la Samarie ou Damas dans « Métropolitain ». Ou encore dans « Scènes », quand toutes les scènes de théâtre possibles se trouvent rassemblées : « Des scènes lyriques accompagnées de flûte et de tambour s'inclinent dans les réduits ménagés sous les plafonds, autour des salons de clubs modernes ou des salles de l'Orient ancien. »

Tous ces débris entrent dans ce que Baudelaire aurait appelé un bric-à-brac esthétique. Mais ils restent trop rares pour constituer un véritable bric-à-brac oriental. Il semble toutefois que, comme *Une saison en enfer* évoluait vers un « Adieu », les *Illuminations* nous conduisent vers un « Solde ». Tout est à vendre dans un ensemble qui est inépuisable comme l'invention poétique elle-même. Rimbaud veut même vendre « l'occasion, unique, de dégager nos sens ». L'expression fait songer au « dégagement rêvé » de « Génie ». Elle permet peut-être de définir plus précisément ce qu'est l'Orient pour Rimbaud dans les *Illuminations*. Ce n'est pas le lieu d'un engagement : rien à voir avec l'attitude d'un Victor Hugo, par exemple, prenant dans *les Orientales* le parti des Grecs contre les Turcs. On n'a pu relever une allusion précise à un seul événement d'Orient. C'est un ensemble d'images, d'illuminations passagères. Rimbaud ne s'arrête pas sur l'une d'elles pour l'exploiter. Il n'y a pas d'orientale parmi les *Illuminations*, pas même « Vies » I. Mais chacune des images suggère le rêve d'un dégagement : dégagement hors de l'Occident (« L'Impossible »), dégagement de la danseuse (l'almée), dégagement hors de la vie (« Conte »), de la vie unique (« Vies »), dégagement de ce moi encombrant auquel désespérément Rimbaud cherche depuis 1871 à substituer « l'autre ».

La période orientale de la vie de Rimbaud correspond, elle, à la fois à un dégagement et à un engagement. Il est parvenu enfin à se dégager de l'existence occidentale, — le carcan familial, les hivers froids de Charleville, les études, la menace du service militaire —, il s'est engagé dans une carrière active, qui est celle du négociant et celle de l'explorateur.

Il y eut des tentatives avortées de départ vers l'Orient (l'arrêt à Vienne en avril 1876, le faux départ pour Alexandrie en septembre 1877). Il y eut une expédition extrême-orientale, j'allais dire ultra-orientale (en mai 1876, l'engagement dans l'armée coloniale hollandaise, le départ pour Batavia, la désertion). Il y eut enfin pour cet homme libre le choix d'une manière de servitude : chef de carrière à Chypre (1878-1880), employé d'une maison de commerce d'Aden, la maison Bardey, à partir d'août 1880, tantôt à Aden, tantôt dans la succursale du Harrar.

Je ne peux ici reprendre tous les faits et gestes de Rimbaud en Orient. Je renvoie aux ouvrages spécialisés d'Enid Starkie, de Mario Matucci, d'Alain Borer. Je voudrais seulement faire apparaître deux temps très différents dans cette période de la vie de Rimbaud, qui correspond en gros à ses dix dernières années. Je voudrais aussi dégager une hantise finale qui fut un dernier rêve, une dernière tentation de l'Orient.

L'événement central, celui qui permet de distinguer deux périodes dans sa vie orientale, c'est la faillite de la firme Mazeran, Vianney, Bardey et Cie au début de l'année 1884. Jusqu'ici Rimbaud avait été un employé sans histoire dans ce commerce d'import-export qu'il décrit dans certaines de ses lettres.

Après 1884, il rêve de voler de ses propres ailes. Sans doute signe-t-il le 19 juin 1884 un nouveau contrat avec la nouvelle firme Bardey frères, née des cendres de la précédente. Mais il ne saurait se contenter désormais d'être l'employé modèle d'une unique maison. Il a failli se mettre à son compte, mais sans doute n'a-t-il pas osé. Il a failli partir pour aller plus loin, en Inde, au Tonkin, à Panama peut-être, mais je ne sais quelle torpeur l'a retenu dans ces lieux arides. C'est qu'il a un nouveau projet, qui l'amène même à rompre avec les Bardey, « ces ignobles pignoufs qui prétendaient (l') abrutir à perpétuité », en octobre 1885. Ce nouveau projet est exprimé de la manière suivante : « Il me vient quelques milliers de fusils d'Europe. Je vais former une caravane, et porter cette marchandise à Ménélik, roi du Coa. »

L'histoire de la caravane Labatut commence. Triste histoire en vérité, et histoire à épisodes. Pierre Labatut, négociant au Choa, en Abyssinie, s'est entendu avec Rimbaud et l'a chargé de conduire sa première caravane de vieux fusils vers Ménélik II, le roi du Choa, alors en guerre contre son suzerain, l'empereur Jean du Tigré. Mais la caravane Labatut reste paralysée à Tadjoura, au bord de la mer, faute des autorisations nécessaires. Quand elle réussit enfin à partir, c'est pour aller de déception en déception, d'échec en échec. La mort de Labatut, la ruse de Ménélik, la meute des créanciers, autant d'éléments qui font de la liquidation de la caravane une véritable catastrophe. Elle continuera de tourmenter Rimbaud jusqu'à la veille de son départ définitif, en 1891.

L'aventure de la caravane Labatut a pourtant fait découvrir à Rimbaud quelque chose. Au retour du Choa à Aden, au lieu de prendre l'épouvantable route dankalie qu'il avait empruntée à l'aller, il passe par le Harrar. Il a découvert que cette route était la véritable voie des affaires, des commerces futurs. Un axe Aden-Harrar-Choa se crée, correspondant à la trinité César Tian — Rimbaud — Alfred Ilg (Tian n'est d'ailleurs pas le seul des correspondants de Rimbaud sur la côte ; il y a aussi Sotiro à Zeilah, et même encore quelquefois Bardey). Et Rimbaud se réserve une part de liberté, je veux dire de travail pour son propre compte.

En échange des marchandises importées (à défaut de fusils, des tissus, des casseroles, du fil) il s'agissait d'acquérir de précieuses matières premières, prétendument dédaignées par Ménélik (sur ce point, Rimbaud se trompait lourdement). « J'aurai de l'or », disait autrefois le damné d'*Une saison en enfer*. « J'aurai de l'ivoire », dirait bien plutôt Rimbaud en 1890. Car c'est sur l'ivoire qu'il fait maintenant une fixation. Ce rêve est relativement ancien chez lui. On le trouve exprimé dans une lettre aux siens du 4 mai 1881 :

La récolte de café aura lieu dans six mois. Pour moi, je compte quitter prochainement cette ville-ci (Harrar) pour aller trafiquer dans l'inconnu. Il y a un grand lac à quelques journées, et c'est un pays d'ivoire : je vais tâcher d'y arriver. Mais le pays doit être hostile.

Je vais acheter un cheval et m'en aller.

« Arriver à l'inconnu » de la lettre du Voyant est devenu « trafiquer dans l'inconnu ». Et l'inconnu, c'est l'ivoire qui obsède Rimbaud. Un relevé lexical ferait apparaître la remarquable présence du mot dans ses lettres à partir de 1887.

Sur son lit de souffrance, à l'hôpital de Marseille, Rimbaud continua de poursuivre ce rêve. Isabelle Rimbaud, qui est là pour le soigner, décrit dans une lettre à sa mère du 28 octobre 1891 un curieux rêve qu'il a fait : l'organisation d'une caravane de Harrar à Aden. La veille de sa mort, le 9 novembre 1891, la même Isabelle prend sous la dictée une curieuse lettre inachevée où je vois passer la dernière expression de la tentation de l'Orient chez Rimbaud :

Un lot : une dent seule
Un lot : deux dents
Un lot : trois dents
Un lot : quatre dents
Un lot : deux dents

Monsieur le Directeur,

Je viens vous demander si je n'ai rien laissé à votre compte. Je désire changer aujourd'hui de ce service-ci, dont je ne connais même pas le nom, mais en tout cas que ce soit le service d'Aphinar. Tous ces services sont là partout, et moi, impotent, malheureux, je ne peux rien trouver, le premier chien dans la rue vous dira cela.

Envoyez-moi donc le prix des services d'Aphinar à Suez. Je suis complètement paralysé : donc je désire me trouver de bonne heure à Suez. Dites-moi à quelle heure je dois être transporté à bord...

Si c'est une nouvelle caravane qui s'organise, pour une nouvelle vente ou à la suite d'une nouvelle acquisition, c'est une caravane d'ivoire pur. Si c'est une nouvelle liquidation, par lots successifs, le stock est constitué d'ivoire seulement. Le rêve d'ivoire atteint ici son apogée.

Et on voit Rimbaud paralysé, mourant, désireux pourtant de reprendre la route de l'Orient sur une ligne des Messageries maritimes. Aphinar n'a pu être retrouvé sur aucune carte. Isabelle a peut-être mal entendu, mal transcrit. Pour moi, ce mot contient « fin », et pour Rimbaud le dernier voyage en Orient était bien un voyage vers cette fin-là.

Un autre poète, qui fut un grand admirateur de Rimbaud, Paul Claudel, a parlé de la « patrie des hommes de désir ». Pour Claudel, c'était l'Ouest, la direction de Louis Laine dans *l'Echange*, de Rodrigue dans *le Soulier satin* ou de Christophe Colomb. Mais après tout Rodrigue va devant Mogador, et au Japon. Pourquoi l'Orient ne serait-il pas aussi la patrie des hommes de désir ? Rimbaud fut assurément de ceux-là. Et jusqu'à la fin le désir de l'Orient resta chez lui un désir inassouvi. L'Orient a creusé en lui une soif essentielle.

Pierre BRUNEL

1. Dans *les Cahiers du mois*, n° 9-10, 1925, p. 295.

FRÉDÉRIC RIMBAUD, CHEF DE BUREAU ARABE

Il est né dans les montagnes arabes un enfant, qui est grand ;
Et la brise légère a dit : « Celui-là est le petit-fils de Jugurtha !... »

Oh ! que les lions arabes se lèvent pour la guerre
Et déchirent de leurs dents vengeresses les bataillons ennemis !
Et toi, grandis, enfant ! Que la Fortune favorise tes efforts !
Et que le Français ne déshonore plus nos rivages arabes !...
... Car c'est le Génie des rivages arabes qui t'apparaît...

Cette composition de vers latins fut écrite le 2 juillet 1869. L'auteur, Arthur Rimbaud, avait quinze ans... Vingt-deux ans plus tard, amputé et toujours sur sa soif de soleil, Rimbaud criait avant de mourir à Marseille : « Allah karim, Allah karim. »

Ainsi une ombre arabe aura suivi le poète depuis la naissance de sa poésie jusqu'à la fin de sa vie. Comment cette ombre est-elle venue à l'enfant des Ardennes ?

Pour la personne peu initiée aux arcanes de la recherche rimbaldienne, la réponse pourrait venir des biographes. D'Énid Starkie notamment, qui nous dévoile d'emblée les origines de cette influence : « Le père fut un bon soldat, un officier digne de confiance, et un administrateur compétent ; les rapports qu'il entretenait avec les indigènes étaient bien en avance sur leur temps. » Et Starkie nous révèle que le père de Rimbaud a laissé l'ébauche de plusieurs travaux militaires, qu'il a traduit le Coran, et que ce fut par ce moyen que son fils apprit l'arabe plus tard. La révélation est surprenante. Starkie cite à l'appui l'ouvrage d'un certain colonel Godchot, *Arthur Rimbaud ne varietur*. Celui à qui l'on doit les premières précisions sur la vie du capitaine Rimbaud nous renvoie à son tour à un article paru dans la *Revue d'Ardennes et d'Argone* et dont les auteurs, Charles Houin et Jean Bourguignon, disent : « M. Rimbaud était un linguiste arabe distingué, sa famille possède une grammaire arabe revue et corrigée entièrement de sa main, une quantité de documents français-arabes sur les expéditions en Algérie, et une traduction du Coran avec le texte arabe en regard[1] ». Mais quand Godchot entreprend de vérifier ces informations, les auteurs déclarent, selon lui, n'avoir rien vu, ni lettres, ni documents et que tout ce qui a été dit ils le tenaient d'Isabelle, la sœur du poète. Godchot conclut alors qu'elle a dû fortement s'illusionner et exagérer la valeur des manuscrits et ouvrages de son père, sans doute compilations de notes plus ou moins indigestes. Le colonel clôt ainsi le débat : « En tout cas ces paperasses n'existent plus, la maison où les documents avaient été transportés ayant été détruite durant la première guerre. »

Un autre biographe de Rimbaud, Marcel Coulon, fera un constat plus définitif, disant des éventuels travaux du père de Rimbaud : « Ce sont des vestiges sans lesquels Isabelle Rimbaud n'aurait jamais vu l'écriture de son père, la mère de famille ayant purgé la maison de ce qui pouvait apprendre qu'ils eussent un père. » Une guerre, puis une purge et plus rien ne subsiste donc de Frédéric Rimbaud. Il faut dire que le personnage pose problème. Est-ce parce qu'il a quitté très tôt son fils que les biographes ne lui accordent aucun intérêt ? Mais de qui Arthur tenait-il, à quinze ans, l'image de l'émir Abdelkader ? Bien plus tard, dans *Une saison en enfer*, de qui s'inspirait-il en écrivant : « Je m'habituai à l'hallucination simple ; je voyais très franchement une mosquée à la place d'une usine » ou dans « L'impossible » : « Je retournais à l'Orient et à la sagesse première et éternelle. Je n'avais pas en vue la sagesse bâtarde du Coran. » Comme le dit à juste titre Alain de Mijolla : « Le silence maintenu autour de la personne et du rôle du capitaine dans la vie et l'œuvre de Rimbaud incite à penser qu'il s'est précisément passé là quelque chose d'essentiel ».

Mais essayons quand même, à partir de l'état de service établi par Godchot, de suivre l'itinéraire de Rimbaud père.

Rimbaud Frédéric est né le 7 octobre 1814 à Dôle. En 1832, il s'engage dans l'infanterie. Affecté au bataillon des chasseurs à pieds, il est promu sous-lieutenant en 1841. Et en 1842, il est affecté avec son bataillon en Algérie pour donner la chasse à l'émir. Frédéric Rimbaud arrivera dans ce pays au mois de juin. A cette date la France a déjà douze ans de présence tumultueuse en Algérie depuis le débarquement de Sidi Ferruch.

1842 c'est l'année où Bugeaud occupe Tlemcen pour empêcher l'émir de se ravitailler au Maroc. Devant la pression des troupes françaises, l'émir se réfugiera au Maroc et entraînera le sultan Abderhamne dans la guerre contre les Français. La France bombarde alors Tanger et le Mogador tandis que les troupes de Bugeaud, franchissant les frontières, s'attaquent aux troupes marocaines. Cela se passe le 14 août 1844. C'est la bataille d'Isly. Marx dira de Bugeaud, le vainqueur du jour : « S'il la remporta, ce fut parce qu'il attaqua les Musulmans par surprise sans déclaration de guerre à un moment où les négociations devaient aboutir. »

Le bataillon de Frédéric Rimbaud prit part à ces trois faits de guerre. Après la bataille d'Isly, l'émir fut déclaré hors la loi du Maroc et se cantonna près de la frontière. Il remporta un dernier succès durant la bataille de Sidi Brahim (maintenu par miracle à Tlemcen, Frédéric Rimbaud échappa au désastre). Et pourchassé en 1846 par le roi du Maroc, poursuivi par les 106 000 hommes de l'armée française, l'émir se rendit aux Français le 23 décembre 1847.

C'est durant ces années où la frontière algéro-marocaine était l'enjeu de toutes les luttes que fut décidée la création d'un poste militaire à Sebdou, lieu d'affectation du lieutenant Rimbaud. Le poste fut créé en 1844 à l'initiative du général de la Moricière. Sebdou, c'est la porte algérienne du Maroc. Située au sud de Tlemcen, elle donne sur Oujda. La terre y est ingrate et le climat pénible. Dans son *Histoire des débuts de la colonisation dans la subdivision de Tlemcen*, André Lecoq nous décrit ainsi la vie à Sebdou : « Pendant longtemps, très longtemps il n'y eut à Sebdou que des militaires. Ceux-ci étaient en somme bien isolés dans ce poste, au climat d'ailleurs assez rigoureux l'hiver. Peu ou pas de distraction et la vie ne devait pas être agréable dans ce petit poste perdu. Sans doute l'idée de l'importance qu'il jouait dans la garde du pays et les préoccupations d'une défense toujours sur le qui-vive ne permettaient pas à la garnison de trop penser à l'isolement. » Sur ce Harar du lieutenant Rimbaud nous disposons d'un autre témoignage assez précis. Celui de l'abbé Jean-Joseph Léandre Bargès, professeur d'hébreu à la Sorbonne, dont l'ouvrage *Tlemcen, ancienne capitale de ce nom* qui est un hymne à la colonisation comporte en exergue et en arabe cette citation d'Ibn Khaffadja : « Les paradis de l'éternité ne peuvent être qu'en vos demeures. » L'abbé Bargès arrive, à cheval et sous bonne escorte, à Sebdou au mois de septembre 1846. Ecoutons son récit : « Le commandant me fit visiter les constructions intérieures du poste, les casemates, les écuries et les silos qui servaient de prison. Il me raconta l'action qui lui valut son grade : Il y a un an que ce poste avait pour commandant le chef de bataillon Billot. Le caïd des beni Snouss, homme d'un caractère faux et profondément dissimulé, comme le sont tous les Arabes, avait fini par gagner sa confiance. Il avait coutume de venir chaque jour jouer aux échecs avec lui. Un jour après avoir joué une partie de son jeu favori avec le commandant, il sort en disant qu'il va bientôt revenir. Cependant, il se fait attendre. Tout à coup des nuées de cavaliers fondent sur le commandant et le cernent. Il se bat comme un lion mais à la fin il expire et avec lui un lieutenant des zouaves attaché aux Affaires arabes. Le lieutenant de Lambasle. Cela se passait en septembre

1845. » Le lieutenant Rimbaud succédera à ce lieutenant Mathieu de Lambasle et consacrera une notice historique à ses assaillants : les Ouled Ouriech.

Restons avec l'abbé Bargès pour connaître l'état d'esprit de la troupe quand Rimbaud prit ses fonctions. Après avoir écouté ce récit de bataille, il fut convié à voir le commandant Bazaine, chef du bureau arabe de Tlemcen, qui, avec un corps de cavaliers, venait de trancher la tête de trois Arabes. L'abbé déclinera l'invitation, disant qu'il était opposé à ce mode d'exécution emprunté aux Turcs. Et à la fin de son séjour à Sebdou, il aura droit à cette confidence du supérieur hiérarchique de Rimbaud : « L'Arabe ne connaît que le sabre et le bâton. La raison est la loi des peuples civilisés, mais les barbares qui ne distinguent pas sa voix ou la méconnaissent ne peuvent et ne doivent être menés que par la force. » Tel était l'état des lieux un an après l'affectation du lieutenant Rimbaud à la direction des Affaires arabes le 9 juillet 1845.

Frédéric Rimbaud partageait-il cette vision et quelles étaient ses prérogatives en tant que chef du bureau arabe ? La réponse nous viendra de C.-A. Julien, l'historien de l'Algérie : « Les officiers des bureaux arabes en Algérie étaient appelés à résoudre tous les problèmes qui se posaient à la société indigène, soumise à la fois aux exigences de la paix et aux nécessités de la guerre. Ils préparaient l'intervention des troupes, assuraient la police, rendaient la justice, dirigeaient les travaux publics, dressaient les états de la propriété pour permettre au domaine de prélever des terres pour la colonisation, surveillaient les plantations et proposaient soit la nomination soit la destitution des chefs indigènes. » En somme, ils disposaient d'un pouvoir absolu. Hugonnet, un officier du corps, résumera ainsi le pouvoir des bureaux arabes : répondre à toutes les tentatives d'initiative de la race conquérante sur le territoire conquis. Mais à la lecture des rapports établis par le lieutenant Rimbaud, il apparaît que ce dernier, tout en servant l'administration, ne partageait pas cette vision d'exclusion de l'autre qui a caractérisé le colonialisme.

Alors que le géographe et historien Oscar Mac Carthy parle en ces termes de la tribu des Ouled Ouriech à l'origine de l'insurrection de 1845 : « Obéissant au mouvement général de leurs fâcheux instincts, ils se sauvèrent au Maroc, d'où ils revinrent en 1846, épuisés, implorant le pardon, pour se relever de leur ruine, tout prêts à recommencer dès que la prospérité les aura fait oublier les malheurs passés et leur rendra leur insolence », Frédéric Rimbaud, le militaire, verra les choses autrement. Parlant de la même tribu, il dira dans son rapport du 5 octobre 1847 : « C'est vraiment pitié que de voir l'état dans lequel ces malheureux sont réduits ; plusieurs ont succombé aux premiers accès de fièvre ; d'autres en plus grand nombre ont résisté et se traînent misérablement dans les pénibles langueurs d'une convalescence sans fin. »

Mis à part ses rapports militaires, Frédéric Rimbaud n'aura publié qu'un seul article en son nom : « Le Sultan des sauterelles », et cosigné deux autres articles avec Oscar Mac Carthy, fils du géographe et traducteur français Jacques Mac Carthy. Tous ces articles ont paru en 1851 et 1852 dans *la Revue de l'Orient, de l'Algérie et des Colonies, bulletin et actes de la société orientale, algérienne et coloniale de France.* L'article « Le Sultan des sauterelles » dénote non seulement une bonne connaissance de l'arabe dialectal (Rimbaud cite souvent les termes de la langue d'origine : Goutaia chaouch, chouaf, djerrad) mais témoigne d'une réelle attention à l'imaginaire local qui projette ses propres divisions et ses propres strates sur l'univers des sauterelles. Chaque invasion de sauterelles est en fait une invasion d'hommes. Frédéric Rimbaud, en citant à cet égard deux versets du Coran repris, selon lui, par les Arabes, saisissait-il l'allusion au colonialisme ?

Les yeux baissés, ils sortirent de leurs tombeaux, semblables aux sauterelles dispersées

Courant à pas précipités vers l'ange qui les a appelés...

L'analogie invasion de sauterelles-colonisation est claire. Et le serait davantage encore sans cette amputation du verset qui se termine ainsi : « Les infidèles diront : c'est un jour difficile. »

Mais ces deux versets cités par Frédéric Rimbaud ne représenteraient-ils pas l'ultime fragment de la traduction du Coran qu'il aurait faite selon les dires de sa fille Isabelle ? Hélas non ! Il suffit de confronter ces deux versets aux deux seules traductions du Coran connues à l'époque, celle de Savary et celle de Kasimirsky pour se rendre compte que si la version de Rimbaud s'écarte de la première, elle constitue la réplique exacte du texte de Kasimirsky. Il n'en demeure pas moins qu'il est difficile pour une personne, non initiée réellement aux difficultés de la langue arabe, de retrouver à partir de citations orales la version française dans le texte.

Beaucoup de choses restent à dire sur le capitaine Rimbaud. Ne serait-ce que pour souligner la singularité de l'itinéraire qui aura amené ce caporal engagé dans les bataillons de Thiers, enrôlé dans les campagnes du général Bugeaud, à la tête d'un bureau arabe où son intérêt se focalise sur cette tribu qui menace en permanence son monde et où il consacre sa recherche au péril qui guette ces gens tous les jours : les sauterelles. Cette proximité arabe éloignera définitivement Frédéric Rimbaud des siens. Son gendre posthume, Paterne Berrichon, expliquera sa mésentente conjugale par ce passé. « Le capitaine Rimbaud avait le caractère mobile et violent. Est-ce aux bureaux arabes qu'il avait contracté son humeur peu paternelle et qui se démontrait surtout en présence des derniers nés ? » Toujours est-il que sa femme, chaque fois qu'un enfant allait naître, quittait momentanément le foyer conjugal pour aller réfugier sa maternité auprès de son père. Berrichon, après avoir vanté le catholicisme fervent de Vitalie Cuif, dira : « Il est bien évident qu'une femme de cette trempe devait éprouver des froissements au contact moral de l'ancien chef du bureau arabe de Sebdou. »

Le chef du bureau arabe de Sebdou a-t-il compté dans la mémoire du négociant du comptoir d'Aden ? Sans aller jusqu'à affirmer avec Alain de Mijolla que toute la vie de Rimbaud n'est « qu'un fantasme d'identification au père », nous signalerons les éléments qui constituent cette quête. D'abord en mai 1877 où Rimbaud, dans une période de grand trouble, écrit une demande d'engagement au consul des Etats-Unis, se faisant passer pour un déserteur de l'armée française et donne le numéro de régiment de son père. Plus tard, au Harar, il dira à Bardey qu'il a vingt-cinq ans et qu'il est né à Dôle (lieu de naissance du père). Bardey dira : « Ce n'est que longtemps après que j'ai appris qu'il était né à Charleville. » A peine arrivé à Aden, Rimbaud ne réclamait-il pas des livres arabes ? « Voici deux mois que j'ai écrit et je n'ai pas encore reçu les livres arabes que j'ai demandés » (2 novembre 1880).

Vitalie Cuif a-t-elle vraiment fait disparaître toute trace du père ? Mais comment expliquer l'insistance de Rimbaud : « Comment, vous n'avez pas trouvé le dictionnaire arabe ? Il doit être à la maison cependant. Dites à Frédéric[1] de chercher dans les papiers arabes un cahier intitulé : plaisanteries, jeux de mots, etc. ; et il doit y avoir aussi une collection de dialogues, de chansons, ou je ne sais quoi, utile à ceux qui apprennent la langue. »

Ces récurrences arabes ne seraient-elles qu'une « habitude aux hallucinations simples ? » Mais comment ne pas penser au capitaine Frédéric Rimbaud quand Arthur signe à deux reprises un engagement dans les armées étrangères ? Comment ne pas penser au chef du bureau arabe de Sebdou quand « Arthur lit et commente le Coran au Harar » comme l'affirme Antoine Adam ? Comment oublier ce père, que l'on a dit absent, quand Rimbaud se relève, amputé, à Marseille et demande à partir de nouveau pour Obock, Aden ou Alger... ?

Mohamed KACIMI-EL HASSANI

1. Frédéric, le frère aîné d'Arthur.

ARTHUR RIMBAUD ET LA MISSION CATHOLIQUE DE HARAR

Harar, ville ancienne « auréolée de mystère », garde encore avec ses remparts, percés d'énormes portes, son aspect médiéval.

Ville sainte de l'islam éthiopien, aux quatre-vingt-huit mosquées et aux centaines de lieux dédiés à des « saints musulmans » (coupoles, tombeaux, rochers, arbres), elle est le « Tombouctou » de l'Afrique orientale où jusqu'à l'arrivée des Egyptiens, en 1875, il était interdit à tout étranger non musulman de pénétrer.

Harar est aussi la ville où Arthur Rimbaud, le génial poète français du siècle dernier, séjourna entre décembre 1880 et avril 1891, hormis une absence de trois ans. Son odyssée hararienne coïncida avec l'établissement, à Harar, de la mission catholique. En effet, en avril 1881, Mgr Taurin Cahagne, expulsé du Choa, y arriva via Aden et Zeila.

Mgr Taurin et son successeur immédiat, Mgr André Jarosseau, connurent Arthur Rimbaud. Rimbaud entretint avec eux et les missionnaires les relations les plus cordiales. « Il se plaisait en leur compagnie, alors qu'il évitait généralement celle des autres Européens » (Bardey).

Dès le 15 janvier 1881, Rimbaud écrivait : « Nous allons avoir dans cette ville-ci un évêque catholique qui sera probablement le seul catholique du pays. »

Les premiers missionnaires ne tardèrent pas à arriver, et le 16 avril 1881, Rimbaud disait dans une lettre aux siens : « Il est arrivé une troupe de missionnaires français, et il se pourrait que je les suivisse dans les pays jusqu'ici inaccessibles aux blancs, de ce côté ».

PREMIERS CONTACTS

C'est le 14 avril 1881, au lieu-dit de Jeldessa, que Rimbaud rencontra pour la première fois Mgr Taurin. Rimbaud était venu exprès de Harar à la rencontre de son employeur, M. Alfred Bardey. Bardey arrivait de Zeila, en compagnie de Mgr Taurin et de cinq missionnaires.

« Ayant hâte d'être à Harar, Bardey et Rimbaud partirent de suite, laissant la mission installée à Jaldessa, comme elle le désirait, pour célébrer les fêtes de Pâques. Puis, Rimbaud prit les devants pour annoncer l'arrivée de la caravane à Harar » (Bardey).

Mgr Taurin revit Rimbaud à l'agence commerciale de Bardey.

Le vendredi 22 avril 1881, dans l'après-midi, Mgr Taurin et ses compagnons s'arrêtèrent à la maison Bardey dont le premier étage était occupé par Rimbaud. Bardey raconte dans ses souvenirs : « Nous sommes prévenus que la mission Taurin est près d'arriver. Vers la fin de l'après-midi, nous allons à sa rencontre. Après s'être réconfortés, Mgr Taurin et les Pères couchèrent bout à bout sur la longue banquette de bois, recouverte de coussins en cotonnade rouge bourrés de paille de dourah. Il n'y avait pas mieux à leur offrir pendant les quelques jours qu'ils passèrent chez nous ».

PORTRAIT DE RIMBAUD

Pour Mgr Taurin et Mgr Jarosseau, qui était Arthur Rimbaud ?

Mgr Taurin, « qui avait la plus grande estime pour Rimbaud » (Savouré), écrivait en 1892 à Isabelle, sœur du poète : « Nos missionnaires capucins de Harar et moi-même avons beaucoup connu monsieur votre frère, et nous n'avons eu qu'à nous louer des bonnes relations que nous avons eues avec lui pendant une dizaine d'années... j'espère que ses œuvres de générosité et de charité auront été agréables aux yeux de Dieu. »

Evelyn Waugh raconte dans *Remote people* la visite qu'il fit à Mgr Jarosseau. Après avoir donné une description du « famous » évêque, il recueillit alors son témoignage sur Rimbaud qu'il avait bien connu : « A young man with a beard, who was in trouble with his leg. A very serious man, always worried about business, a very, very serious young man », répétait l'évêque. Il semblait trouver cette expression la plus appropriée : « very serious and sad ».

M. Chadourne, voyageant avec Mgr Jarosseau dans le train de Dire Daoua à Addis Abeba, demanda au vieil évêque de Harar ses souvenirs sur Arthur Rimbaud : « Oui, j'ai bien connu M. Rimbaud, je me souviens de ses grands yeux clairs, quel regard ! » Les frères Jean et Jérôme Tharaud, dans leur reportage : *Le Passant d'Ethiopie*, parlent de Rimbaud. Séjournant à Harar, ils vinrent interroger Mgr Jarosseau : « J'ai eu naturellement maintes occasions de le rencontrer mais, je dois vous avouer, jamais je n'ai soupçonné la qualité exceptionnelle de l'homme que j'avais devant moi. J'ignorais qu'il eût jamais écrit quoi que ce soit et je ne voyais en lui qu'un trafiquant comme les autres. Chaque fois que je l'ai approché, j'ai toujours été frappé de sa distinction et de sa réserve dont il ne sortait que pour lancer quelques boutades acérées. Il parlait peu, se livrait encore moins et l'on sentait pourtant qu'on avait devant soi un homme peu commun. Il menait la vie la plus simple. Que de fois je l'ai vu marcher derrière ses mulets et ses ânes, emportant dans sa poche, pour toute provision, un peu de mil grillé ». Mgr Jarosseau disait encore de lui : « C'était un homme grand, maigre, les cheveux tirant sur le blond, le verbe sec. Dès qu'on causait avec lui, on devinait un esprit cultivé ; mais c'était une nature secrète, énigmatique... il était silencieux et contemplatif. Il venait souvent me voir et on parlait de choses sérieuses, mais il ne parlait jamais de lui-même. »

ACTIVITÉS LITTÉRAIRES D'ARTHUR RIMBAUD

Arthur Rimbaud a-t-il poursuivi son activité poétique en Abyssinie ? Avant même de se lancer dans son aventure hararienne, n'avait-il pas déjà déclaré : « Je ne m'occupe plus de cela. »

Ottorino Rosa se souviendra qu'au Harar, « nous faisions très souvent ensemble de longues excursions de plusieurs jours, très rarement il parlait de son passé, et moins encore de ses œuvres poétiques ».

Le fils de M. Tian affirmait : « Rimbaud n'a rien écrit en vers après 1873. Parmi les papiers lui appartenant qui restèrent à Aden entre les mains de mon père, en 1891, il n'y avait rien en fait de poèmes. Mais pas plus mon père que Mgr Jarosseau ne soupçonnèrent, avant 1893, Rimbaud d'avoir été un poète. » Devant Maurice Riès, Rimbaud s'exclama en parlant de ses poèmes : « Des rinçures ! ce n'étaient que des rinçures ! ». La poésie demeura pour toujours morte pour lui. Enid Starkie, à l'occasion du centenaire de la naissance de Rimbaud, en 1954, disait : « Mgr Jarosseau m'écrivit que le poète passait de longues heures à écrire. Il écrivait, et au long des veillées, il remplissait des feuilles et des feuilles. »

Armand Savouré, qui vécut un mois chez lui, se demandait à quoi il pouvait travailler jour et nuit, courbé sur une mauvaise table.

« Rimbaud me disait qu'il préparait de beaux ouvrages », affirme Françoise Grisard, sa femme de chambre.

Comme on parlait devant Rimbaud d'un ouvrage que Mgr Taurin préparait sur les Oromo, « Moi aussi, je vais en faire un, et lui couper l'herbe sous les pieds, à Monseigneur ! », annonçait-il fièrement.

Sans doute, les éléments de ce projet sur les contrées oromo sont-ils disséminés dans le Rapport sur l'Ogaden ou dans la lettre au directeur du *Bosphore égyptien.* Inutile de parler du mythe de « la Chasse spirituelle » : les 40 000 vers inédits de Rimbaud en Abyssinie demeurent une « mystification littéraire » (A. Tian). Les feuilles et les feuilles que Rimbaud remplissait ont été égarées ou détruites. Aux dires de certains, il les aurait jetées de dépit par dessus bord lors de son ultime traversée d'Aden à Marseille en 1891.

BOBASSA

Si Arthur Rimbaud ne suivit pas les missionnaires « dans les pays jusqu'ici inaccessibles aux blancs », du moins prépara-t-il la première fondation missionnaire. Pour les besoins de son commerce, il entretenait beaucoup de relations à l'intérieur du pays. Il indiqua à Mgr Taurin un pays au sud de Harar qui pourrait être propice à l'apostolat, la région de Bobassa. Rimbaud, en effet, y avait établi un marché pour l'achat de peaux, et il y allait de temps en temps, « la tête enroulée d'une serviette en guise de turban et drapé d'une couverture rouge comme un riche mahométan » (Bardey).

Le 26 juin 1883, écrit Mgr Taurin, « les Pères Ernest et Julien sont allés à Bobassa pour essayer de s'y établir. Ils se sont logés tranquillement dans une maison donnée par le chef local ».

Une autre fois Rimbaud demanda à Labatut, son associé, de donner au Père Louis de Gonzague une terre qu'il possédait dans la province du Choa. C'est ainsi que les missionnaires expulsés du Choa purent y reprendre pied.

LES INTERVENTIONS DE MGR TAURIN EN FAVEUR DE RIMBAUD

On fit souvent appel à Mgr Taurin pour régler certains problèmes suscités par l'attitude, bizarre quelquefois, de Rimbaud.

L'affaire Labatut

Il est bon d'abord de connaître l'opinion qu'avait de lui M. Tian, son employeur. Voici comment il l'exprimait dans une lettre à Mgr Taurin : « M. Rimbaud crie, mais il se plaint toujours et je ne suis pas de son avis quand il voit tout en rose. »

Le 22 novembre 1887, Mgr Taurin reçoit une lettre de Rimbaud « où il le prie d'expliquer au dedjatch Makonnen certaines questions commerciales ». Mgr Taurin lui répond le même jour.

Voici ce que lui avait écrit Rimbaud peu de temps auparavant : « Comme il est probable que Makonnen vous consultera dans cette affaire... vous nous obligerez tous en réveillant sa conscience en lui rappelant qu'il a reçu de moi cette somme d'argent, ou du moins que je lui ai abandonné cette somme de mon compte pour qu'il la fasse parvenir personnellement à M. Audon au Choa ». Cette lettre fut écrite à la suite des épineux problèmes d'argent consécutifs à la désastreuse affaire des fusils vendus à Ménélik (en 1887), « somme d'argent que le roi m'avait envoyé toucher au Harar » (Rimbaud). Au fait, c'était Makonnen qui devait la lui rembourser.

Pour comprendre cet épineux problème d'argent, il faut connaître les ressorts de l'affaire Labatut. Rimbaud, pour la vente des armes à Ménélik, s'était associé avec Labatut, un négociant qui vivait depuis de longues années au Choa. Labatut, rentré en France pour subir une opération, mourut du cancer. A la suite de sa disparition tous ses créanciers, vrais ou faux, se ruèrent en bandes sur le pauvre Rimbaud ahuri et complètement décontenancé.

Comme il l'écrivait à Mgr Taurin, Rimbaud avait hâte de mettre un terme à cette affaire : « Pour moi aussi, je suis pressé de voir se dénouer cette affaire, et j'obtiendrai ainsi la décharge du dernier compte se rattachant à l'affaire Labatut. »

Une histoire de chiens

En 1889, César Tian envoyait cette lettre à Mgr Taurin : « Le remplaçant[1] de Makonnen m'a écrit pour se plaindre que M. Rimbaud avait la tête folle et qu'il a soulevé contre lui beaucoup de gens. Je lui réponds en le priant de tout arranger pour le mieux. J'écris à M. Rimbaud pour lui faire part de ce qu'on m'écrit et je l'engage pour calmer la surexcitation qui existe autour de lui de faire un voyage ici [Aden]. J'espère qu'il suivra mes conseils. Dans le cas où vous partiriez assez à temps pour le voir à Harar, voudriez-vous avoir l'extrême obligeance, si vous jugez que sa position l'exige, de lui conseiller de venir. Je fais la part de la jalousie des gens en affaires mais justement Rimbaud aurait dû se surveiller davantage ».

Cette surexcitation fut provoquée par l'empoisonnement de chiens. Excédé par les chiens qui s'introduisaient dans ses magasins, Rimbaud décida de les empoisonner.

« Je me souviens, raconte Mgr Taurin, comme les chiens souillaient les peaux qu'il faisait sécher près de son entrepôt, M. Rimbaud en empoisonna deux mille ». Mais les chiens ne furent pas les seules victimes. Des moutons périrent. Les gens voulurent faire un mauvais parti à Rimbaud, et il ne s'en tira pas sans difficulté. D'où le surnom donné à Rimbaud : « La terreur des chiens » (Savouré).

Les quatre caisses

Rimbaud raconte comment Mgr Taurin intervint à la douane. « Je recevais de Zeila un envoi de M. Tian de th. 10 000 en quatre caisses... comme je me disposais à en prendre livraison... [on] ordonnait au douanier de saisir le tout... ce n'est que grâce à l'intervention énergique de Mgr Taurin que je pus obtenir livraison des quatre caisses... »

Rimbaud, un négociant pas comme les autres

Dans les marchandises que l'on proposait à Rimbaud, il y avait des chapelets, des crucifix. Cela ne plaisait guère à M. Ilg, son mandataire : « Les Abyssins me prendraient facilement pour un capucin déguisé », disait M. Ilg.

« De temps en temps, Rimbaud venait à la mission », racontait Mgr Jarosseau. « Sachant notre pauvreté, il apportait des échantillons qu'il recevait de France ; nos religieuses les assemblaient et en faisaient des ornements pour l'autel. » Savouré reprocha à Rimbaud de ne pas avoir le sens du commerce. « Un jour il fit venir des lots de chapelets, des croix, des blocs-notes sans soupçonner qu'aucun de ces objets n'était vendable. »

Pourtant, Mgr Taurin lui acheta divers objets de piété, comme il le note dans son livre de compte conservé aux archives de la mission de Harar : « Pour dix douzaines de chapelets achetées à M. Rimbaud, 10 thalers — item, pour divers objets de piété, 2 thalers ».

Dans ce même livre de comptes, Mgr Taurin notait soigneusement les dons (pains de sucre, bougies...) que Rimbaud faisait à la mission, ainsi que les différents articles (huile, pétrole, farine, café...) qu'on lui achetait.

Transmission du courrier

Dans le journal de Mgr Taurin, il est souvent fait mention du nom de Rimbaud à propos de la transmission du courrier, la poste étant encore à ce moment-là au stade du « système D ». « On met les lettres en petits paquets dans des outres en peau de mouton » (Rimbaud).

Glanons maintenant dans les journaux de Mgr Taurin et du Père Ferdinand des faits concernant Rimbaud.

Le Père Ferdinand écrit : « Le major Hunter [délégué britannique], n'étant pas content de la maison qu'on lui a donnée, est venu loger chez Rimbaud. Le Pacha [gouverneur égyptien] l'ayant su, lui a intimé l'ordre de partir le soir même mais le Major a arrangé l'affaire et le lendemain il faisait acheter chez Rimbaud pour trois cent thalaris de marchandises. Le Pacha aurait défendu à tous les habitants d'aller le voir. Malgré cela, Mgr Taurin lui a fait visite, content de la réception » (1er mars 1884).

Dans le journal de Mgr Taurin, on peut encore lire : « Ce soir nous avons à dîner M. Rimbaud et un voyageur anglais du nom de

Mc Donald » (24 septembre 1883). « M. Henri s'est mis en route... une femme abyssine, Mariam, laissée ici par M. Rimbaud, l'accompagne pour gagner Aden » (10 août 1884). (Rimbaud a renvoyé cette femme en 1885).

APRÈS LA MORT DE RIMBAUD

Testament

Il fallait que les liens entre la mission et Rimbaud soient devenus étroits pour que celui-ci écrive aux siens : « Il y a, dans ce pays-ci une mission chrétienne à laquelle je confierais mon testament qui viendrait, ainsi transmis, au consulat de France à Aden en quelques semaines » (10 janvier 1889).

Ses appels suprêmes

Sa sœur Isabelle, elle qui eut la « douloureuse consolation » d'être présente à son lit de mort et de recevoir ses dernières confidences, savait que son frère était très lié avec la mission.

Elle écrivait, le 15 décembre 1891, aux Pères de la mission de Harar : « Ses pensées constantes pendant le cours de sa maladie et jusqu'au dernier soupir ont été pour le Harar qu'il a passionnément aimé, et son plus vif désir eût été d'y retourner mourir. Pendant ses derniers jours, il s'est fortement recommandé aux prières des membres de la mission catholique de Harar et ces derniers ont été l'objet de ses appels suprêmes ».

Les pauvres

« Jusqu'à sa mort, il reste surhumainement bon et charitable ; il recommande les missionnaires de Harar, les pauvres, ses serviteurs ; il distribue son avoir : ceci à un tel, cela à un autre » (Isabelle).

Rimbaud avait déjà écrit à sa mère (25 février 1890) : « Je fais un peu de bien quand j'en trouve l'occasion, et c'est mon seul plaisir. »

« Obligations de messes »

Isabelle termine ainsi sa lettre du 15 décembre 1891 : « J'ai pensé qu'à présent rien ne serait plus agréable à son âme que si des prières étaient adressées à Dieu pour son repos éternel dans le pays même qu'il a le mieux aimé au monde... Vous mettriez le comble à vos bontés, si vous vouliez bien me dire s'il y aurait possibilité de fonder une messe à dire chaque mois pendant une année dans l'Eglise de votre mission ».

Les « obligations de messes pour 1891 », dans les archives de

Mgr Taurin, indiquent que, dès décembre 1891, furent reçues douze messes à deux francs à l'intention de Rimbaud : « Xbre — M. Rambaud [*sic*] — 12 à 2 F — reçues par M. de Fortis ».

Djami, le serviteur de Rimbaud

Arthur Rimbaud avait un employé qui s'appelait Djami auquel il s'attacha particulièrement. Djami, tout jeune, se maria et eut un enfant, si bien que Rimbaud trouva près de lui l'image de la famille dont il rêvait. « Ce pauvre Djami que mon frère m'avait dépeint comme lui étant très attaché et fidèle » (Isabelle à Mgr Taurin).

Après la mort de Rimbaud, Mgr Taurin aura la charge de remettre à Djami une somme de 3 000 francs.

Le 21 novembre 1892, César Tian accusait réception à Isabelle Rimbaud d'un pli recommandé contenant « Francs 3 000 en billets de banque pour faire parvenir l'équivalent de cette somme en thalaris Marie-Thérèse à Mgr Taurin Cahagne, vicaire apostolique des Gallas et résident à Harar, pour être remis au nommé Djami, qui fut domestique de M. Rimbaud ».

César Tian remit à Isabelle une lettre de Mgr Taurin (18 août 1893) dans laquelle Mgr Taurin avertit Isabelle que « la somme léguée par monsieur votre frère a été remise aux ayants droits ».

En effet, Djami étant mort dans l'intervalle, ce sont ses héritiers qui ont reçu cette somme sous forme de 750 thal. Marie-Thérèse ainsi qu'en témoigne le reçu rédigé en français et en amharique, et authentifié par les sceaux de Mgr Taurin et du Ras Makonnen.

Les « casseroles » de Rimbaud

Après le décès de Rimbaud, il y eut à Addis Abeba un « bric-à-brac » à liquider, des « casseroles », par exemple. « Je ne vends que casserole par casserole » (Ilg). M. Ilg avait déjà informé Rimbaud sur l'état du « fameux bazar » que celui-ci lui avait confié : « Tous les magasins sont pleins et l'on ne sait où se tourner et avec la peur de voir se gâter les marchandises par la rouille et les rats » (17 juillet 1890).

M. Tian tint Mgr Taurin au courant de l'arrangement fait à propos de ces marchandises : « Mgr, tous les comptes ont été réglés, apurés entre MM. Tian et A. Rimbaud. Tout ce qui revenait à M. Rimbaud lui a été versé.

« Il reste seulement entre les mains de M. Ilg au Choa une certaine quantité de batteries de cuisine que M. Rimbaud lui avait adressées pour vendre. Le net produit de la vente de ces objets sera à partager en deux parts égales entre MM. Tian et Arthur Rimbaud.

« M. Rimbaud avait donné à ces objets une valeur numérique de F 1 500. Mais M. Ilg dit qu'il n'en tirera pas un sou, que la rouille et les rats auront tout mangé avant peu » (7 juin 1892 — Archives de la mission de Harar).

On interroge Mgr Taurin sur la vie de Rimbaud

Après la mort de Rimbaud, c'est à Mgr Taurin que l'on eut recours pour une demande de renseignements à son sujet.

Voici ce que J. Bourguignon, directeur de la *Revue d'Ardennes et d'Argonne*, lui écrivit : « Votre Grandeur a été en relation avec M. Rimbaud et lui a donné souvent des marques de Sa haute sympathie... Nous serions extrêmement reconnaissants à votre Grandeur de nous faire part de tout ce qu'elle sait sur Arthur Rimbaud ; de nous faire si possible avec quelque détail la vie et le rôle de ce Français pendant les dix années qu'il a vécues sur le continent africain. En un mot, nous serions très profondément touchés de recevoir de votre Grandeur tous les souvenirs qu'elle voudrait bien noter au sujet d'Arthur Rimbaud, soit d'après Elle-même, soit d'après d'autres personnes ayant pu le connaître en Afrique » (1er septembre 1898 — Archives de la mission de Harar).

CONCLUSION

Pour conclure, citons la lettre de Mgr Jarosseau à Isabelle (22 septembre 1936) : « A Harar, où j'ai bien connu M. Rimbaud, sa vie n'était plus celle du poète qui avait tout jeune encore, donné aux Muses françaises des inspirations qui annonçaient l'éclosion d'un talent supérieur. Beaucoup se sont demandé pourquoi A. Rimbaud avait déserté le Parnasse pour venir à Harar passer sa vie dans l'obscurité comme simple agent de commerce. Les uns ont pensé qu'en se mettant dans le commerce, il obéissait à l'ambition secrète de devenir un disciple de Crésus ; d'autres ont cru que ce brillant improvisateur des Lettres françaises reconnaissant qu'il avait gâché sa vie en se livrant à des écarts d'imagination qui le poussaient plutôt vers la glorification du mal, s'était exilé en Afrique pour mettre fin aux tourments de son âme.

« Cette dernière opinion semblerait être celle qui répond le mieux à la nature de M. Arthur Rimbaud, qui, certainement, tout en faisant le commerce, et en parcourant les chemins raboteux des campagnes de Harar, tenait son esprit lumineux bien au-dessus des préoccupations serviles des articles du négoce. Sa tenue assez négligée, la sobriété de sa vie, sa charité envers les pauvres indigènes, montraient assez bien que M. Arthur Rimbaud ne poursuivait pas les célébrités de la richesse. »

Rimbaud, surnommé la « juste balance », renommé pour sa bonté et sa générosité, écrivait à sa mère : « Je n'ai jamais fait de mal à personne » (25 février 1890). « Sa charité était large, effacée et discrète », remarque Bardey. « C'est probablement une des rares choses qu'il ait faite sans dégoût, sans ricanement dédaigneux. » « La charité est cette clef », écrivait Rimbaud dans *Une saison en enfer*. Ne pourrait-on pas dire qu'elle fut la clef de sa vie aventureuse ?

La maison de la mission de Harar, bien que restaurée, demeure ce qu'elle était il y a un siècle. La façade et le « divan »[2] où l'évêque recevait les visiteurs ont gardé, malgré quelques modifications, leur aspect d'origine.

C'est sans doute à la mission catholique qu'il convient actuellement de venir recueillir le souvenir d'Arthur Rimbaud.

Harar, l'année du centenaire,
Père Emile FOUCHER

1. Grazmatch Banti (protecteur des chiens).
2. C'est-à-dire le salon.

« ARTHUR RIMBAUD », AMBIVALENCE VÉCUE

Il n'y avait qu'un « Arthur Rimbaud », et c'est nous qui regardons en lui les deux aspects qui nous paraissent à première vue incompatibles l'un avec l'autre : Rimbaud poète et Rimbaud négociant. Mais dans cette incompatibilité supposée se cache déjà la certitude de notre part qu'Arthur Rimbaud n'était qu'une seule personne. Si ce poète et ce négociant avaient été vécus par deux personnes différentes, nous n'y verrions rien de fascinant, rien d'extravagant. C'est seulement parce qu'ils constituent une seule vie qu'ils nous fascinent. Il n'y avait qu'un seul Arthur Rimbaud. C'est nous qui regardons dans sa vie les deux phases contradictoires, et c'est nous également qui, par ce regard même, supposons un seul homme.

Tel était déjà le regard des premiers lecteurs de la poésie de Rimbaud. Verlaine a cité en 1883 dans *les Poètes maudits* un passage d'*Une saison en enfer* : « Ma journée est faite. Je quitte l'Europe »[1], et c'est sous l'image du poète disparu que Rimbaud est apparu devant les Français : Arthur Rimbaud qui était un poète mais qui ne l'est plus, qui était ici en France mais qui a disparu ailleurs... Un seul homme se présentait devant eux en même temps comme un poète et un disparu, comme un Français et un étranger. Mais une fois de plus, c'est à cause de cette dualité que Rimbaud a fasciné ceux qui étaient alors en France. Rimbaud double et un — rien d'étonnant que son image ait été dès le début pleine d'ambivalences. Ses contemporains se sont figuré Rimbaud comme une personne ambivalente, ce qui n'était d'ailleurs pas une pure invention. L'ambivalence ne caractérisait pas seulement l'image qu'ils avaient de Rimbaud, mais encore sa poésie[2] qu'ils commençaient à découvrir et sa vie en Afrique qu'ils ignoraient pourtant presque totalement. Pour comprendre ce qu'était (et ce qu'est) l'ambivalence qui hante « Arthur Rimbaud », commençons par jeter un regard sur sa vie africaine.

Le 17 novembre 1878, de Gênes, Rimbaud a envoyé à sa famille une lettre décrivant sa traversée à pied du Gothard par un temps de bise et de neige, et il s'est embarqué deux jours après pour Alexandrie où il doit trouver un poste à Chypre... Ainsi commence l'« Afrique » de Rimbaud[3].

Après une interruption de dix mois passés à Roche, il revient en mars 1880 à Chypre, descend en juin jusqu'a Aden pour devenir employé de la maison Viannay, Bardey et Cie. En novembre de la même année, il traverse la mer Rouge et le désert Somali et s'installe à Harar en tant qu'envoyé de la maison. Il accomplit parfaitement sa tâche, mais au bout de deux mois, il pense déjà à partir : « Je ne compte pas rester longtemps ici ; je saurai bientôt quand je partirai. »[4] En décembre 1881, il retourne à Aden et obtient un meilleur poste dans la maison. La vie d'Aden cependant est trop ennuyeuse. Il commande alors en France un théodolite de voyage, un bon sextant, une collection minéralogique de trois cents échantillons, un manuel de voyageur... Rêve d'aventure, rêve d'indépendance. En juin 1883, il revient à Harar en tant que directeur de l'agence, et explore l'Ogaden en automne. Le rêve d'aventure et d'indépendance à demi réalisé se voit pourtant interrompu à cause de l'instabilité politique éthiopienne. Rimbaud retourne de nouveau à Aden.

Dans la ville d'un « roc affreux, sans un seul brin d'herbe ni une goutte d'eau bonne », les affaires stagnent, sa vie commence à s'enliser. Rimbaud songe à partir pour l'Inde, le Tonkin... En octobre 1885, il se décide à quitter la maison pour jouer gros jeu avec Labatut : vente d'armes en grosse quantité au roi du Choa Ménélik. L'affaire se solde pourtant au bout de deux ans par « une perte de 60 % sur [son] capital (...) et vingt et un mois de fatigues atroces »[5]. Après un court séjour de repos au Caire et un essai sans résultat de nouvelle vente d'armes à Aden, Rimbaud s'installe une fois de plus à Harar en mai 1888 et reprend le commerce, presque indépendamment, mais cette fois-ci sans gros risque : exportation de café, de gomme, d'ivoire et importation de soie, de coton.... C'est un commerce bien calme mais la politique toujours changeante de la région le menace. Là-dessus, de graves ennuis de santé surviennent et finissent par le décider à quitter Harar.

Le 7 avril 1891, il quitte définitivement Harar avec une traite de 37 450 F, bilan de cette dizaine d'années passées en Afrique. Le 20 mai il arrive à Marseille et envoie deux jours après un télégramme à sa mère : « Aujourd'hui, toi ou Isabelle, venez à Marseille (...) ». Le 25 mai, amputation. Le 23 juillet, il s'installe à Roche. Mais la maladie s'aggrave malgré les soins dévoués d'Isabelle. Le 23 août, il repart vers le sud, désespérément, et meurt à l'hôpital de la Conception de Marseille le 10 novembre 1891.

Depuis le jour du départ de Gênes à destination d'Alexandrie, jusqu'au jour où il meurt en désirant embarquer sur le paquebot de Suez, la vie en Afrique de Rimbaud a été vécue en plein rêve de déplacement et d'aventure. L'« Afrique » à l'image du vagabondage de son enfance : voyage d'Alexandrie à Chypre, d'Aden à Harar, expédition à Boubassa, aventure en Ogaden, promenades au Harar, traversées répétées du désert Somali, départ rêvé pour Zanzibar, Inde, Chine, Japon... « Je serais même heureux de partir d'ici, dès à présent. » « J'ignore personnellement où je me serai trouvé entraîné prochainement. » « Ne comptez pas que mon humeur deviendrait moins vagabonde (...). [Vivre] toujours au même lieu, je trouverai toujours cela très malheureux. »[6] L'homme « aux semelles de vent » a été « condamné à errer »[7].

Mais derrière le désir de vagabondage s'entrevoit celui d'installation. S'il veut partir, c'est pour faire du commerce, « avoir quelques milliers de francs de rentes » et « me reposer dans un endroit qui me plaise à peu près et trouver une famille, et avoir au moins un fils que je passe le reste de ma vie à élever à mon idée, (...) et que je voie devenir un ingénieur renommé, un homme puissant et riche par la science ». « Puissions-nous jouir de quelques années de vrai repos dans cette vie » ![8] A côté de l'aventure et du vagabondage s'est toujours trouvé le rêve de richesse, de confort, de repos, de famille — n'est-ce pas à ses « chers amis » de Roche qu'il envoyait une lettre après chaque trajet pénible de voyage ?

L'Afrique de Rimbaud n'est donc pas un simple vagabondage, mais il y a d'un côté le Rimbaud nomade qui aspire sans cesse au départ et à la liberté et, de l'autre, le Rimbaud sédentaire qui cherche à accumuler la richesse et à s'installer. Nomadisme et sédentarité, liberté et argent, départ et installation : être en Afrique pour Rimbaud n'a pas été autre chose que vivre cette ambivalence jusqu'au bout.

Toutes ces histoires de Rimbaud « africain », ses contemporains les ignoraient presque complètement. Personne (sauf sa famille) n'a eu de moyens de le contacter, ni de s'informer de quoi que ce soit le concernant. Parfois ils ne savaient même pas s'il était vivant ou non. Même après sa mort, les détails de sa vie en Afrique sont restés flous. Et pourtant, très souvent, dans leurs écrits sur Rimbaud, ses contemporains témoignent d'un sentiment ambivalent pareil à celui du Rimbaud « africain ». Par exemple dans ce passage des *Poètes maudits* : « L'homme en M. Rimbaud est libre, cela est trop clair (...). Mais n'avons-nous pas eu raison (...) de le prendre, cet aigle, et de le tenir dans cette cage-ci ? »[9]. Ne trouvons-nous pas chez Verlaine ce désir double de voir Rimbaud en liberté et en même temps de le faire revenir dans la cage de Paris, c'est-à-dire un sentiment à la fois nomade et sédentaire ? Dans *la France moderne* du 19 février - 4 mars 1891, on peut lire : « Cette fois nous le tenons ! Nous savons où se trouve Arthur Rimbaud, (...) le Rimbaud des *Illuminations*. (...) Nous affirmons que nous connaissons le gîte du fameux disparu. »[10] Rimbaud n'est-il pas qualifié à la fois de poète des *Illuminations* (qui appartient donc au milieu littéraire français) et de disparu dans le sud (qui s'est donc enfui de France) ? Et ce passage de Mallarmé dans *A. Rimbaud* : « L'imagination de plusieurs (...) s'enflamma de la merveille que des poèmes restassent, inédits, peut-être, composés là-bas »[11], ne traduit-il pas le sentiment ambivalent causé par la double image du Rimbaud libre et disparu (« là-bas ») et du Rimbaud restant toujours poète (« des poèmes inédits ») ?

Comme le regard porté par Rimbaud lui-même en Afrique sur sa propre vie, l'attitude de ses contemporains s'avère toujours ambivalente à son égard. Pour eux, Rimbaud représente avant tout une sédentarité abandonnée et un nomadisme vécu ailleurs, qui se libère à chaque instant de tout ce qui vient le fixer et l'enfermer. Mais ses contemporains, eux, ne pouvant s'abandonner au charme périlleux de la vie d'aventure, s'imaginent le retour possible, pourquoi pas, de Rimbaud dans leur milieu ; autrement dit, ils veulent prendre le nomade et le retenir en cage. Rimbaud doit être en même temps en liberté et en cage, en même temps nomade et sédentaire.

A travers l'image qu'ils ont du Rimbaud « africain », ses contemporains vivent ainsi, inconsciemment sans doute, la même ambivalence que la sienne. Un parallélisme curieux : ils n'avaient aucune information précise sur le Rimbaud « africain », et ils ont constitué une image du poète disparu dont l'ambivalence correspond assez bien à la vie pleine d'ambivalence menée par Rimbaud en Afrique.

Que signifie ce parallélisme ? Pour répondre à cette question, il faut jeter un coup d'œil sur un autre parallélisme : celui de l'image du Rimbaud « africain » et de la poésie rimbaldienne. En effet, dans l'accouplement liberté-cage cité plus haut *(Les Poètes maudits)*, nous voyons apparaître en filigrane le paysage de *Bruxelles* (écrit probablement en 1872 lorsque Rimbaud est passé dans la ville avec Verlaine) où tout au milieu de la libre « réunion des scènes infinies » revient deux fois l'image de la « cage » (« Cage de la petite veuve » — v. 7 — et « Bavardage des enfants et des cages » — v. 20 —). Quant aux remarques de *La France moderne* (« poète des *Illuminations* » — « fameux disparu ») et d'*Arthur Rimbaud* (« poèmes inédits » — « là-bas »), il est évident qu'elles proviennent de la lecture de la poésie rimbaldienne qui a certainement beaucoup fasciné les auteurs de ces articles, mais qui en même temps leur a donné l'impression que le poète allait bientôt disparaître. Ailleurs, l'explication de Mallarmé sur Rimbaud disparu : « L'adieu total à l'Europe (...) également est ce voyage au Harar (...) où (...) s'étend le silence relativement à tout acte de l'exilé »[12], en évoquant d'un côté l'adieu et la solitude de l'exilé et, de l'autre, le voyage au Harar, nous renvoie à la dernière pièce d'*Une saison en enfer* où l'« Adieu » se conjugue avec la solitude (« pas une main amie ») et avec la ville où entrer (« les splendides villes »). Que l'on considère encore cette phrase où Paterne Berrichon imagine la vie en Afrique de Rimbaud : « il explorait [...] en vue de grossir son savoir »[13] ; l'accouplement inconnu-connu, déplacement-accumulation du savoir, nous fait penser au *Bateau ivre* où le « je » en pleine aventure accumule dynamiquement son savoir : « Je sais les cieux crevant en éclairs, et les trombes/Et les ressacs et les courants : je sais le soir, /L'Aube exaltée ainsi qu'un peuple de colombes »... A l'image ambivalente que ses contemporains avaient du Rimbaud « africain » se superpose ainsi le paysage ambivalent de la poésie rimbaldienne.

Notons bien ici que pendant des années le seul document que les Français eussent sur Rimbaud a été sa poésie, sa vie en Afrique restant longtemps ignorée. En 1883, Verlaine a cité plusieurs poèmes en vers et un passage d'*Une saison en enfer* dans *Les Poètes maudits* (1883), et la poésie de Rimbaud a commencé à se révéler au public. S'en est suivie la publication des *Illuminations* chez Vogue (1886), des œuvres réunies sous le titre de *Reliquaires* (1891), des *Illuminations* et d'*Une saison en enfer* chez Vanier (1892), et de poèmes isolés dans les revues littéraires *Lutèce, La Vogue* ou *La Revue indépendante*... Dès avant la mort de Rimbaud, une bonne part de sa poésie a été rendue accessible à ses contemporains. La première image qu'ils se sont faite de Rimbaud a donc été celle du Rimbaud poète, du Rimbaud auteur de la poésie qu'ils avaient sous les yeux.

Mais il est aussi à noter que Rimbaud est apparu devant les Français comme un disparu. Imaginons combien ils ont été frappés quand ils ont entendu Rimbaud dire : « Ma journée est faite. Je quitte l'Europe (...) » (cité dans *Les Poètes maudits* et suivi du commentaire de Verlaine : « Tout cela est très bien et l'homme a tenu parole »). Dès le début Rimbaud poète était aux yeux de ses contemporains voué à disparaître. Et du poète voué à disparaître au disparu qui était un poète, il n'y a qu'un pas. Ses contemporains commencent à parler du Rimbaud disparu en empruntant l'image au Rimbaud poète. Ainsi les contemporains, en lisant d'abord la poésie rimbaldienne, imaginent le Rimbaud poète et ensuite, à travers l'image du Rimbaud poète, se figurent le Rimbaud disparu : le parallélisme est donc naturel entre le paysage ambivalent qu'ils ont perçu dans sa poésie et l'image ambivalente qu'ils ont constituée du Rimbaud disparu en Afrique.

Et cette image-ci répète curieusement la vie pleine d'ambivalence que Rimbaud menait réellement en Afrique (le premier parallélisme que nous avons indiqué plus haut). A ce moment-là, les deux parallélismes (de la poésie et de l'image du Rimbaud poète disparu, d'une part ; de cette image et de la vie africaine de Rimbaud, de l'autre) se joignent par l'intermédiaire de la double image de Rimbaud (poète et disparu). Sa poésie et sa vie d'Afrique viennent ainsi se refléter. L'ambivalence dans le paysage poétique et l'ambivalence dans la vie d'Afrique se superposent.

C'est dire que malgré la rupture supposée à première vue dans sa vie, le sort de Rimbaud a été bel et bien unique. Dans la poésie et la promenade de son adolescence aussi bien que sur la plage de Chypre et sur la terre d'Afrique, il a toujours vécu son ambivalence[14]. Et cela, jusqu'à son lit de mort où, paralysé et rêvant de partir, il a supplié : « Envoyez-moi donc le prix des services d'Aphinar à Suez. Je suis complètement paralysé (...) »[15]. Rimbaud a été un et seul. Dans la poésie comme dans la vie en Afrique, il a continué à vivre son ambivalence sans jamais tenter de la résoudre ni de l'oublier. La beauté silencieusement dynamique d'« Arthur Rimbaud » vient de là. Il a développé et vécu le « comprachicos » qu'il a trouvé en lui, jusqu'au bout.

« Rimbaud » et les « Français » entrent ainsi en connivence. Ceux-ci ne sont certes pas allés jusqu'à partager l'« infortune » libre (*Bannières de Mai)* de Rimbaud, mais ils ont vécu la même ambivalence, l'un dans la réalité et les autres en imagination. Et même après les Français de l'époque, la connivence continue. Par exemple, André Breton n'a-t-il pas éprouvé un sentiment ambivalent quand il a accusé Rimbaud d'« avoir voulu nous faire croire de sa part à une seconde fuite alors qu'il retournait en prison »[16] (notons la conjugaison fuite-prison) ? Ou Henry Miller, quand il nous fait remarquer dans son livre consacré à Rimbaud l'antagonisme de l'art et du mutisme, de la création et de la destruction[17] ? Ou Yves Bonnefoy encore, quand il conclut son *Rimbaud par lui-même* en évoquant le double aspect de sa poésie : la poésie de Rimbaud est « un tombeau (...). Mais le Phénix de la liberté (...) vient battre l'air ici de ses ailes neuves »[18]. « Arthur Rimbaud » ambivalent ne cesse de nous charmer, de nous hanter, et c'est ainsi que se forme autour de lui un mythe — mythe moderne d'ambivalence.

Rimbaud a vécu tout seul une vie d'ambivalence, c'est tout à fait vrai. Comme le notait Mallarmé, « le cas personnel demeure »[19]. Mais sa connivence après coup avec ses contemporains (et avec nous), montre que l'ambivalence de Rimbaud ne se limite pas au fait personnel. Il leur a fait sentir la même ambivalence et remarquer qu'un antagonisme insoluble et obstiné se cachait derrière leur vie apparemment cohérente. « Le poète est chargé de l'humanité » : le cas personnel de Rimbaud acquiert ainsi une dimension universelle, et son ambivalence s'avère partagée par tous les êtres humains, au moins ceux de l'époque moderne. En fait, le germe de son ambivalence se trouvait déjà, un siècle auparavant, chez Jean-Jacques Rousseau.

Nous savons bien que, tout au long de sa vie, Rousseau a été un homme de vagabondage (Genève, Savoie, Milan, Lyon, Paris, retour en Suisse, fuite à Londres, retour à Paris) et qu'en dépit de ces incessants déplacements, son désir fut de trouver un lieu où passer une vie tranquille, comme chez Madame de Warens, à l'Ermitage, dans l'île de Saint-Pierre[20], à Ermenonville... Tout à fait comme Rimbaud, il s'est déplacé sans cesse en cherchant un repos toujours impossible. Dans cet antagonisme nomadisme-sédentarité résidait déjà le problème du « moi » devenu anonyme et déraciné dans le monde moderne, le « moi » voué désormais à chercher sa patrie dans l'universalité imaginée. L'antagonisme nomadisme-sédentarité se lie ainsi directement à un autre antagonisme lui aussi hautement moderne : individualité-universalité (qui se traduit dans *le Contrat social* [II-6] par l'antagonisme « moi — moi commun » ou « personne particulière — personne publique »). Il est donc naturel que Rousseau commence ses *Confessions* en insistant sur la valeur universelle de sa tentative : « Qui que vous soyez (...), je vous conjure (...) au nom de toute l'espèce humaine de ne pas anéantir un ouvrage unique et utile, lequel peut servir de première pièce de comparaison pour l'étude des hommes »[21]. Et ces propos nous renvoient sans détour à une phrase déjà citée de Rimbaud : « le Poète est chargé de l'humanité. » Sous une forme différente, Rimbaud reprend le problème humain que Rousseau a posé un siècle auparavant[22].

Mais ce problème crucial n'entre pourtant pas dans notre sujet, et nous nous contenterons de conclure en disant que le Rimbaud poète et le Rimbaud « africain », bien qu'apparemment éloignés sur tous les plans, s'unissent dans notre imagination, pour former une seule et même image d'« Arthur Rimbaud », un homme dont le sort a été de vivre jusqu'au bout une ambivalence tout à fait moderne, avec patience, obstination, silence et lucidité.

Yasuaki KAWANABE

1. P. Verlaine, « Les Poètes maudits », *in Œuvres en prose complètes*, Pléiade, Gallimard, 1972, p. 656.
2. Cf. Louis Forestier : « Rimbaud et l'ambivalence » *in Etudes sur les « poésies » de Rimbaud*, A la Baconnière, 1979.
3. Ne prenons pas le mot Afrique au sens géographique. Dans la biographie de Rimbaud, Chypre appartient avec Aden à sa vie d'Afrique.
4. Lettre de Rimbaud aux siens, le 15 février 1881.
5. Lettre de Rimbaud à M. de Gaspary, le 30 juillet 1887.
6. Lettres de Rimbaud aux siens, le 15 février 1881 ; le 5 mai 1884 ; le 15 janvier 1885.
7. Lettre de Rimbaud aux siens, le 6 mai 1883.
8. Lettres de Rimbaud aux siens, le 15 janvier 1881 ; le 6 mai 1883 ; le 25 mai 1881.
9. P. Verlaine, *op. cit.*
10. A. Rimbaud, *Œuvres complètes*. Pléiade, Gallimard, 1972, p. 634.
11. S. Mallarmé, *Œuvres complètes*, Pléiade, Gallimard, 1945, p. 518.

12. *Ibid.*, p. 517.
13. P. Berrichon, *La Vie de Jean-Arthur Rimbaud*, AMS, 1980 (réimpression de l'édition de 1897), pp. 218-219.
14. Cf. Alain Borer : « D'Europe en Arabie ou en Afrique, Rimbaud passe "du même désert, à la même nuit" » (*Rimbaud en Abyssinie*, Seuil, 1984, p. 214).
15. Lettre de Rimbaud au Directeur des Messageries maritimes, le 9 novembre 1891.
16. A. Breton, « Second manifeste du Surréalisme », *in Œuvres complètes*, Pléiade, Gallimard, 1988, p. 820.
17. H. Miller, *Le Temps des assassins. Essai sur Rimbaud*, Pierre-Jean Oswald, 1970, p. 131.
18. Y. Bonnefoy, *Rimbaud par lui-même*, Seuil, 1970, p. 178.
19. S. Mallarmé, *op. cit.*, p. 512.
20. Maurice Blanc explique dans quel sens l'île de Saint-Pierre était le lieu privilégié de Rousseau. Voir « La 5e promenade ou comment, par la rêverie, J.-J. Rousseau procède à sa propre divinisation » *in Jean-Jacques Rousseau au présent*, Association des Amis de Jean-Jacques Rousseau, 1978.
21. J.-J. Rousseau, *les Confessions, Œuvres complètes I*, Pléiade, Gallimard, 1959, p. 3.
22. Cf. la remarque de C. Lévi-Strauss qui lie Rousseau à Rimbaud dans *Fondateur des Sciences de l'Homme (J.-J. Rousseau)*, A la Baconnière, 1962.

LES MAINS D'ARTHUR RIMBAUD

Dans l'île de Chypre
au sommet du mont Troodos
une plaque commémorative
clouée sur le palais d'été
du gouverneur britannique :

ARTHUR RIMBAUD
POÈTE ET GÉNIE FRANÇAIS
AU MÉPRIS DE SA RE-
NOMMÉE CONTRIBUA DE
SES PROPRES MAINS À LA
CONSTRUCTION DE CETTE
MAISON MDCCCLXXXI

J'ai souvent rêvé
sur cet hommage révoltant :
bâtir une maison
serait pour un poète
— génie français n'oublions pas —
une tâche subalterne et contraire
au bon ordre de la renommée ?

Un poète c'est vrai
n'a pas de mains
ou si peu
qu'il y a de l'indécence
à les sortir de l'encre.

Et précisément c'est Arthur
qui célébrant la main à plume
autant que la main à charrue
s'en est allé très loin
inverser des signes
plus d'une fois inversés
et perturber les lois
de la saine ségrégation
qui veut que se tiennent d'un côté
les mains à manches —
mains à feu et à sable
mains à froid et à chaud —
et de l'autre
les mains sans mains —
mains qui pensent
et dépensent sans compter
ce qu'elles n'ont jamais
seulement effleuré.

Alors Rimbaud
on le retrouve
au mépris de sa renommée
qui choisit
carrière pour carrière
celle des pierres à Larnaca
contre celle des lettres à Paris.

Il en a surpris plus d'un
mais sans se surprendre lui-même.
Les rimes la parole la voyance
« — Je ne m'occupe plus de ça, »
avait-il dit à Delahaye un jour de septembre
après avoir justement prêté
la main à la moisson.

Assez vu.
Assez eu.
Assez connu.

Maintenant il longe la Mer Rouge
jusqu'au roc sans herbe et sans eau
jusqu'à l'anti-Eden
l'Aden
avec ses comptoirs ses combines
ses emplois à six francs

et ses mirages qui sentent
l'opéra et le sang
à Zanzibar
ou sur la côte d'Abyssinie.

Mais toujours il écrit
pour conjurer les postes restantes
il recopie ses commandes
recopie sa litanie
avec en marge les prix de vente
et ça fait un fichu poème :
Traité de Métallurgie
Hydraulique urbaine et agricole
Commandant de navires à vapeur
Architecture navale
Poudres et Salpêtres
Minéralogie
Maçonnerie
Livre de poche du Charpentier,
sans oublier
le Traité des Puits artésiens
*l'*Instruction sur l'établissement des Scieries
*l'*Album des Scieries agricoles et forestières
et à la librairie Roret
Le parfait Serrurier
l' Exploitation des Mines
le Guide de l'Armurier
ainsi que les manuels
du Charron
du Tanneur
du Verrier
du Briquetier
du Faïencier, du Potier
du Fondeur en tous métaux
et du Fabricant de bougies...
La liste est longue
patientez c'est presque fini
il ne faut plus
que Le Peintre en bâtiments
Le Petit Menuisier
et un Manuel de Télégraphie.

Mais non ce n'est pas fini
de lettre en lettre
du Harar ou d'Aden

Rimbaud Arthur
alias Abdoh Rimb
ne cesse de réclamer
le Manuel complet du fabricant d'instruments de précision
Les Constructions métalliques
Les Constructions à la mer
Topographie et Géodésie
Trigonométrie
Hydrographie
Météorologie
Chimie industrielle
et même le Guide du Voyageur
*et même l'*Annuaire du Bureau des Longitudes 1882
et même Le Ciel.

Et les livres ne dispensent nullement des outils
des longues-vues des baromètres
des théodolites des cordeaux des compas
du papier à dessin,
on dirait qu'il n'a plus en tête
que de forcer une serrure
dans les sillages repérés de l'or
ou des troupeaux d'éléphants.

Assez vu.
Assez eu.
Assez connu.

Peut-être n'y a-t-il pas de secret
de mystère de métamorphose
peut-être que la vision a été si noire
et l'illumination si blessée
que la fournaise et les trafics
passent pour les soubresauts d'un ange
qui veut s'étrangler de ses mains.

Etre un autre ici ou là
et se vouloir un autre encore
jusqu'au bout de l'allée des miroirs
où le regard sait qu'il se perd...

Dis-moi l'ingénieur sans chantier
le caravanier qu'on rançonne
le marchand sans esclave
l'artisan du désert
l'explorateur sans espoir

le poète sans voix
quelles mains te cherches-tu
dans les sables le soleil ou le vent ?

Ah je vois,
le « frangui » Abdallah
près de la palissade
murmure sans sourire
un peu avant la pose :
Arthur vous salue bien
avec son bras d'honneur !

André VELTER
Aden, le 13 mars 1990

A VUE DE NEZ

Fragment d'une esthétique du dégoût

Fantasque, un nez poursuit Vénus au ciel profond.
« Accroupissements »

On a beaucoup dit, au cours de ces dernières décennies, que la force inaugurale de l'œuvre de Rimbaud tenait principalement à sa manière de rompre avec l'idéologie de la représentation, que celle-ci serve les fins de l'idéalisme classique ou celles du réalisme bourgeois. En 1968, Jean-Louis Baudry, qu'inspirait la réflexion entamée par Derrida dans *De la Grammatologie*, faisait de la ruine de « la conception de l'écriture comme instrument secondaire au service de la représentation », l'axe le plus constant de sa lecture du « texte de Rimbaud »[1]. Une telle position de lecture permettait de diviser l'œuvre en deux moments clairement distinguables : le premier moment, constitué surtout du recueil des *Poésies*, témoignait encore de la soumission de l'écriture rimbaldienne (fût-elle parodique) au « système représentatif » et au « code littéraire » en vigueur. Le second moment, culminant dans les *Illuminations*, confirmait, dans son « illisibilité » même, l'affranchissement du texte de toute contrainte représentative.

De manière générale, l'analyse du rapport de l'œuvre de Rimbaud à la représentation, se fonde presque exclusivement, me semble-t-il, sur un examen de sa *poétique*. Pour ne mentionner que quelques exemples, c'est le cas de l'étude que lui consacre Baudry, même s'il tente d'articuler la « révolution poétique » entreprise par Rimbaud à ses préoccupations politiques ; c'est encore le cas de l'analyse structurale menée par Attle Kittang et parue en 1974[2]. C'est enfin le cas de l'explication exemplaire de l'Illumination « Conte » publiée par Philippe Hamon en 1979 sous le titre « Narrativité et lisibilité »[3]. Ces lectures, dont les prémisses communes mettent en évidence la tendance épistémologique dominante de la « nouvelle » critique littéraire, me paraissent toujours pertinentes et, pour parler comme Rimbaud, « inquestionables ». Je voudrais cependant poser la question de la rupture du texte de Rimbaud avec l'ordre de la représentation d'un autre point de vue, nullement divergent mais néanmoins différent : celui de l'*esthétique* de l'œuvre, qu'il s'agisse de sa production ou de sa réception. Le texte de Rimbaud ébauche en de nombreux endroits des considérations métalittéraires d'ordre proprement esthétique, qui nous invitent à réfléchir en ces termes à son projet et son travail. C'est dans cette perspective que je commenterai l'invitation expresse à observer la femme qui s'exhibe en qualité de « Vénus Anadyomène » dans le sonnet de 1870, sous un angle singulier : à vue de nez.

On sait que ce poème, qui décrit la progressive émergence d'un corps de femme ravagé hors d'une vieille baignoire, a justement suscité une polémique autour de son statut représentatif. Contestant la lecture réaliste qu'on en a trop souvent proposé, Michael Riffaterre a voulu montrer qu'il s'agissait en fait d'un contre-blason[4]. Loin de peindre le tableau à la fois pathétique et repoussant de la prostitution, le poète s'amuserait à réécrire « à l'envers » le topos pictural et littéraire de la naissance de Venus. Dans la logique de son analyse, Riffaterre conclut que le sonnet de Rimbaud ne comporte pas de « polémique morale », et qu'il n'est pas non plus un « outil de controverse esthétique ». Ni satire, ni parodie, c'est, selon le critique, un « exercice de conversion » qui relève d'une forme canonique de représentation littéraire. L'argument le plus probant de Riffaterre en faveur d'une lecture exclusivement « littéraire » du poème concerne l'inscription qui orne les reins de Vénus : « Clara Vénus ». La greffe d'une épigraphe latine, fragment d'une textualité antique et noble, sur un corps vulgaire et crûment évoqué, superpose deux pratiques culturelles étrangères l'une à l'autre : la littérature savante d'une part, et le tatouage d'autre part, qui se pratique dans les couches sociales où « pullule la crapule ». Contrairement à Glatigny qui, dans « Les Antres malsains » (poème auquel Rimbaud emprunte de nombreux motifs), orne le bras de sa fille de joie d'un texte tout à fait plausible — « Pierre et Lolotte » —, Rimbaud ne cherche donc pas à produire un « effet de réel ». Cela ne veut pas dire pour autant que le sonnet s'apparente effectivement et simplement à un contre-blason. La « croupe » de Vénus n'est pas vraiment à sa « face » ce que le « laid » est au « beau tétin » (Vénus tourne en effet le dos aux portraits comme aux blasons, qui s'intéressent généralement à la « face » du corps féminin). Et si le contre-blason consiste, selon Riffaterre lui-même, à affecter chaque détail du modèle de Beau féminin contrefait, d'un « signe moins », comment interpréter le dernier vers du poème — « *Belle hideusement* d'un ulcère à l'anus » —, qui affecte le « détail » le plus dégoûtant du tableau, sinon d'un signe « plus », du moins d'un « signe » d'appréciation irréductiblement équivoque ?

Dans un livre récent, Steve Murphy conteste à son tour la lecture à la fois esthétisante et neutralisante de Riffaterre, qui vise à maintenir la Vénus de Rimbaud dans le cadre d'une représentation littéraire acceptable[5]. Tout en concédant que le travail du poème ne relève ni d'une intention ni d'une technique réalistes, Murphy affirme qu'il est « impossible de délester le sonnet de sa polémique morale et esthétique ». L'implantation d'une « verrue » latine, qui évoque les légendes des socles de statues, sur les reins de cette Vénus des faubourgs, sert, selon lui, à mettre en cause la poésie parnassienne, férue de statuaire antique. L'inscription laudatrice « Clara Venus » mîme le processus d'idéalisation et de monumentalisation du corps féminin, typique de cette poésie. Le démenti que lui inflige le corps effectivement décrit accuse le caractère frauduleux et refoulant de l'esthétique parnassienne. Enfin, la mise en évidence de la dégradation du corps féminin révèle moins, selon Murphy, l'horreur du poète pour la femme — « horreur » que pourrait bien dénoter l'exercice volontairement et agressivement déformant du contre-blason —, qu'elle ne contraint le lecteur à démasquer l'illusion parnassienne et à constater « la souillure de la femme prolétarienne par l'homme ». Pour Murphy, ce portrait d'une Vénus moderne ne relève donc pas plus d'une « esthétique de la laideur » qu'il n'offre une représentation réaliste de la réalité de la prostitution.

Je partage l'orientation et les conclusions de cette lecture « social-féministe » du sonnet. Mais je voudrais montrer que ce n'est pas seulement en s'attaquant aux canons, idéalistes ou réalistes, de la représentation, mais aussi aux conditions d'élaboration de celle-ci, que le sonnet se démarque aussi bien d'une esthétique de la laideur que du réalisme.

On peut dire qu'à mesure que la femme émerge de sa baignoire, le sonnet dépasse les bornes de la représentation. D'emblée, son caractère plus cinétique que pictural éloigne la description de la statique réifiante du blason et même du portrait réaliste. Comme le dit en résumé le poète dans le dernier tercet, « tout ce corps remue » et fait ainsi évoluer et trembler sa présentation, comme, plus tard, « montera » et « tremblera » le corps d'une autre « mère de beauté » (« Des sifflements de mort et des cercles de musique sourde font monter, s'élargir et trembler comme un spectre ce corps adoré », « Being Beauteous »). Mais c'est surtout la mention, au début du premier tercet, de l'odeur peu ragoûtante de Vénus, qui fait voler en éclats le cadre du tableau :

L'échine est un peu rouge, et le tout sent un goût
Horrible étrangement*; on remarque surtout*
Des singularités qu'il faut voir à la loupe...

L'odeur s'impose exactement en lieu et place de la vision synthétique de ce corps, qui s'est peu à peu composé sous la plume du poète : son « goût/Horrible étrangement » résume le « tout » de Vénus, « tout » que le jeu paronymique associant les premier et dernier mots du poème (Vénus/anus) nous incite à considérer sous l'angle de sa partie focale, siège de ses « horribles » effluves. Le poète suggère alors au lecteur de franchir la distance contemplative à laquelle se tient d'ordinaire l'artiste-peintre, en lui prescrivant l'usage d'une « loupe ». La nécessité de recourir à un tel instrument signifie l'insuffisance de la vision de loin. L'unique allusion méta-picturale à l'activité scopique du voyeur sert donc à en souligner le défaut. C'est sans doute grâce à l'adoption de cette nouvelle technique d'observation — dont les points de suspension sous-entendent malicieusement les profits annexes qu'on en peut tirer — que le « spectateur » curieux parvient à distinguer un « ulcère à l'anus ». La proximité de l'« indiscret » observateur et sa tentative de pénétrer sous la surface du corps de Vénus étaient déjà sensibles dans les notations précédentes : ne faut-il pas se tenir bien près pour voir paraître « la graisse *sous* la peau [...] en feuilles plates » ? L'odeur de Vénus émane elle-même de l'*intérieur* de son corps. Enfin, la loupe se pose à même l'objet que l'on désire voir : ce faisant, elle rapproche le « voir » d'un « sentir », à entendre dans tous les sens.

On connaît la place accordée au « sentir » dans l'esthétique des « poésies » de 1870 et 1871, y compris dans les poèmes les plus apparemment conformes à l'esthétique idéalisante et au discours sentimental du Parnasse. La rêverie amoureuse euphorisante à laquelle se livre le poète avant la « répartie de Nina » consacre ainsi la primauté érotique de la sensation olfactive-gustative[6]. Voie royale de l'esthétique sensualiste rimbaldienne, le « sentir » rend tangible le lointain, met en contact avec le monde, et détermine l'accès à tous les (autres) sens, avant de devenir — logiquement — l'objectif premier de son invention poétique : « Le poète [...] devra faire sentir, palper, écouter ses inventions », écrit le « voyant » de 1871, qui, décidément, semble « voir » ses visions par le nez, la main et l'oreille.

Dire que Vénus « sent un goût » (plutôt qu'une odeur) est peut-être un régionalisme ardennais, comme l'a suggéré un critique[7]. Mais, que ce soit dans l'expérience sensible ou dans l'ordre du concept, l'association du goût et de l'odorat est de toute façon chose courante, abondamment commentée par les phénoménologues. Selon Kant, « l'odorat est une sorte de goût à distance » ; et d'après lui, « l'ingestion par l'odorat (dans les poumons) est encore plus intérieure que celle qui passe par les cavités réceptrices de la bouche et du gosier »[8]. Selon Hegel, les organes de l'odorat et du goût, font déjà partie des rapports « pratiques » de l'organisme avec l'extérieur, contrairement à ceux de la vue et de l'ouïe qui entretiennent un rapport encore « théorique » avec leur objet : « Nous ne pouvons en effet sentir l'odeur que de ce qui se consume déjà de lui-même, et nous ne pouvons savourer qu'en détruisant », explique le philosophe[9]. Ainsi les expériences olfactives et gustatives impliquent-elles une transformation réciproque du sujet et de l'objet de la sensation, que Hegel, dans les deux cas, apparente à une œuvre de mort (consomption et destruction).

Si l'on en croit les théoriciens de l'esthétique qui, d'Aristote à Hegel, statuent sur les conditions de production du beau artistique, c'est ce travail de la mort — paradigme de la laideur matérielle — que l'œuvre d'art a précisément pour but de sublimer. Moins strictement idéaliste que Hegel, Aristote admet la laideur matérielle dans l'art, à condition que celle-ci soit maintenue *à distance de représentation* : « Nous avons plaisir à regarder les images les plus soignées des choses dont la vue nous est pénible dans la réalité, par exemple les formes d'animaux parfaitement ignobles ou de cadavres », écrit-il au chapitre IV de *la Poétique*[10]. Seule la mise en image « soignée » des « choses » permet la conversion en « plaisir » des affects pénibles éprouvés à leur contact immédiat. A distance de représentation — qui est tout le contraire de la vue de nez —, il ne demeure de l'épreuve de l'animalité et de la mort — et par conséquent du corps et de la vie — que des « formes » idéales et assimilables par l'intellect. On remarquera enfin que le champ de la réalité défini par Aristote est d'avance réduit et adapté au cadre de la représentation : il n'est question que « des choses dont la *vue* nous est pénible », à l'exclusion des autres modes d'appréhension du réel.

Dans le sonnet de Rimbaud, la notation olfactive déborde et détruit l'ordonnance du tableau. Elle signale la présence de plus en plus insistante du sujet de l'énonciation ; elle contamine et altère la vision dans les deux derniers tercets. Enfin, elle résiste d'autant plus à la représentation et à l'idéalisation qu'elle est négative. Le « goût horrible » de Vénus — ce qu'ailleurs et souvent Rimbaud nomme avec délectation « puanteur »[11] — est bien l'indice d'un processus de décomposition, que le dernier vers du poème (« Belle hideusement d'un ulcère à l'anus ») met délibérément en relief. Evoquant la manière dont certaines « poésies » compromettent « l'idéalité de la représentation », malgré leur souscription aux normes formelles, Baudry citait justement ce vers, assorti du commentaire suivant : « Le représenté touche à l'interdit, à ce qui ne doit pas être dit »[12]. Cela ne doit pas être dit — et encore moins montré — parce que l'« ulcère à l'anus » concentre sur lui tout ce qui effraie la parole et repousse la représentation ; la plaie ouvre l'intérieur du corps sur l'extérieur ; elle exhibe la matérialité et l'actualité du travail de la mort ; sa béance — supplément morbide de féminité — redouble celle de l'anus, accentuant l'impact d'une sexualité obscène, ravageuse et déviante (qui met peut-être plus en cause ceux qui exploitent son corps que « Vénus » elle-même, comme le suggère Steve Murphy). Nulle comparaison poétique (« fleur », « vague » ou « musique ») n'atténue, comme dans « Une charogne », la violence de la réalité convoquée. Rimbaud nomme l'anus « anus » et s'oblige, en même temps que le lecteur, à mettre le nez dessus.

Non sans plaisir. On a déjà noté que les seules indications d'une appréciation de la valeur esthétique de Vénus concernent la zone anale et péri-anale de son corps : ce sont les « reins » qui portent les deux mots gravés : « *clara* Vénus » ; quant à l'odeur qui s'en dégage et à l'ornement de sa croupe, ils sont l'objet d'une qualification à la fois hyperbolique et ambivalente, telle qu'on ne saurait dire si elle traduit le dégoût ou le goût du sujet du texte pour les « singularités » de son corps. L'accouplement violemment oxymorique des qualificatifs « horrible étrangement » et « belle hideusement » met en question l'opposition du goût et du dégoût. L'adverbe « étrangement » nuance l'« horrible » d'une sorte d'attrait du différent ou de l'anormal. Et si la belle hideur de l'ulcère peut se lire dans ce contexte comme un énoncé ironique, elle devient un motif de célébration sans équivoque dans « L'Orgie parisienne... » : le « Poète » ne « dit »-il pas à la « Putain [étymologiquement : celle qui pue] Paris » : « Splendide est ta Beauté ! », quoiqu'« on n'ait fait jamais d'une cité *ulcère plus puant* à la Nature verte » ? De même, le « voyant » de 1871 prédit et décrit la « venue à l'écriture » des femmes en ces termes : « [la femme] trouvera des choses étranges, insondables, repoussantes, délicieuses ». Les choses « étranges » et « insondables » rappellent les « singularités qu'il faut voir à la loupe », et, comme elles, elles provoquent à la fois le dégoût (« repoussantes ») et le « goût » (« délicieuses »), voire même le goût du dégoûtant, puisque la délectation suit la répulsion, comme si elle était suscitée par elle. Nous touchons ici à l'un de ces paradoxes difficiles à gérer, ou à digérer, de l'esthétique rimbaldienne. Même Kant, l'un des théoriciens les moins formels de l'esthétique, considère qu'« une seule espèce de laideur ne peut être représentée d'après nature sans anéantir toute satisfaction esthétique et par suite la beauté artistique : à savoir celle qui excite le dégoût »[13]. Mimant sa logique pour la déconstruire, Derrida commente ainsi le (hors) statut conféré au « dégoûtant » dans la *Critique du jugement de goût* :

> *Une seule chose est inassimilable. [...] et c'est le dégoûtant. [...]. Cet exclu absolu ne se laisse même pas conférer le statut d'objet de plaisir négatif ou de laideur sauvée par la représentation. Il est irreprésentable. Et en même temps innommable dans sa singularité*[14].

Si le « dégoûtant » est, comme l'écrit Derrida, non seulement « irreprésentable », mais « inassimilable », et même « innommable », c'est qu'il excède le plaisir et la compétence de la bouche. Le « dégoûtant » est littéralement ce que la bouche ne peut pas garder :

> *... la bouche ordonne un plaisir tenant à l'assimilation, à l'auto-affection idéale. [...] Ce que ce travail exclut, c'est ce qui ne se laisse ni digérer, ni représenter, ni dire [...], qui ne se laisse manger ni sensiblement ni idéalement et qui [...] doit donc se faire vomir*[15].

Or Rimbaud « dit » le dégoûtant, et même il en jouit. Il ne l'« exclut » pas ; au contraire, *il s'y inclut* : lui comme « la femme » — ou elle comme lui — « trouve » et goûte le dégoûtant ; qui plus est, lui comme la femme — comme « Vénus », comme « la Putain Paris » — se veut délicieusement dégoûtant : le portrait de « Vénus » anticipe en un sens sur celui de l'« *horrible* travailleur », l'émule des « comprachicos » qui attente à son intégrité physique — et à la physique de son identité — en arborant les stigmates de sa défiguration (« Imaginez un homme s'implantant et se cultivant des verrues sur le visage », Lettre du 15 mai 1871)). « Vénus Anadyomène » ressemble peut-être plus encore à l'autoportrait du poète en bête puante intitulé « Honte », dans lequel le démembrement adorateur du corps de « l'enfant gêneur » succède à la dégoûtante évocation du « paquet de cervelle blanc, vert et gras » à découper. Une fois encore, et comme à la fin de « Délires I » (« on me coupera vraiment le cou ; ce sera dégoûtant », susurre, extatique, l'époux infernal à la « vierge folle »), le texte met en évidence l'affinité du « dégoûtant » avec le travail de la mort, en même temps que l'étrange inversion de la pulsion (auto-) érotique : le sujet se « goûte » et se donne à goûter en tant que « dégoûtant », s'exposant ainsi au dégoût de l'autre *comme à une manifestation de son amour*. Le rapport du poète au dégoûtant n'est donc pas simplement constitutif de ses « relations d'objet » ; il définit bien une forme ultra-paradoxale d'auto-affection, dans tous les sens du terme.

Une théorie de l'abjection ou de l'ambivalence des affects — telle que le poète rejetterait ce qu'il aime et aimerait ce qu'il rejette, à commencer par lui-même — ne suffisent peut-être pas à rendre compte de ce goût du dégoûtant. Celui-ci a bien sûr une dimension sociale et une portée idéologique explicites (l'assomption du déchet social coïncidant avec la déchéance critique de l'Art), qui ont déjà fait l'objet de pertinents commentaires, dans la ligne de la *Théorie esthétique* d'Adorno. On pourrait aussi le concevoir comme la marque d'une « économie » de l'excès oral, que seul l'exercice de la poésie rendrait possible (car hors la poésie, le « dégoûtant » risque de redevenir littéralement dégoûtant, inavalable, excédant à nouveau toute économie orale). En effet, si le « dégoûtant » excède radicalement le goût, bon ou mauvais, il suppose et requiert toutefois d'abord l'effort, sinon le désir, de la consommation. Le dégoût est l'expression d'un « trop pris »[16], ou d'un goût déçu, et peut être le résultat d'une disposition excessive à consommer. « Gagne la mort *avec tous tes appétits* [...] », se récrie le démon du « damné » dans le prologue d'*Une saison en enfer*. Le goût du dégoûtant, qui pousse le poète à mettre le nez sur l'anus de Vénus, signale bien un excès *de* goût pour l'excès *du* goût.

« Cela commença par quelques dégoûts » (« Matinée d'ivresse ») et cela finit par une débandade de... fromages. La dernière performance « ludico-littéraire » de Rimbaud consiste en un « Rêve » tourbillonnant de fromages, ultime « fête de la faim », dans laquelle le poète donne corps et parole aux géniales « émanations » du gruyère, du Brie et du Roquefort. Ce retour d'indisposition poétique, qui suit la réception d'une lettre de Verlaine, s'accompagne, dans la lettre du 14 octobre 1875 adressée à Delahaye, de multiples pets-de-nez, bouquet final de dégoûts « portés au monde » : « J'aime à penser que *le Petdeloup et les gluants pleins d'haricots patriotiques* ou non ne te donnent pas plus de distraction qu'il ne t'en faut. Au moins *ça ne schlingue pas* la neige comme ici. » Quand la neige elle-même se met à puer, c'est la fin des haricots littéraires.

Post-scriptum :

On connaît l'anecdote rapportée par Alfred Bardey, ex-employeur de Rimbaud en Abyssinie, dans une lettre du 16 juillet 1897 envoyée à Paterne Berrichon : en 1883, il avait rencontré par hasard un ancien condisciple de Rimbaud à Charleville, nommé Paul Bourde. Ce dernier lui avait alors révélé l'ancienne « carrière littéraire » de son employé, que Bardey ignorait complètement. De retour à Aden, Bardey confie à Rimbaud une carte de Paul Bourde, dans laquelle celui-ci lui fait part du succès « posthume » de ses œuvres. Rimbaud aurait alors « salué » la nouvelle et le brusque rappel de ses ébats poétiques en ces termes : « Absurde... ridicule... *dégoûtant* ». C'est peut-être, depuis toujours, le mot de la faim.

Anne-Emmanuelle BERGER

1. Cf. « Le texte de Rimbaud », *Tel quel*, n° 35, automne 1968, pp. 48-63 et n° 36, hiver 1969, pp. 33-53.

2. *Discours et Jeu. Essai d'analyse des textes d'Arthur Rimbaud*. Universitets Forlaget/Presses Universitaires de Grenoble.

3. Cf. *Poétique*, n° 40, nov. 1979, pp. 453-64.

4. Cf. *La Production du texte*, Paris, Le Seuil, 1979. « Pour une approche formelle de l'histoire littéraire », pp. 89-109.

5. Cf. *Le premier Rimbaud ou l'apprentissage de la subversion*. CNRS/Presses universitaires de Lyon, 1990. Voir en particulier le chapitre VIII : « Exposition universelle : Vénus Anadyomène », pp. 189-218.

6. « [...] moi, [...] qui *boirais/Ton goût* de framboise et de fraise [...]/Nos grands bois *sentiraient* la sève./[...] Comme *on les sent toute une lieue/Leurs parfums forts/*[...] Et *ça sentira le laitage/*[...] *Ça sentira l'étable, pleine/De fumiers chauds...* », etc.

7. Jean-Paul Chambon, « Régionalismes rimbaldiens », *Parade sauvage*, n° 5, 1988, pp. 25-28.

8. *Critique du Jugement esthétique*, trad. M. Foucault, cité par Derrida dans « Economimesis » (*in Mimesis Des articulations*, Paris, Flammarion, 1975, p. 92).

9. *Esthétique. L'idée du beau*, vol. I, trad. S. Jankélévitch, Paris, Aubier-Montaigne, 1964, p. 82.

10. Voir texte, traduction et notes de R. Dupont-Roc et J. Callot, Paris, Le Seuil, 1980.

11. Voir par exemple, « L'Orgie parisienne... », « Voyelles », « Les Premières communions », « Alchimie du verbe », « Dévotion ».

12. « Le texte de Rimbaud », art. cit., n° 35, p. 52.

13. *Critique du jugement esthétique, op. cit., in* Derrida, « Economimesis », art. cit, p. 89.

14. *Ibid.*, p. 89.

15. *Ibid.*, p. 87.

16. « Ah ! j'en ai trop pris [...] », s'écrie le damné (*Une saison en enfer*, Prologue).

VOICI LE TEMPS DES EXÉGÈTES

Il est sans doute des temps qui créent, et des temps qui commentent. Cela fait cent ans que Rimbaud s'est définitivement tu ; depuis lors, une véritable nouvelle scholastique s'est édifiée autour du mince recueil, qu'avec Yves Bonnefoy nous pourrions dire « un de nos livres quasi sacrés »[1] : le commentaire sur Rimbaud est devenu, disait Paulhan, un « genre littéraire » comme « la satire ou l'essai ». Il est vrai qu'un poète aussi obscur que fascinant semble avoir particulièrement besoin d'interprètes : mais ce besoin de le rendre *lisible* mérite peut-être, à son tour, une analyse. On dirait en effet que pour bien des exégètes, lire Rimbaud signifie le réécrire — et donc, plus exactement, récupérer les réalités largement humaines, dont ce langage bien excentrique n'offrirait que la version très personnelle. Ecartons la forme obscure, nous atteindrons le message illuminant. Et pourtant, si l'essentiel de Rimbaud — ce qui le rend spécifiquement *rimbaldien* — n'était pas ce message, mais cette forme ?... L'intensité même du scandale soulevé par cette question de Todorov[2] prouve que, du moins dans une certaine mesure, elle a touché un point sensible. Mais pourquoi interpréter devient ainsi élaguer et traduire ? Et pourquoi Michel Charolles[3] a-t-il pu écrire, avec quelque apparence de vérité : « "La critique" ne lit pas Rimbaud, elle l'*écoute* » ? C'est peut-être l'air du temps qui l'exige : dans une culture « massifiée » comme la nôtre, connaître est plus que jamais reconnaître — bref, retrouver, dans n'importe quel texte, nos vérités fondamentales (un peu comme Rorschach proposait de le faire avec ses taches).

Ce principe de la conversion au déjà dit fonctionne même lorsque Rimbaud ne fait apparemment que raconter une simple histoire : lire le poème signifie alors le transposer en son équivalent anecdotique. C'est le cas par exemple de *Bottom*. Arthur, un beau soir, rend visite — réellement ou en rêve[4] — à une dame (qui est d'ailleurs un homme selon Antoine Fongaro et Claude Zissmann)[5] ; mais par timidité, il ne parvient pas vraiment à ses fins érotiques : ou bien il se fait carrément chasser par cette courtisane de haut rang[6], ou bien il se voit réduit en servitude[7] ; en tout cas, au réveil, il ne lui reste que le recours à de plus humbles « pierreuses »[8].

Toutes ces lectures se fondent en effet sur des points précis du texte — par exemple, une impression générale d'envoûtement : le protagoniste ne se rend pas vraiment, mais « se trouve », presque malgré lui, chez sa « dame ». Il emprunte d'abord l'apparence d'un « gros oiseau gris bleu » (« gros » reprenant d'une manière dérisoire son « *grand* caractère » ; en tout cas, l'oiseau franchement bleu de la légende est à présent bien dégradé). On le dirait presque prisonnier de la rime (« gr*o*s ois*eau* »), de l'apophonie vaguement gauche (« gros »-« gris »), des monosyllabes qui s'accumulent sans que l'on puisse s'en dépêtrer (« gros »-« gris »-« bleu »). Les sifflantes de « *s*'e*ss*orant vers les moulures du plafond » marquent sans doute l'effort, « traînant l'aile » dit la fatigue vaine, l'épuisement, et « les ombres » (plurielles) « de la soirée » — une inquiétude au bord de l'affolement.

Deuxième avatar, dans le deuxième alinéa : un « gros ours » — plus gros donc, mais vêtu des mêmes couleurs bleue, grise, bien qu'aggravées : un ours « aux gencives *violettes* » (teint de la décomposition ?) « et au poil *chenu* », signe de vieillissement ; en tout cas, les allitérations fastidieuses « genci*v*es *v*iolettes », « *ch*enu de *ch*agrin » aggravent, elles aussi, le spectacle. Le visiteur est aplati contre le sol ; un « baldaquin », également soumis à quelque poids écrasant, « supporte » les charmes superbes de la bien-aimée, transformée en idole ou en statue. La répétition presque synonymique (« ses bijoux adorés et ses chefs-d'œuvre physiques ») relève bel et bien de l'hyperbole : chez la Dame, en effet, tout est luxe éclatant et froid, à commencer par un tel « baldaquin » (synecdoque triomphale du lit). Dans ce décor splendide et indifférent, la souffrance du prisonnier, uniquement tournée vers l'intérieur, ne peut qu'éroder peu à peu sa vie et ses forces (le « poil *chenu* ») : effet sans doute de la féminité « froide et inexorable » qui affleure souvent dans l'univers de Rimbaud, selon Maria Luisa Premuda Perosa[9] ; en tout cas, ce n'est pas un hasard si, dès le début de *Bottom*, le principe masculin du « caractère » est violemment affronté à une « réalité » féminine (ici, comme par exemple au début de la *Saison*, où le *je* doit se colleter avec une « Beauté amère » — ou avec la justice, l'espérance, la joie...).

Or le nouveau jour amène au contraire une éruption des énergies : « Je *courus* aux champs »[10]. De même, l'ours maladroit, lourd et impuissant de tout à l'heure, laisse à présent la place à un animal dont la puissance sexuelle est légendaire : l'âne — mais qui symbolise aussi, traditionnellement, la stupidité[11]. Après l'enfermement étouffant de tantôt, cette course « aux champs » est donc une libération — mais également une retraite, un retour peut-être aux origines paysannes, et en tout cas une déchéance par rapport à l'univers étincelant de « chez ma dame ». De toute façon, « Bottom » (mot anglais) signifie entre autres choses « fond » : ainsi (commente Louis Forestier)[12] l'esclave d'une passion malheureuse sera finalement « ravalé au degré inférieur » — celui de l'animalité la plus obtuse. D'ailleurs, l'âne-Bottom rimbaldien ne séduit pas, comme le voulait Shakespeare, la reine des fées Titania, mais celles que Rimbaud définit (par une périphrase visiblement dépréciative)[13] « les Sabines *de la banlieue* ». En quoi remplissent-elles le rôle des vraies ? Sans doute, en empêchant une guerre : l'aube était déjà elle-même « batailleuse » — adjectif s'opposant avec force, comme le remarque finement A.W.G. Kingma-Eijgendaal[14], à la « réalité... épin*euse* » qui ouvrait *Bottom* ; ajoutons l'âne belliqueux qui « claironne » et qui « brandit » son grief, comme un étendard. Et pourtant, la « course » de l'âne sera violemment bloquée par l'élan contraire des Sabines qui « se jettent » à son poitrail : et si la guerre qu'ainsi elles exorcisent n'était finalement que la révolte furieuse du prisonnier — encore une fois hypnotisé par une autre catégorie de séductrices ?...

Je pourrais m'arrêter là, puisque maintenant l'histoire est *grosso modo* complète ; mais il suffira de relire, à présent, Rimbaud lui-même, pour voir à quel point *Bottom* parle aussi d'*autre chose*. Qu'on songe d'abord au ton, toujours essentiellement *oblique*. Mais, loin de n'être qu'un beau voile littéraire jeté sur des faits bien banals, cette langue toujours indirecte constitue elle-même *une partie de l'histoire*. Lors de la course belliqueuse de l'âne, voyez comment (en dépit de la situation épique), la métaphore « brandir » glisse narquoisement vers un sens tout à fait littéral — de même que « grief » a fini par exprimer une grossière évidence ithyphallique. On pourra lire la même ironie sous le langage fastueux de l'*incipit* : « la réalité étant trop épineuse... » Premier présage selon Pierre Brunel[15] de l'âne final (raffolant comme chacun sait de beaux chardons bien piquants), « épineuse » annonce quelques menus et sordides désagréments quotidiens — des traces insupportables non pas pour le « noble caractère » ou le « grand cœur », mais pour un amalgame indû (et d'autant plus grandiloquent) : le « grand caractère » du poète. Ne dirait-on pas qu'ici le narrateur jette un regard distant, railleur même, sur son passé ? Il a sans doute complètement dépassé cette saison de sa vie (même si « étant », atemporel, ne permet pas de l'affirmer une fois pour toutes...) ; en tout cas, maintenant il semble avoir pris à son compte le jugement négatif que d'autres ont dû porter sur lui. Ainsi, à titre d'exemple, une formule aussi conventionnelle que les « bijoux adorés » — pour dire les charmes de « ma dame » — n'est pas du tout déplacée dans la bouche d'un homme, qui ne ferait ici que revivre critiquement le rôle incongru joué jadis. Une telle distance fait penser que les épreuves de cette époque révolue ont dû quand même apprendre quelque chose à celui qui deviendra le narrateur d'à présent : en effet, le passé simple (le seul temps de *Bottom*) fait de ce texte une sorte de prologue fabuleux d'une heure présente, qui reste pourtant insaisissable, inexprimée...

Or dès la première ligne le poème arborait un curieux dérapage syntaxique : « La réalité *étant* trop épineuse..., — je me trouvai *néanmoins* chez ma dame... ». André Guyaux a bien raison de souligner l'« anacoluthe » déplaçant ici la proposition participe « de la cause à la concession »[16]. Il suffit d'une pause insolite — un tiret renforçant la virgule —, et la phrase partie dans un sens évolue *sans transition* dans l'autre (songez de même à l'étonnante translation de *Nocturne vulgaire*, également marquée par ce mariage tiret-virgule : « Le long de la vigne, m'étant appuyé du pied à une gargouille, — je suis descendu dans ce carrosse... »). La suite logique de la prémisse « étant » est donc ainsi escamotée : *black-out* somme toute assez innocent, mais qui nous prépare peut-être aussi, d'entrée de jeu, à une forme détournée, elliptique de narration. Or justement la rupture est sertie au centre ou presque du poème, là où l'on passe du désarroi de l'ours perdu dans les ténèbres montantes, au dernier alinéa — et au matin — par le truchement d'une courte séquence : « Tout se fit ombre et aquarium ardent. » Voilà un ensemble qui se laisse difficilement traduire ou réduire à un quelconque équivalent plus « normal » ; ainsi, pour ne donner qu'un exemple, on a du mal à concevoir de quelle manière l'*alcôve* de « ma dame », bien que perçue par un œil troublé d'amant (Gian Piero Bona)[17], aurait pu devenir précisément cet aquarium baroque et tarabiscoté. Le crescendo lumineux est surtout déroutant, qui nous mène de l'ombre, à travers l'eau, vers la flamme d'« ardent » (bien plus fervent et brûlant qu'« éclairé »...). Un mirage étincelant a donc fini par jaillir de l'obscurité dominante. Roger Little[18] songe même à une quatrième transformation tacite : celle en poisson. Or si on assiste ici à quelque phénomène de ce genre, c'est peut-être bien, plus largement, à la dissolution-métamorphose de la matière elle-même : eau et feu, noir et lumière s'interpénètrent à présent dans le creuset d'une mer en miniature. On voit tellement de choses, en ces instants éphémères où l'on balance entre la veille et le sommeil !

Des éditeurs vont même jusqu'à isoler ce moment capital du texte, lui octroyant un entier alinéa. Même sans cela, le passage de cette séquence à la suivante se fait d'une façon très suggestive : Rimbaud efface le « Et » qui les avait d'abord unies dans le manuscrit. Et donc, pas de transition, même la plus vague, mais une simple substitution de faits et de plans. L'asyndète marque ainsi une cassure ; après quoi, le récit recommence lentement : la récurrence sonore /o-ɛ̃/ - /o-ɛ̃/, ainsi que le module trisyllabique (3 - 3/4+3/4)[19], lui confèrent une démarche répétitive, rêveuse : « *Au* mat*in*, — *au*be de ju*in* batailleuse... ». C'est que le jour ne succède pas à la veille ou au sommeil, mais au silence. Les visions de la nuit n'ont jamais eu de fin visible — un peu comme si l'heure nocturne s'était figée : mais en même temps, elle s'est bel et bien écoulée, puisque nous voilà quand même au matin. Ainsi on dirait qu'un premier temps de l'histoire a disparu dans l'oubli, l'inconscience ou un autre état équivalent de l'être — de même que le *je* de tout à l'heure s'abîmait dans le *tout* de « Tout se fit... »[20] ; un récit « muet » semble rester finalement en réserve dans les mailles du récit pour ainsi dire « parlant ». Pourquoi donc nous étonner, si à la fin du poème — nous l'avons déjà relevé — rien ne nous est dit concernant le résultat présent, et définitif, de toutes ces métamorphoses passées ? Après tout, le silence était déjà au cœur de *Bottom*.

D'ailleurs, Rimbaud l'a dit lui-même : il n'écrivait pas des vérités ni des histoires, mais *(Délires II)* « des silences, des nuits » — exactement comme dans *Bottom* ! Il faudrait peut-être le prendre au mot : et donc le lire un peu de la même manière qu'il écrivait — lire chez lui la couleur des voyelles, la forme et le mouvement des consonnes, les rythmes instinctifs, les dénivellements, les ruptures — les silences. Ainsi, effectivement, sans les silences écrits autour et au cœur du texte, *Bottom* ne sera (nous l'avons déjà vu) que la relation d'un échec — l'Echec déjà mille fois vécu, raconté par tant d'autres —, n'excluant peut-être pas quelque petite consolation successive ; mais le silence est là, pour dire que cette histoire n'a pas encore trouvé son sens définitif — et donc pour la projeter, d'un passé inaccompli, vers l'avenir. Là encore, Rimbaud a été assez clair, toujours dans *Délires II* : la « vie » chez lui serait toujours trop « immense » (toujours bien plus large que ce qu'on en perçoit dans un plat présent), pour en extraire uniquement de pauvres messages mille fois ressassés.

Or ces troublants « trous noirs », dont parlait également Roger Gilbert-Lecomte[21], on dirait que bien des lecteurs cherchent au contraire, d'instinct, à les boucher... Mais si j'écris apparemment contre ces lecteurs, c'est peut-être avant tout une partie de moi-même que j'essaie ainsi d'exorciser, puisqu'une telle tendance est pour ainsi dire consubstantielle à notre époque moderne ; n'en trouve-t-on pas des traces même chez des exégètes parmi les plus riches et délicats ? Evidemment, chacun appréhende un texte selon sa propre sensibilité, ses expériences, les acquis de son histoire individuelle. Ainsi, en principe, il n'est pas du tout impossible que, dans une séquence de *H* (comme le veut une lecture par ailleurs extrêmement raffinée), Rimbaud manifeste ses idées à propos de la peine de mort, en remarquant d'un côté que ses contemporains sont les uns pour, les autres contre son abolition, et en affirmant d'autre part que leur valeur morale est précisément définie par la position qu'ils ont choisie[22]... ; mais si je lis tout de suite après la phrase de *H* (« Là, la moralité des êtres actuels se décorpore en sa passion ou en son action »), je ne peux m'empêcher de penser que cette formule ne serait qu'une bien maladroite *imitation de son commentaire* ; et donc, j'aurais même tendance à soupçonner que, par une aussi gauche énonciation d'idées aussi élémentaires, notre Arthur est peut-être en train de se moquer du monde...

D'ailleurs, l'idée d'un poète subversif parodiant les vérités les plus sacrées correspond également à un état d'esprit absolument moderne ; mais, là encore, ne dirait-on pas que, pour discerner la parodie, il faut parfois compléter, pour ainsi dire, un texte en lui-même réticent ? Voyez par exemple la lecture du début d'*Adieu*, chez l'un des interprètes contemporains nous ayant d'ailleurs offert des vues parmi les plus suggestives sur notre poète, Pierre Brunel : dans cette fin de la *Saison*, écrit-il, « Rimbaud semble se mettre *ironiquement* à la place de ceux qui se croient "engagés à la découverte de la clarté divine" »[23]. Or, dans le texte, l'ironie n'est pas bien explicite — tout lecteur simple et naïf sera d'accord là-dessus ; l'impression, la nuance ironique (« Rimbaud *semble* ») viennent probablement d'ailleurs — de ce qu'on sait ou infère des positions antireligieuses de Rimbaud. Un peu de la même façon, *Solde* a été inséré, au bout d'une parabole descendante, pour le lire comme l'extrême liquidation d'une entreprise métaphysico-poétique. « Elan insensé et infini aux splendeurs invisibles, aux délices insensibles », écrit Rimbaud ; et, dans une petite note d'un des articles certainement les plus *profonds* de ces dernières années, Jacques Plessen[24] commente : ici, « le marchand d'art poétique se paye la tête de l'élan "*in*fini", en lui ôtant tout sens ("*in*-sensé") et toute possibilité de réalisation par *les* sens ("*in*-visible", "*in*-sensible") ». Lire Rimbaud est souvent le réécrire, ai-je dit au début : ici effectivement l'exégèse intervertit l'ordre rimbaldien des qualités (chez Rimbaud, « infini » corrige éventuellement « insensé », et non l'inverse) ; la réécriture concerne aussi les choix rhétoriques, car ce qui est, dans le texte, apophase et oxymore est lu au contraire, *littéralement*, comme la preuve d'une contradiction logique (un délice échappant aux sens... — cela n'existe pas !). Cependant, le passage pourrait bien évoquer, sans ironie, un « élan » assez fou pour se diriger vers des objets que l'on soupçonne à peine, tellement ils dépassent les expériences normales... mais la lecture « ironique » de tantôt est certainement bien plus riche *en idées*.

Notre besoin, d'ailleurs non ignoble, de faire dire à Rimbaud quelque chose de toujours significatif, d'éducatif même, pourrait trouver une excellente illustration dans le livre récent de Bruno Claisse[25]. Son Rimbaud progressiste ne fait que proposer, dans les formes les plus diverses, un message des plus éclairés : le projet d'un nouvel Age d'or antibourgeois, où l'homme se reconcilierait enfin avec la Nature, qu'il a depuis longtemps trahie. Or, dès qu'on cherche un message, lire signifie aussi choisir : le « sens » global, idéal sélectionne les détails dignes d'avoir un sens (d'ailleurs, un poète « lexical » comme Rimbaud — selon la formule de Todorov[26] —, à la syntaxe non pas « absente » — ainsi que le voudrait le même critique[27] —, mais en tout cas assez personnelle et secrète — comme ses silences..., — un tel poète semble se prêter grâcieusement à cette libre sélection des mots...). Ainsi, dans *Villes I* (« Ce sont... ») interprété par Bruno Claisse[28], on peut assister à l'« apothéose »-« assomption » d'une Nature libérée, transformée en déesse : « Au-dessus du niveau des plus hautes crêtes, une mer troublée par la naissance éternelle de *Vénus...* » ; mais (sans nous appesantir sur ce « trouble » inquiétant de la mer) où situer maintenant toute la suite assez inopportune : « ... — la mer *s'assombrit* parfois avec des éclats *mortels* » ? Bref, il se peut qu'après tout l'« engagement » du Rimbaud de Claisse découle autant, si ce n'est plus, de l'esprit généreux du commentateur, que de Rimbaud lui-même. D'autre part, pourquoi s'en offusquer ? Il faudra bien reconnaître, tôt ou tard, qu'une des fonctions *sociales* de l'exégèse, à notre époque, est de donner la parole aux exégètes (à ceux qui ont quelque chose à dire, bien entendu) : dans le texte, notre société aime à lire aussi son propre reflet, ses penchants qu'on pourrait dire « auto-réflexifs ».

Ainsi, toute œuvre écrite parlerait, avant tout et toujours, de l'acte d'écrire lui-même. C'est aussi le cas de Rimbaud, bien entendu. Et donc d'après une lectrice, d'ailleurs fine et pénétrante, comme Danielle Bandelier, l'« enfer » de la *Saison* ne serait rien d'autre que l'*écriture* qui produit *Une saison en enfer*[29] — le « vice » de *Mauvais sang*, vidant de toute substance la « vie vécue »[30] — un véritable cercle vicieux. Ce principe de la « réflexivité » dominerait une bonne partie du livre : par exemple, les « gros vers » rongeant le poète à demi mort d'*Adieu* seraient autant les signes du pourrissement organique, que des allusions à la littérature[31] (mais pourquoi « gros » ? faut-il penser à des vers hypermètres ?). Quelque part sur cette ligne pour ainsi dire « métatextuelle », ne pourrait-on pas situer également les nombreux critiques d'après qui l'« obscurité » de Rimbaud est en elle-même significative, étant, *elle-même*, l'essentiel de son message ?[32] En effet, ces textes équivoques serviraient par exemple à persifler les règles du discours et les attentes du lecteur, pour bien montrer à quel point langage, logique etc., sont des créations tout à fait conventionnelles. Laissons de côté les aspects arbitraires d'une stratégie intégrale de l'« obscurité » — et notamment l'énorme disproportion entre les voies choisies (multiformes, hétérogènes, disparates même), et le résultat, toujours monotone, et même unique (« *Cinquante-quatre* poèmes pour adresser un défi au sens... », écrit Jean-Luc Steinmetz avec finesse et ironie)[33]. Remarquons uniquement qu'encore une fois le texte de Rimbaud n'aurait de sens, qu'en tant qu'il préfigure (ou sert à illustrer) un autre texte : celui précisément de ses commentateurs. C'est par eux seuls qu'une œuvre incohérente, illisible, etc., énonce enfin distinctement ce qu'elle signifie. Et donc, encore une fois, que le texte soit pourvu ou privé de sens, toujours pour savoir ce qu'il veut dire il suffit (ou plutôt, il est presque plus important...) de savoir ce que l'auteur voulait dire. En d'autres termes, et pour paradoxal que cela puisse paraître, l'intention (transcendante) peut s'avérer plus accessible que le signifié immanent — surtout quand l'interprète agit, pour ainsi dire, en medium. Epitexte, hypotexte, contexte (socio-historique) et même prétexte (l'occasion) peuvent alors parler, si besoin est, en lieu et place d'un texte rétif.

Or il est bien évident que de nombreuses pages de Rimbaud reflètent ou expriment assez directement un corpus d'intentions ou d'idées : par exemple, *Credo in unam* est très franchement un manifeste, et *Les Mains de Jeanne-Marie* célèbre sans conteste les communardes et la Commune. Ainsi, à propos de ceux que j'appellerais, plus généralement, les « Premiers vers », comment ne pas être (en gros) d'accord avec Steve Murphy, lorsqu'il affirme que dans ces textes, Rimbaud se montre avant tout préoccupé « par la politique, la sexualité et le rôle de l'écrivain »[34] ? Mais faudra-t-il pour autant lire tout le reste de l'œuvre comme on lit ces premiers poèmes ? Sans ces poèmes, le reste serait incompréhensible, nous disent des lecteurs lucides comme Ivos Margoni — et le même Murphy[35]. Curieusement, ce qui est le plus élémentaire chez l'auteur devient ainsi le plus significatif, chez l'interprète — peut-être, tout simplement, parce que le contenu idéologique y est plus palpable ?

Et pourtant, la formule de Mallarmé était déjà si exacte ! Rimbaud, *« anarchiste, par l'esprit »*[36]. Mais peut-être que son univers dilaté, subverti, ouvert reste justement la grandeur inconcevable, tant qu'on se fie à nos vérités définitives...

Sergio SACCHI

1. *Rimbaud par lui-même*, Paris, Le Seuil, 1961, p. 110 : Yves Bonnefoy se réfère plus exactement à la *Saison*.

2. « Une complication de texte : les *Illuminations* », *in Les genres du discours*, Paris, Seuil, 1978, p. 204 *sqq.* ; voir aussi « Remarques sur l'obscurité », *Rimbaud, le poème en prose et la traduction poétique*, édité par Sergio Sacchi, Tübingen, Gunter Narr Verlag, 1988, p. 14.

3. « Le texte poétique et sa signification », *Europe*, mai-juin 1973, p. 113.

4. Antoine Adam (« L'énigme des *Illuminations* », *Revue des Sciences Humaines*, octobre décembre 1950, p. 231 *sqq.*) connaît même l'adresse de la dame : Rimbaud se rend chez la « vedova molto civile » qui l'accueillit à Milan, en mai 1875. Selon Enid Starkie (*Rimbaud*, London, Faber & Faber, 1938 ; tr. it. Milano, Rizzoli, 1950, p. 291) Arthur rêverait ici à des moyens fantastiques pour atteindre sa bien-aimée. Selon Robert

Faurisson (« A-t-on lu Rimbaud ? », *Bizarre*, octobre-décembre 1961, p. 27), tout *Bottom* ne serait qu'une rêverie éveillée.
5. Antoine Fongaro, *Lire « Illuminations »*, Service des Publications de l'Université de Toulouse-le-Mirail, 1985, p. 101 *sqq.* ; Claude Zissmann, « Les métamorphoses de *Bottom* », *Arthur Rimbaud : poesia e avventura* (Colloque de Grosseto, septembre 1985), a cura di Mario Matucci, Pisa, Pacini, 1987, p. 178 *sqq.*
6. Steve Murphy, « *Illuminations* obscures — singularités sémantiques », *Rimbaud, le poème en prose* cité, p. 25.
7. Antoine Adam, « L'énigme », *loc. cit.*
8. Steve Murphy, « *Illuminations* », *loc. cit.*
9. *Une écriture de l'énigme : « H » de Rimbaud*, Napoli, Edizioni Scientifiche Italiane, 1988, p. 177.
10. Dans son édition des *Illuminations* (Firenze, Sansoni, 1952, p. 113), Mario Matucci souligne précisément cette explosion de « force » annulant l'« insatisfaction » précédente.
11. Voir A.W.G. Kingma-Eijgendaal, « Une lecture iconique de quelques *Illuminations* de Rimbaud », *Neophilologus*, vol. 66, n° 2, Avril 1982, p. 191.
12. Dans son édition de Rimbaud : Paris, Gallimard, 1985 (1973), p. 289. Selon René Silvain (*Rimbaud le Précurseur*, Paris, Boivin, 1945, p. 113), Rimbaud aurait donc atteint le « fond de l'abîme ».
13. Sur l'intention avilissante, voir Pierre Brunel (« La poétique du récit mythique dans les *Illuminations* de Rimbaud », *Versants* 4, 1983, p. 103) ; le pluriel (ce pluriel pour ainsi dire anonyme) est aussi méprisant.
14. « Une lecture iconique » cité, p. 191.
15. *Arthur Rimbaud ou l'éclatant désastre*, Paris, Champion, 1983, p. 89.
16. Voir son édition des *Illuminations* (Neuchâtel, A la Baconnière, 1985, p. 221 *sq.*).
17. Voir son édition (Rimbaud, *Opere*, Torino, Einaudi, 1990, p. 559).
18. *Rimbaud, « Illuminations »*, London, Grant & Cutler, 1983, p. 57 ; voir Renée Riese Hubert, « The Use of Reversals in Rimbaud's *Illuminations* », *L'Esprit créateur*, IX, 1, p. 13, cité par Steve Murphy, *« Illuminations »* cité, p. 24.
19. Hésitations dues au problème du /e/ caduc : à compter ou pas ?
20. A propos de ce passage, Daniel Verstraete (*La Chasse spirituelle d'Arthur Rimbaud*, Paris, Les Editions du Cerf, 1980, p. 86) parle très efficacement d'une « béance dans le temps », permettant au poète d'entrer dans l'« atemporalité » (un poème comme *Aube* contenait aussi, juste avant le dernier alinéa, le même silence — le même « hiatus dans l'axe du temps » : *ibid.*, p. 123). Steve Murphy (« *Illuminations* » cité, p. 24) note finement : « la présence potentiellement plurielle... de l'aquarium... s'oppose à l'individualité menacée du narrateur ».
21. *Arthur Rimbaud*, Montpellier, Fata Morgana, coll. Scholies, 1972, p. 24.
22. Maria Luisa Premuda Perosa, *Une écriture*, cité, p. 156 *sq.* : toute cette lecture est fondée sur une hypothèse fort ingénieuse : « H » (initiale d'une « Hortense » clôturant le poème) serait la « hache », la guillotine.
23. *L'Eclatant Désastre* cité, p. 94 ; c'est moi qui souligne.
24. « L'effet de présence dans les *Illuminations* », *Circeto* n° 1, octobre 1983, p. 32, note 13.
25. *Rimbaud ou le « dégagement rêvé »*, Charleville-Mézières, Musée-Bibliothèque Arthur Rimbaud, 1990.
26. *Les genres du discours* cité, p. 211.
27. *Ibid.*, p. 212 ; le magistral essai d'Albert Henry, "Magnifique, la luxure". Etudes de *syntaxe* affective » (*Romanica Gandensia*, I, 1953, p. 179 *sqq.*), ainsi que l'autre « Sur deux poèmes de Rimbaud : *Angoisse* et *Honte* » (maintenant in *Lecture de quelques « Illuminations »*, Bruxelles, Académie royale de Belgique, 1988, notamment p. 163 *sqq.*), et les stimulantes réflexions consécutives de Jean-Pierre Chambon sur la « facule lyrique » (*Parade sauvage*, n° 5, juillet 1988, p. 110) s'inscrivent en faux contre cette « absence » de la syntaxe chez Rimbaud.

28. *Rimbaud* cité, p. 72. A côté de ces développements pour ainsi dire « utopiques », le même chapitre nous fournit pourtant des remarques « historiques » aussi suggestives que précises sur le style « touristique » de *Villes [II]* (« L'acropole ») : p. 77 *sqq*.
29. *Se dire et se taire. L'écriture d'« Une saison en enfer » d'Arthur Rimbaud*, Neuchâtel, A la Baconnière, 1988, p. 111.
30. *Ibid.*, p. 233.
31. *Ibid.*, p. 108.
32. Malgré les différences qui les séparent, on pourrait songer par ex. à Jean-Louis Baudry (« Le texte de Rimbaud », *Tel Quel*, n° 35 et 36, automne et hiver 1968-1969), Atle Kittang (*Discours et jeu*, Presses Universitaires de Grenoble, 1975), Tzvetan Todorov (*Les genres du discours*, cité).
33. Voir son édition des *Œuvres* de Rimbaud (Paris, Flammarion, 1989, III, p. 30).
34. *Le Premier Rimbaud ou l'apprentissage de la subversion*, Presses universitaires de Lyon, 1990, p. 23.
35. Voir Rimbaud, *Œuvres-Opere*, a cura di I. Margoni (Milano, Feltrinelli, 1964, p. VII) ; aussi, « l'étude de l'opacité dans les textes ultérieurs ne saurait être menée sérieusement en l'absence d'une compréhension de celle des premiers textes » (S. Murphy, *Le Premier Rimbaud*, cité, p. 22). De la même façon, l'engouement récent pour les pièces rimbaldiennes de l'*Album zutique*, les *« Stupra »*, *Un cœur sous une soutane*, etc., extrêmement louable s'il s'agit de récupérer à la lecture des textes un peu négligés, devient à mon sens très discutable quand il vise à faire, de cette production secondaire, le centre même de Rimbaud. (Mais après tout, des goûts et des couleurs...).
36. « Arthur Rimbaud » (avril 1896), *Œuvres complètes*, Paris, Gallimard, « Bibliothèque de la Pléiade », 1965, p. 518.

POUR RIMBAUD

Une manière d'hommage à Arthur Rimbaud, en réponse à une proposition de Radio France et de la Maison de la Poésie ? Je ne pouvais me résoudre à m'emparer d'un poème de Rimbaud ; chacun possède une musicalité qui s'impose de façon trop déterminée. Je souhaitais plutôt capter quelque résonance rimbaldienne à travers un texte qui serait écrit à cette intention et me laisserait une brèche plus large. Je n'ai d'ailleurs travaillé que rarement à partir de textes préexistants. Faire passer un poème de l'espace du livre à celui de la scène, de la lecture intériorisée à une transmission vocale associée à une pratique instrumentale, cela reste toujours un tour de force, une opération infiniment délicate qui nécessite, à mon sens, un échange de vues, si ce n'est une collaboration, avec son auteur, si l'on veut éviter que le poème ne soit rien d'autre qu'un prétexte, plus ou moins habilement maquillé, à une prise de pouvoir du musical sur le verbal.

En revanche, le projet rimbaldien me paraissait pouvoir devenir le catalyseur d'un dialogue effectif avec un poète, en l'occurrence Bernard Vargaftig, dont j'associais intuitivement la langue à l'esprit de Rimbaud. Nous avons tout d'abord conçu une structure générale commune, où la musique serait destinée à accueillir, à plusieurs reprises, les éléments de texte, agissant comme un réceptacle relativement transparent.

Lorsque j'ai reçu les premiers jeux de strophes de Bernard Vargaftig, je n'ai pu m'empêcher de me poser des questions sur la nature des intervalles susceptibles de relier sa poésie à l'univers de Rimbaud. De par la très pure économie des moyens que pratique Vargaftig, il y avait là une foule d'allusions énigmatiques et fugaces, toujours ouvertes, qui s'accordaient bien avec mon propre travail de transformations de matériaux harmoniques debussystes. Dans les deux cas, une distance (protectrice, ludique ?) était préservée, apte à favoriser des interrogations sur un monde poétique et musical dont je me sens à la fois complice et irrémédiablement éloigné. Et j'ai imaginé qu'il pouvait sans doute en être un peu de même pour Bernard. Pas de monument à ériger (ce qui serait décidément paradoxal dans le cas d'une personnalité aussi insaisissable que Rimbaud), mais tout juste s'imprégner d'un paysage et laisser émerger quelques traces.

Jean-Yves Bosseur
Mars 1991

POUR RIMBAUD

Les prairies vacillaient presque
Le vent dans un fragment d'enfance
Aucun sarcasme n'efface
Le busard l'herbe la descente

La dispersion se dénoue
Les fleurs les fleurs ensoleillées
Les roches sans la mémoire
Un à-pic les mots ne savent rien

Comme partout la lumière
Dont la nudité est muette
Quel paysage s'échappe
Trace histoire déchirement

Parfum autour de l'orage
Espace un silence une plage
Insaisissable où courir
Va soulever l'énigme et le monde

*

Si claire près de la haie
Quelle odeur se déchire encore
L'escabeau avait roulé
La trace la trace a-t-elle un nom

Le chemin fuyait voici
Les pommiers l'horizon immense
Le réel l'air tout à coup
Un virage ouvert dans la bonté

Gouffre et linge à la renverse
Présent hurlé par la lumière

Vent écho l'osier tressaille
C'est toujours l'aveu en oubliant

Sans qu'un seul mot ne s'éloigne
Et comme entre rien et jardin
Comme où les premières guêpes
Frôlaient le craquement de l'échelle

*

C'était peut-être un caillou
L'équilibre un journal
Le sorbier sans laisser d'ombre

Le désir déchiqueté
Si terrible et jamais
Ne disparaît le silence

La rue aura bougé comme
Quand l'espace surgit
Dans le nom de la stupeur

L'oubli chaque fois s'envole
Le déchirement nu
Clarté jusqu'à la poussière

Le refus les chiens l'été
Que l'écho poursuivait
Où le langage est ailleurs

*

De nouveau une étendue
Où la frayeur n'existe pas
Et le sens le sens s'éparpille
Une hirondelle avec les sentiers

La pente sous le feuillage
Il y a déjà l'éraflure
Que l'aveuglement rattrape
Et fait gronder à travers les mots

Un seul instant à jamais
Un cri si bref panier groseilles
Nécessité et oubli
L'autre énumération se détache

Un éclair un souffle comme
Quand le sable et le début tremblent
La distance était un oui
Désert avant d'avoir chaviré.

Bernard VARGAFTIG

TROIS POÈTES

MOBILITÉ DE RIMBAUD

Longtemps à l'Ogadine
Fuit son visage. Halte de la caravane
Qui pose sur le sable héritage coutumes
Et les redonne, d'une main vers un cœur
Et d'une poitrine à une autre main —
Et lui passant, pressé, vers on ne sait quoi.

Sa boussole a tenu dans la croisée des vents
Mais sa course marathonienne aura prouvé au monde
Qu'il est dans l'essence des boussoles
Par leur coïncidence de chaque instant avec l'être
D'être
Irrésistiblement affolées.

TÉMOIGNAGE DE RILKE

« Le poète de la rose a été tué par la rose », déclare, feignant la compassion, un critique de tout confort.

Mais le poème, il en voyait tous les possibles par mille fenêtres à ouvrir
Mille villes à visiter
Mille livres à lire et mille roses à savourer
Quant aux roses, à jamais reconnaissantes aux poètes
Elles ont concentré ce poison

Qui sut donner à Rainer Maria le choc d'amour
Qu'un poète de Bassorah, cœur strié, plus tard,
Sollicitera vainement de la bouche d'un dieu muet
Le poète de la rose n'a pas été tué par la rose :
Elle lui a donné
« Son sommeil de personne en d'innombrables cils »

PRÉSENCE DE SAYYAB

De Djaykour à Daram
De Bagdad à Rome
Et en tous lieux qu'il n'a jamais visités,
Où son ombre rachitique
Sans pleurs ni jeux macabres
Poursuit sa danse de fantôme,
Vous pouvez voir un spectre sur béquille :
La béquille irradie de la chaleur du spectre,
Et tous les deux s'en vont par des sentiers de la forêt
Que seuls connaissent les enfants.

Kadhim JIHAD
Casablanca, 22 juillet 1990

Traduit de l'arabe par Serge Sautreau et l'auteur

A LANDSCAPE WITH RAINBOW

L'ENFER EST L'AUTRE

Tant que l'enfer est l'autre. Tant que l'on recrache
Son futur. Tant que l'on arrache les boutures
Du sommeil. Notre âge est d'ordure. Rien qui puisse
Nous tirer de la fosse commune de nos aubes.
Un jour l'homme est injure à soi-même. Fer rouge sur sa joue
Et soufflet sur la joue de Dieu. Ah vers l'Orient
Les incendies ! Les morts satellisés ! Le sable
Qui roule jusque dans la bouche du prophète.
On vend des alphabets d'os et de mains coupées.
L'écriture au pays de l'écriture n'est plus
Oasis de l'esprit mais contamination de l'aride.
Harar : une ombre maigre émigre de l'horreur.
Nul en ce monde d'encre où les miroirs sont de myopie
Ne voit la comète vers nous qui traverse l'Ethiopie.

RIMBAUD REVIENT

Rimbaud revient. Hors alchimie. Hors aventure
Au roc affreux. Creuset rouge et noir. Crâne de basalte
Fracassé d'où s'égrènent des grumeaux de lune.
Rimbaud revient décharné au négoce de l'impossible.
Dans le cratère de café de la Maison Bardey.
Phosphènes sur la mer les regards du Voyant
Fouillent les souks d'épices. Les souks du songe. Les facettes
De la géode Aden, cœur fibrillé (dans l'arrière-boutique
D'un zoroastrien qui trie les énigmes et les présages).
Citernes mortes de Saba. Jardins de lave. Carènes rouillées

De bateaux sans ivresse et déjà sans mémoire.
Rimbaud revient. Quelle porte de soif obscure ouvre l'inapaisé ?
Géographe en perdition de nos terres barbares,
Guidé par l'astre Hadramaout dans les nuits de Harar.

Aden, mars 1990

ISABELLE LA CATHOLIQUE

La sœur tisse la toile de l'inceste.
O Mante religieuse, Eurydice morganatique,
Castratrice posthume et morgue du poème.
La messe du Messie à la bouche du mort,
Cratère noir Aden va briser sa mâchoire.
Cachez cachez ce trou du cul dans le sonnet
Qui n'est — horreur — qu'un orifice de l'enfer !
Mentez lettres, mentez miroirs où Je n'est plus un autre
Mais un âtre où brûler les indices de l'interdit.
Que la jambe coupée d'Arthur, arc solaire, arche de l'énigme,
Enjambe les faux du réel — l'image et sa fosse commune.
Sœur censure la sœur sangsue arrache en fraude
Cette herbe du mal dans les mots. Or elle couvre un champ de mines
Qui explosent en nous sans fin. Et qui nous illuminent.

A LANDSCAPE WITH RAINBOW

Venu et revenu. Mais pas acquis... Mais pas tranché.
Pris du pays par l'œil, l'ourlet, le globule et le globe.
Désappris tout mon avoir-vu, la vaine vannerie
Des équinoxes, du lexique. Fut commissure
Avant d'élire connivence. Remâché. Rabâché,
Voyellerie d'enfer, voyure des concierges de l'inconscient.
Et plus on va plus on s'avale. Plus on s'imbrique
Au déchaussement du corps, au noyautage de l'espace,
Plus on divorce de soi — savoir, prescience, sueur.
Baptisé hors du nom. Non biographie. Non géographie.
Démobilisé de tous les faux-semblants d'avant-garde mobile,
Désintoxiqué des prétextes, louvoiements et vouvoiements,
A landscape with Rainbow — *sans autre Harar, Arabie heureuse ou*
[Golconde,
Que de n'être — ou renaître — à dévoyer l'obscur du monde.

Charles DOBZYNSKI

LA JAMBE COUPÉE D'ARTHUR RIMBAUD

1

Derrière les montagnes, les armées se rassemblent. On ne sait s'il faudra les arrêter ou fraterniser avec elles. On ne sait d'où elles viennent.

Certains disent qu'elles sont formées de tous les êtres qui nous hantent, qu'on n'a jamais pu dénombrer, qu'on ne connaît pas.

D'autres assurent qu'elles sont des restes de dieux perdus, inutilisés, enfouis dans des mémoires elles-mêmes oubliées à jamais.

Tantôt, on espère un secours, tantôt, on redoute un combat fratricide.

De toute façon, nous ne savons qui nous sommes, qui nous répétons, qui nous inspire, qui nous perd.

Peut-être faudra-t-il lutter pour rien, briser amour et force.

Peut-être grimperons-nous jusqu'au domaine de la limpidité, heureux en face de la transparence.

Là pourrait cesser mon récit. Mais les ennemis pressent leur travail, ils nous méprisent, ils sont déjà en nous, ils sont nous-mêmes.

Etrangère à ce tapage, une forme verticale grandit jusqu'aux cieux, puis pénètre dans l'épaisseur de l'univers, et grandit encore.

Quelqu'un qui s'est éloigné de lui-même et qui semble, rebelle, se détacher de tout et de tous, écrit promptement sur le sable : c'est la jambe coupée d'Arthur Rimbaud.

Implorons le nouvel Atlas.

2

Le soleil entre dans la hutte noire.

Est-il encore temps de parler ?

Faut-il célébrer un culte chimérique qui inventerait l'histoire de toutes les nouveautés ?

Je découvre la demeure cachée dans les signes, légère construction qui peut brûler dans l'âme avec une violence insoupçonnée.

J'honore les infortunés, l'automne plonge dans leur sang, puis se retire sans comprendre qu'il les a consacrés à une semence barbare.

Je n'aurai jamais de victoire, l'amour, interprète des cœurs en joie, répand sur ma route un air empoisonné.

Plus de pudeur, je vais hurler dans ma hutte, remplir les bois de mes plaintes, arracher la langue qui palpite en moi, la cracher sur la terre comme un serpent qui cherchera à rejoindre l'autre moitié de l'être auquel il appartient.

Est-ce le temps ? Est-ce l'endroit ?

Je ne suis en usage nulle part, aucun mystère ne me fera comprendre ce qui se passe réellement, je m'agite pour le mauvais motif, je m'oppose à ma fuite, je m'indigne pour une peccadille alors que chaque larme versée, dans son innocence factice, viole contre son gré les lois du bien et du mal.

Le père ne conservera pas son fils, je ne reverrai pas mes filles, Ariane, Béatrice, Flore, Laure, Léda, Ophélie, je les retrouverais que je les empoisonnerais, comme je tue les enfants qui se sont enfuis des villes assiégées et qui frappent à la porte de ma hutte.

Je suis l'envoyé du fléau auquel j'ai cru échapper et qui, sans que je l'eusse voulu, m'a retourné contre moi, contre l'humanité entière.

Mon seul courage : accepter la mort de mes songes devenus hostiles à mes desseins de paix et de calme pour tous.

Depuis longtemps, ma bouche a cessé de parler, et si l'étoile brille encore, qui croit conserver la chaleur de mon corps, c'est pour mieux abuser la vie empêtrée dans ses tragiques métamorphoses.

Fleur de l'âge : à la mort de ne rien décider.

La fenêtre est fermée à jamais, le moignon saigne encore, aspirant soleils, voix prophétiques, obstacles, issues.

3

Je ne suis pas le mouvement qui aurait pu sauver les légendes, je suis de toutes les directions qu'on modifie sans cesse.

Le repos m'est douleur, j'éclos, je n'attends pas l'horloge mystérieuse d'un dieu intercalé dans nos espoirs, j'habite l'anonyme empreinte, l'absence de dimension.

Saltimbanque devant les portes condamnées, je me veux paisible : je sais que l'humanité ne mûrit que de ses amertumes.

Loin de moi ce qui appartient à mes semblables, ce qui les fait courir, ce qu'ils croient inventer, loin de moi la santé imaginaire.

Je sors de la jambe toujours vaillante de celui qui me nourrit et dont je fais l'éloge.

Quoique je n'aie jamais rencontré la transparence et les plaisirs qu'elle m'eût offerts, je devine que si je dis : « Où vas-tu ? », c'est l'étendue livrée à l'étendue pleine d'elle-même qui transformera mon innocente question en acte perpétuel.

Mon foyer n'a pas de fenêtre.

Je me froisse, je suis trop excessif, mais les pierres, je les vois blanches, et quelqu'un d'autre aussi, larve dorée et large qui grandit, qui grandit, dans le nid que propose, à tous ceux qui veulent de nouvelles façons de mentir ou de feindre, la jambe coupée d'Arthur, solitaire veilleuse d'une patrie égale à l'univers.

Ni réalité ni mystère, monstre antérieur à ma chute, je m'appelle rêve retrouvé, fraîche mort.

Je ne répondrai pas aux quêtes ambitieuses de ceux qui ont voulu mettre de l'ordre dans nos soleils imaginaires.

Je les renvoie à la trajectoire incohérente de leur mémoire infidèle, de leur image trahie, et sur ces derniers mots, alors que j'entends crépiter des éclairs encore invisibles sur terre, j'enfourche la jambe coupée de Rimbaud et je m'élance, sans inquiétude ni enthousiasme, dans les interstices d'un temps qui n'est pas encore né.

Etrange opacité d'un destin qui, de toute façon, ne fera le bonheur de personne.

4

Là, les coupables me rendront ma beauté.

On reconstruira toutes les villes.

Que de soins seront dispensés, pour que des airs, surgissent de graves paroles !

On sortira du sommeil, c'est moi qui vous conduirai.

L'âme la plus retirée s'ouvrira, en plein soleil, sans honte.

C'est elle qui remarquera l'arrivée de celui qui osera se demander si parfaite peut être la beauté.

On se retirera devant elle, je saurai en persuader mes amis.

Mais voilà que du ciel tombent des écailles purulentes.

Il faut changer de route.

Folie de cette procession que le tonnerre vient de changer en terreur.

Espérer suivre la ligne, la courbe douce de la vitesse, si parfaite qu'elle soit.

Une citadelle de plomb emprisonne la lumière, plus de coupables, seulement des victimes.

Richard ROGNET

RIMBAUD ET LAWRENCE

Rival sans égal
Insulaire sans île
Macrocéphale et
Bon jusque dans le mal
Assoiffé d'utilité
Unique en tout
Dé lancé partout

Lapidé par lui-même
Attelé au sort des hommes
Wagon d'Arabia deserta
Revenu de ses propres apories
Enivré d'une pureté
Née du respect des corps
Ce direct descendant de l'autre
Enrage-courage l'utopie même :

Liberté libre *à forer chaque jour*

Alain JOUFFROY

FABLES DE L'ABSENT

La vieille dame évite toujours de passer devant le buste du poète érigé à l'entrée du square qui fait face à la gare.

Amusés, des jeunes gens lui en demandent la raison. Elle maugrée : « Je ne veux pas avoir affaire au Commandeur ! » Ils s'esclaffent.

La nuit suivante les voici, passablement ivres, devant le buste. Invitations pressantes. « Viendras-tu dîner avec nous ? » Ils trinquent à la santé de leur hôte impassible. Au retour, dans les rues désertes de Charleville, ils entendent derrière eux un pas formidable qui ne se rapproche pas, mais tend à s'enfoncer en terre.

*

Je fis la connaissance d'un acteur qui interprétait une sorte d'aventurier fiévreux échoué à Aden dans un film médiocre.

Il me jura s'être peu intéressé à son rôle.

Sollicité par un projet plus conséquent, il s'était contenté de suivre sans broncher les directives du metteur en scène afin de s'échapper au plus vite.

De lui je reçus par la suite quelques lettres. Il menait une honnête carrière.

Une seule fois je lui trouvai une ressemblance avec le négociant illustre.

C'était sur une photocopie défectueuse placée dans la vitrine d'un cinéma.

Son visage se réduisait à une tache claire dans laquelle les yeux opéraient une trouée charbonneuse. Il se tenait droit dans un costume de toile.

*

« Il y a de l'or, sûrement, je le trouverai. »

La petite délégation de journalistes suit un homme qui ne cesse de consulter une carte surchargée de signes colorés.

« Il n'est pas revenu pour rien à Roche cet été 1891. »

Il creuse enfin la terre, non loin d'un ruisseau. Cela dure presque une heure pendant laquelle les journalistes observent le silence.

Enfin l'homme se redresse. Le trésor n'est pas là. Ses hôtes ne sourient pas ; ils s'éloignent.

Que s'est-il passé ici ?

*

A table un jeune éditeur déclare qu'il s'apprête à publier des inédits d'Arthur Rimbaud. Stupeur et incrédulité narquoise. Est-ce une farce ?

(Quel sens peut bien avoir cette farce ? Pris sans doute d'un étrange sentiment de complicité les hôtes de l'éditeur le félicitent d'avoir au moins gardé jusqu'ici son sérieux comme s'il croyait vraiment détenir quoi, un paquet de lettres conservé par plusieurs générations de collectionneurs jaloux, toujours sur le point de révéler leur secret ou de détruire en gémissant la liasse, — enfin l'éditeur sourit en imaginant peut-être ses hôtes sous les traits des ardents passeurs de lettres en ce moment serrés autour de la quelconque pierre tombale.).

Jean-Marie LE SIDANER

L'ESPRIT DE CONSUMATION

« C'est le feu qui se relève avec son damné. »

(Nuit de l'enfer)

à contre-nuit
jusqu'aux rafales d'impersonnel
dans le toi du séisme

à contre-nuit
jusqu'au monde-en-creux
pour écouter la voix sans voix

à contre-nuit
parmi les éboulis de l'être
vers la fracture d'amour

à contre-nuit
de mon âme à ton âme
pour ciseler les virus de la vie

à contre-nuit
à contre-non
pour franchir la ligne des comas

à contre-nuit
en décombres de vitesse
vrillé à la nuque du monde

Zéno BIANU

« RINÇURES » POUR A.R.

Une rivière verte lente basse et jaune
où le frêle bateau défait de ses amarres
ivre de liberté se crut sur l'Amazone
telle est la Meuse. Et cette ville grise autour
n'a pas de port. Et cette âme n'a pas de havre
à Charleville. Elle s'est posée sur la mer.

*

Nous sommes allés voir quoi
sous la pluie au cimetière
de Charleville chercher qui
sous la dalle n'a plus son or ?
Dites qu'ont-ils fait de la jambe
fourbue noircie par les déserts ?

Frédéric-Jacques TEMPLE

RIMBAUD L'ENFANT PERDU

Une pièce de Pierre Grève et Victor Camarat

AVANT-PROPOS

Ouvrir un placard plein de papiers de toutes sortes chez une charmante vieille dame qui surveille cette invasion d'un regard à la fois compatissant et quelque peu effrayé, approcher une chaise et y grimper pour prendre au hasard mais du premier coup, sur le rayon supérieur, un texte inédit de la qualité de la pièce dont nous avons extrait ce qui suit, n'est-ce pas le rêve de tout chercheur ? C'est précisément ce qui m'est arrivé en août 1990. Une preuve de plus que le hasard, chez le chercheur, est toujours minutieusement préparé, car j'avais beaucoup insisté pour lire les quatre pièces, dont trois inédites, de Pierre Grève et Victor Camarat auprès de Madame Pierre Guerre, devenue une amie pendant mes préparatifs de la publication, aux éditions Sud de Marseille en 1990, du merveilleux Portrait de Saint-John Perse *de son époux, décédé subitement en 1978.*

C'est que le pseudonyme Pierre Grève cache justement l'identité de Pierre Guerre, avocat et bâtonnier au barreau de Marseille, tout comme Victor Camarat cache celui de son confrère Victor Chabrier, mort dans des circonstances tragiques quelques années auparavant. J'avais rencontré Pierre Guerre en 1976 et beaucoup sympathisé avec cet homme exceptionnel, avocat de profession mais aussi ami des surréalistes et auteur d'ouvrages sur Saint-John Perse et René Char, collaborateur assidu des Cahiers du Sud *comme de* Critique *dans les domaines de la poésie du monde entier et de l'histoire de l'art, collectionneur très remarqué notamment pour les arts africains et japonais, professeur d'art non occidental à l'université de Provence et directeur-fondateur de la Fondation Saint-John Perse d'Aix-en-Provence.*

La rédaction de pièces de théâtre comptait sans doute davantage dans la vie créatrice de Victor Chabrier que dans celle de Pierre

Guerre. Ils en écrivaient quatre ensemble, dont trois jouées avec succès : Rimbaud l'enfant perdu *créé par Georges Rollin à Paris, au Théâtre de l'Abri, le 24 janvier 1939, une adaptation d'*Hamlet *en 1943 (arrêté par l'occupant à cause du « Partons en Angleterre »), et* le Revolver de Venise *présenté au Théâtre Gramont en 1946 et publié dans* Les Œuvres libres *n° 239 (nouvelle série n° 13) la même année.* Il n'y a plus de roi, *dont le sujet est la libération de l'Espagne au temps de la reconquête, et que Pierre Guerre considérait leur meilleure pièce, n'a été ni joué ni publié. Séduits par d'autres écritures, pris par d'autres obligations, ils se détachaient du théâtre et délaissaient leur rédaction partagée. Leur collaboration étroite avait eu son heure. Mais pour être considérée par Pierre Guerre comme une parenthèse dans son œuvre, cette écriture, grâce en partie à sa liberté et à son aisance même, ne nous paraît pas moins aujourd'hui d'une qualité exceptionnelle.*

Notre découverte de Rimbaud l'enfant perdu *et la publication de ces extraits font nourrir l'espoir qu'un éditeur s'intéressera à la publication intégrale de ses neuf tableaux et qu'une troupe en fera une nouvelle mise en scène. La pièce fait revivre la période allant des bancs du collège de Charleville jusqu'au départ de Rimbaud pour l'Orient. Le lecteur découvrira ici des scènes extraites du troisième tableau, l'arrivée de l'homme aux semelles de vent chez les Verlaine, à Paris.*

Par rapport au texte retrouvé, copie carbone d'une frappe dactylographiée, nous nous sommes permis, outre la correction de coquilles, une modification dans les pages qui suivent. Elle concerne le quatrain cité par Charles Cros à la deuxième scène du troisième tableau. L'original donnait une strophe du « Bateau ivre » (« Glaciers, soleils d'argent... ») pourtant impossible en l'occurrence puisque Rimbaud devait l'apporter avec lui à Paris et que cette scène a lieu avant son arrivée. C'est un détail qui aurait pu offusquer les spécialistes. Nous avons donc remplacé ce quatrain par un autre tiré du poème « Les Sœurs de charité », que Rimbaud avait préalablement envoyé à Verlaine.

On doit la redécouverte de ce texte à la grande amabilité de Madame Gisèle Pierre-Guerre, à qui va toute notre gratitude pour avoir accueilli notre enthousiasme sans doute souvent importun, pour avoir répondu à nos nombreuses questions tant orales qu'écrites et pour avoir accepté de livrer à la publication ce document vivant.

Roger LITTLE

TROISIÈME TABLEAU

Octobre 1871. A Paris, rue Nicolet. Dans l'appartement des Mauté de Fleurville, beaux-parents de Verlaine. Un petit salon très meublé : tables-guéridons chargés de bibelots. Velours, peluches, pompons.

SCÈNE 2

MATHILDE, VERLAINE, CROS

VERLAINE. — C'est toi ! Tu ne l'as pas trouvé ?
CROS. — Non ! Bonsoir Mathilde ! Il est perdu, notre poète.
VERLAINE. — Où l'as-tu cherché ?
CROS. — Partout... même dans la rue... Laisse-moi m'asseoir.
VERLAINE. — Alors ?
CROS. — Je l'ai cherché partout... partout où ce noble provincial pouvait être.
VERLAINE. — Tu es resté longtemps à la gare ?
CROS. — On ne voyait que moi. J'ai interrogé les cochers d'hôtels et les garçons du buffet. Vainement. J'ai même rencontré Courbet, sac au dos avec ses toiles.
VERLAINE. — Mais lui ?
CROS. — Tu comprends bien qu'il n'est pas facile de trouver quelqu'un que l'on ne connaît pas.
VERLAINE. — Moi non plus, je ne l'ai jamais vu.
MATHILDE. — Aussi, vous ne l'avez pas trouvé.
CROS. — Toi encore, il pouvait te reconnaître. Il a dû avoir ton portrait dans la revue. Tu as une tête qu'on n'oublie pas.
VERLAINE. — Il faut croire qu'il l'a oubliée.
CROS. — Mathilde, comment l'imaginez-vous, ce poète ?
MATHILDE. — Oh, moi... Je ne sais pas.
CROS. — Barbu, comme Jean Aicard ou Pelletan ?
MATHILDE. — Comme tout le monde.
VERLAINE. — On ne peut pas être comme tout le monde, quand on a écrit des vers semblables.
CROS. — Je te rapporte ceux que tu m'a prêtés vendredi. Tu as raison. Ils sont, comme tu dis, d'un beauté effrayante. J'en parle à tous les amis ; *(à Mathilde)* vous les avez lus ceux-là ?
MATHILDE. — Non, pas encore.
CROS. — Ecoutez ça, Mathilde. C'est étonnant... Tenez :

> Aveugle irréveillée aux immenses prunelles
> Tout notre embrassement n'est qu'une question :
> C'est toi qui pends à nous, porteuse de mamelles ;
> Nous te berçons, charmante et grave Passion.

Ça ne ressemble à rien de tout ce qu'on connaît !
MATHILDE. — Moi, je préfère ceux de Paul...
CROS. — Ils sont très bien, ceux de Paul... Mais ça, Mathilde, c'est autre chose... Je n'ai jamais vu des mots prendre un sens aussi fort.
VERLAINE. — C'est génial !
MATHILDE. — Croyez-vous qu'il viendra, Charles ?
CROS. — Il a dû manquer son train... Nous l'avons bien manqué nous autres, dimanche, pour aller à Etampes..
VERLAINE. — Où peut-il bien être ?...
MATHILDE. — Et mon canard !
CROS. — Comment ?
MATHILDE. — J'ai fait préparer un canard aux navets. Je pensais qu'il aimerait ça.
CROS. — Nous le mangerons tous les trois. Je reste tout de même à dîner ?
MATHILDE. — Bien sûr.
CROS. — J'ai très faim... Et toi ? Eh bien, tu ne dis plus rien, Verlaine ?

(On frappe à la porte.)

UNE SERVANTE. — Monsieur, un jeune homme vous demande.
VERLAINE. — C'est peut-être lui.

(Il se lève vivement, traverse la scène pour aller vers la porte. La porte s'ouvre.)

SCÈNE 3

MATHILDE, VERLAINE, CROS, RIMBAUD

Paraît Rimbaud. Il est vêtu d'un costume neuf et étriqué. Son pantalon trop court laisse voir des chaussettes de coton bleu. Il s'avance.

RIMBAUD. — C'est moi... Rimbaud.
VERLAINE. — Rimbaud !
CROS. — Le voilà !
MATHILDE. — *(S'avançant.)* Monsieur Rimbaud...
VERLAINE. — Quand êtes-vous arrivé ?
RIMBAUD. — A deux heures.
MATHILDE. — Tout s'explique... Paul croyait...
VERLAINE. — Ma femme... Mon ami, Charles Cros, un poète...
CROS. — Et qui admire vos vers...
RIMBAUD. — Ah !...
VERLAINE. — Il fallait venir plus tôt, Rimbaud...
RIMBAUD. — J'ai marché dans Paris...
CROS. — Et nous l'attendions gare de l'Est !
VERLAINE. — Oui, nous vous avons attendu à la gare...
RIMBAUD. — Je suis vite sorti. Je n'aime pas les gares. On m'a arrêté sur le quai.

VERLAINE. – Quand ?
RIMBAUD. – Autrefois...
MATHILDE. – Vous avez fait bon voyage, Monsieur Rimbaud ?
RIMBAUD. – Non.
MATHILDE. – Vous savez que vous logez chez nous.
RIMBAUD. – Oui.
MATHILDE. – Où sont vos bagages ?
RIMBAUD. – Mes bagages ? Je n'en ai pas. Moi, avec des bagages !
CROS. – Mais... vos vêtements ?
RIMBAUD. – Voilà. Il est tout neuf, ce costume. Ça a été dur pour le faire payer par la mère Rimbe...
MATHILDE. – Madame votre mère ?
RIMBAUD. – Oui.
MATHILDE. – Elle se porte bien ?
RIMBAUD. – Très bien.
MATHILDE. – Vous avez des frères et sœurs ?
RIMBAUD. – Oui.
MATHILDE. – Plus âgés que vous ?
RIMBAUD. – Oui... Alors c'est ici que vous habitez, Monsieur Verlaine.
VERLAINE. – Oui.
RIMBAUD. – C'est drôle. C'est comme chez moi, à Charleville... en plus riche. Il y a aussi des cache-pots sur la cheminée. Il y a donc partout des cache-pots ?
MATHILDE. – C'est une très jolie ville, je crois.
RIMBAUD. – Supérieurement idiote.
CROS. – C'est ce que je pensais. Vous avez raison de venir à Paris.
VERLAINE. – Vous y êtes déjà venu une fois ?
RIMBAUD. – Non. Deux fois. La deuxième fois pas longtemps. On m'a arrêté en arrivant sur le quai de la gare.
VERLAINE. – Ah ! Pourquoi ?
RIMBAUD. – J'avais une tête révolutionnaire.
CROS. – C'était pendant la Commune ?
RIMBAUD. – Oui. On m'a bouclé deux jours à Mazas. *(Un temps.)* Vous savez, Monsieur Verlaine, je n'ai pas d'argent.
MATHILDE. – Mais... Monsieur Rimbaud, nous sommes très heureux de vous recevoir. Paul a dû vous le dire. Mes parents sont actuellement en Normandie et...
RIMBAUD. – *(Sortant une pipe de sa poche.)* Je fume.
MATHILDE. – Je vous en prie...
RIMBAUD. – Je fume beaucoup.
VERLAINE. – Voilà du tabac. C'est du tabac belge... C'est vrai que vous devez connaître ça à Charleville.
MATHILDE. – Asseyons-nous ! Nous sommes là tous debout...
RIMBAUD. – Non. Je veux me coucher.
VERLAINE. – Vous coucher ?

RIMBAUD. – Oui, je suis fatigué. J'ai beaucoup marché.
VERLAINE. – Mais...
MATHILDE. – Nous vous avons attendu pour dîner, Monsieur Rimbaud.
RIMBAUD. – J'ai mangé, je n'ai pas faim.
CROS. – Nous aurions voulu parler littérature.
RIMBAUD. – Vous trouvez bien ce que j'ai fait, Monsieur ?
CROS. – Très bien. Vous êtes un vrai poète.
RIMBAUD. – J'ai fait mieux.
CROS. – Il faut nous lire ça.
VERLAINE. – Après dîner.
RIMBAUD. – Non. Où est ma chambre ?
VERLAINE. – *(Pressant.)* Je voudrais vous parler, Rimbaud !
RIMBAUD. – Demain, Monsieur Verlaine. Nous sortirons. *(Un temps.)* Bonsoir Madame.
MATHILDE. – *(Désignant la chambre.)* C'est là.
RIMBAUD. – Bonsoir, Monsieur Verlaine. Bonsoir, Monsieur.

(Mathilde le conduit jusqu'à la porte de la chambre. Elle va prendre une lampe et pénètre.)

MATHILDE. – Excusez-nous... C'est la lingerie.
RIMBAUD. – Ici, il y a aussi une lingerie.
MATHILDE. – Je ne vous ai mis qu'une couverture. Je pense que vous n'aurez pas froid.
RIMBAUD. – *(Sur le seuil, il regarde la chambre et va pénétrer.)* Oh ! la même odeur que là-bas ! Et aussi le portrait.
MATHILDE. – C'est mon arrière grand-oncle.
CROS. – *(A Verlaine demeuré immobile.)* Verlaine ! *(Il lui tape légèrement sur le bras.)*
VERLAINE. – *(Bas.)* Laisse-moi.
CROS. – *(Bas.)* Comment le trouves-tu ?
VERLAINE. – *(Bas.)* Ne dis rien devant Mathilde.
RIMBAUD. – *(A Mathilde.)* Ce chien noir que j'ai rencontré dans l'escalier, il est à vous ?
MATHILDE. – Non. C'est le chien de la concierge.
RIMBAUD. – Ah !... Les chiens sont des libéraux... Bonne nuit.

(Il ferme la porte... Mathilde, Verlaine et Cros se retrouvent tous les trois. Un silence gêné.)

SCÈNE 4

MATHILDE, VERLAINE, CROS

CROS. – Le moins qu'on puisse dire est qu'il est bizarre.
MATHILDE. – C'est aussi mon avis.

VERLAINE. — Je vous l'avais dit. Il n'est pas comme les autres.
MATHILDE. — Moi, je préfère les autres... Venez... Nous parlerons de cela à table. Nous n'avons pas mangé nous autres. Venez... *(Elle sort.)*

SCÈNE 5

VERLAINE, CROS

CROS. — *(La suivant, à Verlaine.)* Dis-moi, c'est un petit voyou.
VERLAINE. — Moi je le trouve beau.
CROS. — C'est à se demander si c'est lui qui écrit ses vers.
VERLAINE. — Voyons ! Tu ne le sens pas ?
CROS. — Non.
VERLAINE. — Tant pis pour toi.
(Il sort comme à regret de la pièce. Revenant sur ses pas, il prend la lampe et jetant un regard rapide sur la porte de la lingerie, il sort. La scène reste vide un long moment et obscure. On entend les voix de Mathilde, de Verlaine et de Cros à la cantonade. Puis la porte s'ouvre. Rapidement Verlaine traverse la pièce dans l'obscurité, il heurte une chaise et vient frapper à la porte de la lingerie.)

SCÈNE 6

VERLAINE, RIMBAUD

VERLAINE. — Rimbaud ! Rimbaud !...
(La porte s'ouvre. Rimbaud, la chemise dégrafée, apparaît vivement éclairé, le salon étant resté obscur.)
Excusez-moi, j'ai pensé que vous auriez besoin de tabac. Vous fumez beaucoup.
RIMBAUD. — Merci, Monsieur Verlaine... Vous m'en avez déjà donné.
VERLAINE. — C'est vrai... J'avais oublié.
(Un long silence.)
Bonne nuit.
RIMBAUD. — Bonne nuit, Monsieur Verlaine.

RIDEAU

RIMBORAMA

Arthur Rimbaud, de « l'œuvre-vie » au « road-movie »

RIMBAUD-FICTION

Les anniversaires d'écrivains illustres se transforment fréquemment en déversoirs d'exégèses répétitives. Grêle de tant de mots qui ne prennent pas toujours de la hauteur, ou commentaires du commentaire devenu professionnel, selon l'ironique observation de Georges Steiner. Rimbaud n'échappe pas à la règle : les bandelettes d'un certain académisme le menacent d'une momification précoce, lui qui fut, par nature, insaisissable et irrécupérable, poète centrifuge s'il en fut. Certains s'acharnent à lester de plomb les semelles de vent du rebelle irréductible, du fugueur impénitent, du marcheur inlassable, qui, *Voyant*, se passait de marc de café... Le plomb des discours officiels, des récitations convenues, des « musiquettes » anesthésiantes, des chanteurs gainsbourgeois qu'à tout prix les médias veulent faire passer pour d'autre Arthurs, comme si le Rimbaud se fabriquait à la chaîne... de télé !

Le phénomène, il est vrai, n'est pas nouveau. C'est celui d'un rimbaldisme « circonstanciel » ou « de façade » : sa résurgence, si elle apporte rarement des éclairages neufs est aussi le rendez-vous des opportunismes où l'on entend bruire tous les ronrons de la routine et les ronflements des redites.

Déjà, vers 1943, à l'époque où Aragon écrivit *Pour expliquer ce que j'étais* [1], il revenait, avec un jugement dénué d'indulgence, à ce qu'avait été Rimbaud pour lui et ses amis surréalistes. Surtout, au-delà de Rimbaud, à l'étrange épidémie du rimbaldisme : « Je répète qu'il serait dérisoire de considérer le rimbaldisme qui réunit, opposa, et réunit encore tant d'esprits hétérodoxes, comme une idéologie. Il eut et a encore pour certains le rôle d'un compromis d'attente : il leur évite de choisir une idéologie définie, il leur permet de remettre toujours au lendemain de le faire. Je parle du rimbaldisme, non de la poésie de Rimbaud. Le rimbaldisme sera mort qu'elle subsistera, et n'en aura peut-être qu'une lumière plus pure. »

C'est qu'il existe une terrible tentation : ressusciter Rimbaud, tout au moins le rendre perdurable (père durable !). C'est sans doute à quoi rêve tout aficionado inconditionnel du poète, et le jeune Aragon lui-même, celui d'*Anicet et le panorama*[1] n'a pas échappé à ce vertige qui le conduisit, dans la fiction, à introduire comme « collage » un personnage pris du réel, mais réinventé. Cet étrange Arthur, rencontré au café par Anicet, est d'une intarissable loquacité. C'est sa vie qu'il raconte avec une fantaisie débridée. Mais son récit caracolant comporte de nombreux points communs ou allusions à la « vraie vie » un peu trop « absente » de Rimbaud, y compris ses démêlés avec un certain L*** (pauvre Lélian/Verlaine !) qui le « suivait comme un chien », ou des vagabondages africains qui ne décalquent certes pas l'itinéraire du Harar : ils lui font quitter les bras de la belle Hortense pour ceux de la Noire Gertrud, grâce à laquelle il apprendra que les grandes fourmis rouges « croient à l'immortalité de l'âme » et que les serpents nous enseignent « la véritable explication de l'hypnotisme ».

Ce n'est pas dans ce texte — qui a gardé toute sa saveur acide — qu'il faudra cependant rechercher la véritable explication de l'hypnotisme qu'exerça Rimbaud sur ses contemporains et surtout sur les nôtres, non point à la manière du serpent à sonnette, ou du serpent à voyelles, mais du reptile édénique qui se noue à l'arbre de l'inconnaissable, de l'incommensurable.

Une autre extrapolation « rimbaldienne » nous a été proposée en 1986, non point par un émule d'Aragon mais par un admirateur des Surréalistes. Dominique Noguez, dans *les Trois Rimbaud*[2] s'est diverti (pour notre plaisir, avouons-le) à imaginer un Rimbaud octogénaire, académicien chenu, le « voyou » qu'il fut ayant été oublié depuis son entrée chez les Immortels, en 1930. L'information de Noguez sur Rimbaud est sans faille, même s'il infléchit délibérément son patriarche vers un comique souvent hilarant. Il n'est pas absurde, pour autant, d'écrire :

> *On pourrait dire de Rimbaud en Abyssinie ce que Bernard Frank dit de Nerval en 1848 : « Il est à la recherche de ses rêves. Il va vérifier sur le terrain ce que sa tête invente » (ou plutôt, pour Rimbaud « avait inventé »).*

Sans en avoir l'air, sous le paravent d'une fable facétieuse et cocasse, Noguez nous livre pour les serrures multiples de ses *Trois Rimbaud* quelques clés habiles et d'utiles pinces-monseigneur...

ARTHUR PAR LA BANDE... DESSINÉE

Aujourd'hui, la saga rimbaldique que l'on a le droit d'appeler « Cycle d'Arthur » accède enfin à un moyen d'expression susceptible de la populariser auprès des petits et des grands : la bande dessinée. Réalisée par Agnès Rosenstiehl (artiste qui conçut pour *Europe* la plaisante couverture du numéro « Lewis Carroll »), la plaquette *Mots d'Europe*[3] met en effet le jeune Arthur (portraits solarisés) à la portée de toutes les pupilles de la passion. L'œuvre est d'abord éminemment pédagogique : elle permettra aux « phoneurs » de cinquante langues d'Europe, seraient-ce les moins usitées ou connues : le basque, le gallois, le gaélique écossais, l'arménien, le macédonien, etc., de trouver quelques interlocuteurs valables en employant à bon escient quatre phrases ou vers du *basic-rimbaud*, traduits dans ces versions polyglottes :

1) J'ai tendu des cordes de clocher à clocher. 2) Je suis jeune, tendez-moi la main. 3) A Noir, E blanc, I rouge, U vert, O bleu. 4) Faim, soif, cris, danse, danse, danse, danse.

Le tout est agrémenté d'une suite de délicieux dessins en couleurs illustrant cette micro-symphonie rimbaldienne, entrecoupée de poèmes et fragments, sans autre intervention que l'image. C'est résolument sans prétention mais combine le charme à la drôlerie : Rimbaud n'est pas ici statufié, mais, de langue en langue, identifié à ce qui résonne, remue, se colore et swingue sur tous les pieds de la prosodie...

ET LÀ, BORER...

Alain Borer appartient au petit nombre de ceux qui ont sonné le glas d'un rimbaldisme de bazar et de hasard. Le mythe était entretenu par ceux-là mêmes qui prétendaient avec fougue le dénoncer. Borer, lui, auteur du désormais célèbre *Rimbaud en Abyssinie*[3] et de *Un Sieur Rimbaud soi-disant négociant*[4], est allé sur les traces du « découvreur de l'amharique », au Harar. Il a vu. Il a vécu. C'est dire qu'il s'est littéralement identifié à Rimbaud, à sa démarche, à sa « chasse spirituelle », à sa quête, opiniâtre poursuite d'une chimère. Celle-ci a conduit le JE non pas à être un autre — il n'y a jamais eu, malgré ce que prétendit Ségalen, un « double Rimbaud », un Rimbaud d'avant et d'après, poète défroqué et Africain d'occasion — mais à l'extrême limite de lui-même et du possible.

Du coup, avec Borer, se produit une modification radicale de notre vue. Le phénomène dont je parlais, touchant le rimbaldisme, change de sens et de direction. Une alchimie nouvelle s'élabore, qui n'est point celle du verbe être, mais du verbe connaître : elle associe souverainement dans la recherche rimbaldienne l'observation directe à l'érudition, historique, géographique, scientifique, en un mot, et le sens poétique porté à son plus haut degré d'intuition et de prescience.

Avec Borer, le texte, analytique/synthétique, sous-tendu de lyrisme, est en même temps invention, métaphore, poème en avant de l'action. Après son *Rimbaud en Abyssinie* dont on se demande quelle catégorie inédite de la création il a inauguré, conjuguant l'inventaire scrupuleux, méthodique, la passion du détecteur et la symbiose intellectuelle la plus singulière, on assiste avec le « supplément » que Borer lui apporte, *Rimbaud d'Arabie*[3], à une espèce de réincarnation, de mirifique « mentir-vrai » où, de la fiction, écrite comme un roman d'apprentissage de l'utopie, la réalité se dégage et sort comme « lavée » de cette parfaite reconstitution.

Alain Borer prend en filature l'ombre de Rimbaud dans son périple sur la côte occidentale de l'Arabie et la côte orientale de l'Afrique le long de la mer Rouge, de Port-Saïd à Alexandrie, Djedda, Hodeïda, Obock, Zeïla et enfin Aden. Il le retrouve à Aden Camp, dans le quartier de Crater, au cœur du volcan, ce « roc affreux sans un brin d'herbe ni une goutte d'eau bonne ». Rimbaud, malgré ses rouspétances réitérées y résida, de façon intermittente, pendant une dizaine d'années, jusqu'à son embarquement, jambe perdue, sur l'*Amazone*, en 1891. Aden fut-il le « lieu » sinon la « formule » de cet « homme pressé » en quête perpétuelle d'un Graal qui n'était sans doute qu'en lui-même, sa propre imagination ?

Dans la maison de l'agence Bardey, Rimbaud s'installa d'abord pour surveiller le tri et l'empaquetage du café. Et puis, de nouveau, « C'est la vraie marche. En avant route ! »[5]. Alain Borer nous fait accomplir, en poète qu'il est lui-même, doué de *longue-vue* et de *langue-vie*, une impressionnante croisière dans le temps et l'espace où chaque détail, chaque décor, chaque nom (arabe ou somali) est minutieusement ausculté, désigné. Que cela concerne le climat, le commerce, le trafic d'armes, la navigation, tout porte le sceau de la précision, de la véracité. Ce livre, simultanément, nous emporte sur le Nil d'une immense songerie...

Cette songerie depuis longtemps entreprise, approfondie, sans cesse rapportée au texte rimbaldien qui la balise, on la voit également se déployer avec plus d'ampleur encore dans un autre ouvrage que Borer publie presque au même moment, *Rimbaud : l'heure de la fuite*[1]. La réflexion de l'auteur embrasse pratiquement ici tous les aspects de ce qu'il appelle « l'œuvre-vie » de Rimbaud (et que l'on peut dire en même temps son « road-movie »), afin d'y souligner l'absence de césure — non point de rupture, ce qui n'est pas la même chose — l'intime cohérence entre ce que préfigure allégoriquement le texte rimbaldien et ce que son choix existentiel met en cause et en mouvement de manière permanente.

Cette réflexion, ponctuée par les beaux dessins en couleurs d'Hugo Pratt (le maître ès-B.D. est allé lui aussi en Ethiopie et il sait voir autant qu'il nous donne à voir), se trouve un peu corsetée dans les mailles du dispositif de mise en page et de typographie d'une collection, « la Découverte », fameuse pour l'originalité de sa présentation mais qui a, dans ce cas particulier, l'inconvénient d'émietter à l'excès un texte très dense et nourri de multiples références. C'est agaçant, certes, mais pas déterminant : il faut lire Borer pour ce qu'il nous dit d'essentiel, de fulgurant parfois, fondant plus que quiconque la théorie de l'unité rimbaldienne.

Son étude multicéphale, de surcroît, est toujours inscrite, voire brodée, dans le somptueux tissu d'un langage qui fait pièce à celui des essais, un langage effervescent, de vues plongeantes, de citations, de raccourcis, de jeux de mots, qui loin de lui nuire viennent étayer l'examen radioscopique de l'œuvre-vie de Rimbaud : surgissement, contradictions, adieu au monde, départ, fuite en avant, génie sans gémir, le poète sans relâche, par le rêve, en avant de l'action.

LA « LIBERTÉ LIBRE »

Deux livres aussi d'Alain Jouffroy ! Passons d'Alain à l'autre, dans cette fête rimbaldienne de l'anti-mystification. Les deux livres sont tout autant complémentaires que ceux de Borer, comme les deux ailes d'une pensée qui ne survole pas, mais, volant en altitude, œil de radar, voit mieux et autrement se dessiner la topographie, avec ses lignes d'aimantation, ses lignes de force, ses cassures, ses strates, les contrastes de ses friches et de ses emblavures.

Arthur Rimbaud et la liberté libre[6] et *Je suis ici dans les Gallas*, chez le même éditeur, semblent au premier coup d'œil — mais c'est un trompe-l'œil ! — deux affluents du fleuve Boreral... Certes, ils abondent dans le même sens — vers le même delta — mais leurs flots sont aussi dissemblables que ceux du Wangpu et du Yang-Tsé lorsqu'ils se rencontrent et se côtoient près de Shangaï, l'un vert sombre et l'autre jaune d'argile...

Là où Borer définit une « œuvre-vie », Alain Jouffroy parle d'une « œuvre-voie ». On verra qu'il s'agit de beaucoup plus qu'une nuance ou une homophonie complice. Comment résumer le travail de Jouffroy — que préface Borer ? Il me paraît fondamental : je veux dire qu'il laboure de fond en comble, sillonne, arpente comme nul autre tout le territoire rimbaldien, œuvre et vie entrelacées, soumises à la même échographie, avec un sens aigu de la dialectique de l'être, de l'individuel, c'est-à-dire de celui qui est levain (et parfois devin) de ses contradictions. Dans l'enfant-homme Rimbaud, Jouffroy discerne ce qui le caractérise, l'anime, l'écartèle, de la carence qui le marque à la sublimation qui lui permet de dépasser ses propre souffrances, d'affronter avec stoïcisme les plus terribles revers, de vouloir à toute force une issue au néant même de ses rêves avortés.

Alain Jouffroy qui appartint au groupe surréaliste, proche de Breton, puis ami d'Aragon, récuse, très loyalement, certaines préventions du surréalisme orthodoxe. Pour lui, Rimbaud n'a ni « trahi » ni « trompé » sous prétexte qu'un Claudel aurait tenté de l'annexer au catholicisme. Rimbaud, il l'admet, échappe inéluctablement à ceux qui s'évertuent à l'enfermer dans un dogme ou une idéologie. Jouffroy, néanmoins, fidèle à ses options de révolutionnaire, sait admirablement distinguer dans le destin de Rimbaud, « noyau infracassable » de la poésie, parangon de la rupture, haute tension constante de la « liberté libre », cette notion qui émerge, en 1870, d'une lettre à son professeur Izambard :

Que voulez-vous, je m'entête affreusement à adorer la liberté libre et... un tas de choses que « ça fait pitié » n'est-ce pas ?

Il s'agit là, selon Jouffroy, d'un « pari sur une action utopique et sans fin, une volonté de dépassement qui est allée jusqu'à vouloir surmonter l'idée même du dépassement ». Jouffroy s'attache à analyser l'influence « télépathique » du « père absent », Frédéric Rimbaud, capitaine en terre d'Algérie, traducteur du Coran, connaissant donc à fond la langue arabe qu'Arthur, plus tard, maniera à la perfection, comme il saura découvrir l'amharique, langue du plateau central d'Abyssinie. Le mirage de l'Orient islamique est constamment en filigrane dans les textes du poète (il voit un minaret de mosquée à la place d'une cheminée d'usine...), c'est le pôle magnétique méridional et obsidional, invisible et puissant que pointent de nombreuses citations.

Si Rimbaud est le « fil cassé », ou le « fils perdu » d'un père démissionnaire (permissionnaire à l'occasion !), éclipsé dès sa petite enfance, lui-même, au cours de ses étapes d'oiseau migrateur rêvera de « renouer le fil », d'avoir un fils. Mais ce n'est pas à cette image paternelle qu'il s'identifie exclusivement. Alain Jouffroy démontre avec éclat — et je crois bien que c'est la première fois que l'on se hasarde si loin et avec des arguments si persuasifs dans cette hypothèse — que l'auteur d'*Une saison en enfer* n'a conçu et traversé cette région ténébreuse (Harar déjà, Harar mental, mythologique, calciné par un soleil noir) qu'en reprenant à son compte la quête d'Orphée. C'est ainsi qu'il devint un « opéra fabuleux » (l'*Orfeo* de Monteverdi, ou *l'Orphée* de Glück ?). Jouffroy écrit : « Les deux chapitres de "Délires" : Vierge folle et Alchimie du Verbe, sont une libre transmutation du mythe de l'incursion d'Orphée en enfer. » Il ajoute plus loin : « En renonçant dans la *Saison*, à ces pouvoirs, Rimbaud se désidentifiant d'Orphée se condamne à renier son statut de mage et est *rendu au sol avec un devoir à chercher et la réalité rugueuse à étreindre !* »

La rupture est ainsi contenue dans la fusion. J'en trouve une autre preuve, à laquelle Jouffroy n'a pas songé, dans les *Sonnets à Orphée* de Rainer Maria Rilke[7]. Les ayant traduits en français, je n'eus pas à faire un effort excessif pour retrouver ceci, dans le sonnet V, qui m'apparaît comme une *illuminante métaphore* de la destinée de Rimbaud, que Rilke ait ou non fait allusion à l'orphisme du poète français :

> *O le comprendrez-vous* qu'il lui faut nous quitter !
> *Même s'il doit souffrir l'angoisse de* sa fuite,
> *Tandis que sur l'Ici* sa parole prend suite,
>
> *Il est déjà là-bas où vous ne l'escortez.*
> Ses mains sont déliées des grilles de la lyre,
> Passer outre *pour lui c'est encore obéir.*

J'ai souligné ce qui dans ces deux tercets s'applique si extraordinairement à Rimbaud : on ne pouvait mieux dire ! Alain Jouffroy, toutefois, dit beaucoup plus et il faudrait pouvoir tout citer de la profusion d'idées parfois dérangeantes, souvent audacieuses, et des formules-choc par lesquelles, de bout en bout, le poète de *Trajectoire*[1] et d'*Eros déraciné*[8] dissèque, dans sa complexité, et parcourt en la débroussaillant « l'œuvre-voie » du Voyant voyageur, jusqu'à ce panache final :

> *Ce sont les mots qui, en limitant le moins le sens de toute son entreprise, font d'elle et pour nous : un viatique révolutionnaire jusqu'à la mort,* la machine aimée des qualités fatales.

RIMBAUD L'AFRICAIN

Si l'on peut d'ores et déjà voir en *Rimbaud et la liberté libre* un ouvrage capital pour ce qu'il manifeste d'empathie, de préhension, d'intelligence du texte et du contexte, pour l'équité et l'équilibre avec lesquels il situe ce qu'est pour nous Rimbaud, ici et maintenant, il ne faut pas manquer, d'autre part, sa suite logique : *Je suis ici dans les Gallas*. C'est une phrase de Rimbaud qui donne son titre à cette exploration, à partir de la correspondance d'Afrique et d'Arabie, de toute cette partie de l'œuvre-voie que l'on a voulu jeter à la voirie, comme si elle était frappée de nullité, d'interdit, de malédiction pour délit de non-poésie ! Jouffroy fait justice de cette interprétation si longtemps répandue et archi-fausse. Une autre écriture de la réalité, une écriture documentaire, ethnographique (Michel Leiris cesse-t-il d'être poète quand il écrit *l'Afrique fantôme ?*) prend forme dans le « Rapport sur l'Ogadine », la « Lettre au directeur du *Bosphore égyptien* », « l'Itinéraire de Harar à Warembot », et tant de lettres, parfois bouleversantes, que l'on a trop vite remisées dans les archives d'une biographie amputée. Elles sont hors littérature ? Oui ! Mais l'objectif de Rimbaud n'a jamais été la réussite littéraire ! Leur écriture a ses racines dans *l'imaginaire d'avant*, sinon dans le langage illuminé. C'est comme si le même cinéaste était l'auteur de *Métropolis* (Fritz Lang) et de l'*Homme à la caméra* (Dziga Vertov). Certes, il ne s'agit pas de transformer le poète des « anciens parapets » en un Humboldt africain (encore qu'il y ait quelque chose d'Humboldt dans sa prose), mais de ne pas accepter l'absurde néantisation du Rimbaud d'Aden. Remise à jour, grâce à l'ingéniosité du montage des lettres et de leur commentaire, que réussit à merveille Alain Jouffroy.

RETOUR À L'ŒUVRE

Je ne puis que saluer en passant l'admirable ouvrage de Steve Murphy *Le Premier Rimbaud, ou l'apprentissage de la subversion*[9] qui fait par ailleurs l'objet d'un compte-rendu de notre collaborateur Jean-Paul Corsetti. De ce dernier, il convient de signaler la réédition de *Femmes Hombres*[10] de Verlaine, ces poèmes érotiques scabreux mais pas toujours superbes que l'on avait trop longtemps tenus « sous le manteau ». La présentation de Corsetti et Jean-Pierre Giusto les remet dans leur lumière et leur époque, ce qui est appréciable.

L'étude de Steve Murphy est une somme quant au Rimbaud des premiers vers, étudié sous tous les angles avec une perspicacité sans défaut. Parmi les surprises qu'il nous réserve, je ne puis m'empêcher de prélever celle-ci : la publication du poème « La Muse des méphitiques » que Georges Izambard, le professeur et ami d'Arthur écrivit en réponse au fameux « Cœur supplicié », joint à une lettre et qui jetait un jour un peu trouble et énigmatique sur l'escapade de Rimbaud pendant la Commune. En voici un fragment :

Voici venir l'ère des pourritures
Où les lépreux sortent des lazarets.
O fleurs du Laid, rutilantes ordures,
Nous, fourrageant dans les monts d'épluchures
Voici venir l'ère des pourritures
Psalmodions l'hosannah des gorets !

A ce pastiche de Rimbaud, on voit comment se noue la complicité du poète et d'Izambard, destinataire de la lettre du 13 mai 1871 où le poète s'écrie :

Je serai un travailleur : c'est l'idée qui me retient quand des colères folles me poussent vers la bataille de Paris.

Complicité fondée sur une même répulsion à l'encontre de la société bourgeoise d'alors. Et cette répulsion attise, chez Rimbaud, la révolte définitive qui le rapproche un moment des Communards.

Cependant, le dernier recours, avec Rimbaud, sera encore et toujours son texte. L'édition en trois volumes des *Poésies, Illuminations, Vers nouveaux* et *Une saison en enfer*[11], permet une approche nouvelle, différente et plus novatrice que la Pléiade, grâce au prodigieux travail d'établissement du texte, des variantes, de critique analytique et globale, de chronologie et de bibliographie que l'on doit à Jean-Luc Steinmetz. Celui-ci est non seulement un érudit rimbaldien (qui vient aussi, chez le même éditeur de nous donner un complet *Isidore Ducasse, Comte de Lautréamont*) mais un poète que l'on sait depuis longtemps passionné par l'œuvre du Voyant de Charleville. Il nous permet d'en faire le tour et d'en pénétrer les arcanes dans trois études substantielles, rigoureuses et originales : « La mise au monde », « A l'heure des merveilles » et « Le livre du passage ». Lui aussi, entre autres regards scrutateurs, explore ce qui, chez Rimbaud, est reflet à peine atténué du flamboiement apocalyptique de la Commune :

> *Rimbaud — plus que Verlaine — sut forger quelques textes teintés par la lumière chimérique de l'utopie. Si les Communards, refusant le désastre de la Semaine sanglante, recréent à l'étranger un foyer intellectuel où l'on imagine la société future, Rimbaud, par des voies non politiques, mais poétiques, rejoint leur idée profonde.*

Il est remarquable qu'un critique lucide, mais généralement plus sceptique et précautionneux que Jouffroy, par exemple, aboutisse à des idées parentes... Il va de soi que tout ne se ramène pas à ce seul aspect, peu négligeable, du « devenir » rimbaldien. C'est tout Steinmetz qu'il faut lire, en lisant Rimbaud, et son impressionnant *appareil de notes*, qui est un engin à survoler en rase-notes toute la mappemonde du poète, où s'effectue la « très lucide conquête de la réalité que tente *Une saison* »

LA SOIF DE « L'ABSOLUMENT MODERNE »

La bibliothèque rimbaldienne tend à devenir babélienne ! J'ai vu celle d'Alain Borer : de quoi bâtir une pyramide de pages imprimées. Tant pis pour le catalogue, que j'ai voulu éviter ! Je m'en voudrais de ne pas au moins mentionner trois ouvrages qui, pour avoir devancé en 1989 l'actualité et le rallye du Centenaire, n'en conservent pas moins leur valeur et leur intérêt présent.

Poésies, de Rimbaud est la neuvième livraison d'une collection de poche[12] — « Orphée » : on ne pouvait élire plus significatif parrainage à Rimbaud ! — devenue irremplaçable par ses recueils, toujours bilingues, des classiques et modernes de tous pays, les Français y étant fort bien représentés. Le choix (limité par la stricte pagination du volume) porte exclusivement sur la poésie en vers de Rimbaud. Sans encombrement d'érudition, il est destiné à un large public. Ce qui frappe, c'est la préface de Jean-Marie Le Sidaner, écrite à Charleville, notons-le ! Elle répond très exactement à son objet, et nous entraîne dans une visite à vue cavalière de la ville natale du poète, sur le ton mixte ou doublement parodié de Marguerite Duras *(Hiroshima mon amour)* et Michel Butor *(La Modification)*. Toutefois, cette désinvolture apparente n'empêche pas le sérieux du propos, qui discute « l'anti-poétique » de Milan Kundera *(La vie est ailleurs)*, s'interroge sur la capacité de la poésie rimbaldienne de « saisir le réel dans l'instant où il coïncide absolument avec notre conscience » ou de « retourner la tradition poétique à la façon d'une peau », et, d'autre part, sur l'insertion multiple dans notre sensibilité d'une œuvre que le « féroce infirme » du Harar qualifia de « rinçures » :

> *Ces « rinçures » restent, imprègnent le sol de notre culture au point d'y laisser la trace d'une langue immémoriale. Il n'est pas un vers, pas une image de Rimbaud qui n'ait fourni le titre d'un livre, ou qui ne soit devenu un aphorisme courant, voire un slogan (« changer la vie »).*

Rimbaud, oui, demande toujours « l'impossible ». Mais comment parler de faillite lorsque la poésie que l'on disait « rinçures » prend racine et se ramifie en ce *terrain sûr* : la mémoire collective ?

Michel Butor, dans son essai *Improvisation sur Rimbaud*[12] a emprunté avec sa Range-Rover intellectuelle, ultra-agile et « mobile », la piste largement déblayée en 1984 par Borer et son *Rimbaud en Abyssinie*. Il développe à sa façon la thèse centrale de « l'unité », accordant peut-être une importance exagérée à certains témoignages et se montrant un peu trop soucieux de « réhabiliter » le rôle ambigu d'Isabelle.

Mais il traverse les apparences et les fantasmes rimbaldiens, le labyrinthe historique parcouru par le poète, en investigateur avisé et pertinent. Dans un style incisif, sans ambages, il met en évidence ce qui dans la correspondance « dédaignée » du Rimbaud abyssin révèle un « mode l'emploi » neuf de la langue littéraire, détournée de ses lieux communs, et qui garde mémoire de ses antécédents.

L'étude plus ponctuelle d'Antoine Raybaud, *Fabrique « d'Illuminations »*[3], s'attache à décortiquer la structure du texte rimbaldien avec les moyens de l'instrumentation universitaire de pointe et une remarquable exigence de pensée rationnelle et psychologique. Il démontre le fonctionnement formel et la dynamique interne des *Illuminations*, leur formidable faculté productrice d'innovation, à partir des prémisses contenues dans la *Lettre du voyant* : « Les inventions d'inconnu réclament des formes nouvelles. » On ne saurait négliger la richesse de matériaux et de vues décapantes qu'apporte ce livre à la prospective rimbaldienne.

Cette prospective a eu ses pionniers, parmi lesquels les compagnons du *Grand jeu*, René Daumal, Roger Gilbert-Lecomte et Rolland de Renéville dont l'essai *Rimbaud le voyant* (1929, réédition Thot, 1983), marqua un tournant dans l'étude rimbaldienne.

N'oublions pas non plus le pendant — ou la réplique indirecte — que lui donna en 1933 Benjamin Fondane avec son étincelant *Rimbaud le voyou* qui réfutait la plupart des thèses en cours, au moyen d'une analyse, voire une psychanalyse, de la subjectivité poétique. On se félicite donc de la réédition, préfacée par Michel Carassou, de cet ouvrage de référence qui était devenu une rareté [13].

Que peut-on constater, en conclusion, s'il est besoin de dresser un bilan ? Rimbaud n'a pas épousé la belle Abyssine noire qui vécut pendant quelques mois avec lui à Aden Camp. Il n'a pas eu le fils qu'il rêvait d'éduquer : « un ingénieur grand par la science ». Mais il ne fut pas, comme à Londres, un pauvre hère : sa fortune, huit kilos d'or, l'équivalent d'un million de nos francs, il la trimbalait dans sa ceinture, banque quasiment « incorporée » qui lui donnait la dysenterie et non le « repos » tant espéré. Rimbaud n'a connu de gloire que posthume, ni Académie, ni lauriers littéraires (le nomade avait ça en horreur !). Même ses articles d'observateur, suppose-t-on, ont été mis au panier du *Figaro* et du *Temps*. A-t-on le droit d'en déduire que, velléitaires ou non, tous ses actes furent *manqués* ? Que — volontaires ou non — il n'a connu que des *échecs* ? Certes pas ! La brèche qu'il a ouverte dans la poésie, regardez-la : elle est toujours béante ! Et Rimbaud a triomphé en cela même qu'il augura : il a été et ils reste pour nous *absolument moderne*.

Charles DOBZYNSKI

1. Gallimard. 2. Editions de Minuit. 3. Le Seuil. 4. Lachenal et Ritter.
5. « Démocratie » *in Les Illuminations*. 6. Editions du Rocher.
7. « La petite sirène » Messidor. 8. Le Castor Astral.
9. Editions du CNRS. Presses universitaires de Lyon. 10. Le Terrain Vague.
11. G.F. Flammarion. 12. Editions de la Différence. Editions Complexe.

CAHIER DE CRÉATION

VLADIMIR MAÏAKOVSKI

Philosophie de surface en lieux profonds

Je deviendrai
ou Dante ou édenté ;
j'écris,
je mange,
la sueur au dos.
Qui n'a pas cogité
sur la mer indomptée ?
Que d'eau.

Hier,
l'océan tempêtait,
rapace.
A présent,
gazouillis de mésanges.
Quelle différence !
Tout passe...
Tout change.

Un temps pour tout,
— y compris l'eau.
Marée basse,
marée haute.
Steklov,
son eau
lui rosit le stylo.
Pas ma faute.

Un poisson mort.
Ses nageoires ont l'air
d'ailes cassées.

Il flotte,
en équilibre.
Il flotte des mois,
il pourrit
à l'air
libre.

Direction Mexique.
Un cargo sous pression
qui en vient, nous croise,
nous salue,
nous lâche.
Faut ce qu'il faut.
Répartition
des tâches.

Un cri :
« Oh, la baleine ! »
C'est vrai, une baleine.
Comme un Bedny[1] *de mer,*
plus les dents de devant.
Sauf que Démian,
quand il est hors d'haleine,
fait moins de vent,

Les ans, c'est des mouettes.
Ils plongent par vagues,
se cajolant l'estomac de poissons.
Envolées, les mouettes.
Les oiseaux,
non, mais sans blague,
où y sont ?

Je suis né,
j'ai grandi
biberonné, docile.
J'ai vécu,

j'ai trimé,
traîné mes conneries.
Et la vie qui passe
comme ont passé les îles
Canaries.

3 juillet 1925, Océan Atlantique.

Traduit du russe par André Markowicz

1. Démian Bedny (Démian le pauvre) : poète officiel, très célèbre, et très mauvais. Il était, de plus, très gros.

LÉTIF HELMET

Le titre d'une ancienne comédie

ÉTOILE

Cette nuit-là
Un ruisseau hurla sa colère
Contre l'étoile.
Vous, pourquoi me léchez-vous
Chaque nuit le bout des seins
Et les vagues
Pourquoi jouez-vous sur ma poitrine ?
Vous, pourquoi, sans mon avis,
Confondez-vous vos chevelures
Vous embrassant et vous aimant ?
Vous, pourquoi peignez-vous
Vos cheveux sur mes cuisses ?
Pourquoi, quand tout le monde dort,
Continuez-vous de jouer et chantonner ?
Pourquoi enfin vous empoignez-vous
Devant moi ?
Ne soyez pas bracelet à mon poignet,
Que votre voix n'aille pas troubler mon sommeil.
Ne soyez plus dorénavant satin brillant
Sur mon gilet pâle.
Non !
Ne me mordez pas les lèvres,
N'écrasez pas mes ailes !
Dans l'autrefois lointain de notre existence
Le ruisseau était notre patrie.
Nous nous y promenions, nous y voyagions.
Personne ne pouvait nous lier les mains.
Là où il y avait une goutte d'eau,

Les ailes pouvaient battre.
On pouvait se baigner en groupe.
Le ruisseau devint glace,
Ses vagues sauvages gelèrent.
Le ruisseau dit
Que l'étoile verte et rose dorénavant
Devrait peigner sa chevelure en son giron
A l'heure encore obscure de l'aube.
Elle qui était la plume et l'aile de l'univers.
Vint un voyageur assoiffé qui sécha le ruisseau.
Toutes les étoiles du ciel
Etaient cachées dessous.

VOUS EN ÊTES CAPABLES

Vous avez pouvoir d'interdire le pain et l'eau,
Passer les menottes aux poignets de toutes les portes.
Mais vous ne pouvez pas retenir en prison la poésie.
Vous pourriez
Casser un à un nos os
Comme une aile ou une plume,
Faire de nos genoux
Flûte ou trompette,
Tresser des cordes
Avec les cheveux de nos bien-aimées,
Orner vos salons
Avec les crânes de nos belles filles par milliers
Comme si c'étaient des vases,
Faire des chiourmes de nos villages
Faire des prisons de nos cités
Envahir nos maisons
Priver nos lampes de pétrole
Combler nos sources nos rivières
Avec du béton armé,
Et dans la peau des humains
Tailler vos bottes et vos manteaux,
Mais le cœur des pauvres, des opprimés,
Des dépouillés, des affamés,
Est beaucoup plus fort que vos balles.
Un jour, ils feront de la terre un paradis pour eux.
Et sous les pieds des oppresseurs
Ils façonneront des cercueils.

LE TITRE D'UNE ANCIENNE COMÉDIE

Mes mots
Qui sont les bosquets d'arbres de mes larmes,
A travers les rues de ma cité,
Sont en quête de ma bien-aimée.
Si j'avais le bâton de Moïse,
Je me serais fait rasoir
Et toutes les lois et frontières
N'auraient été pour moi que poils.
Dans un continent qui n'a pas d'échelle,
Qui n'a pas d'histoire,
Je recherche ce poignard
Qui se rouille dans les tombes des vivants.
Sur la fenêtre
Je regarde mes lettres brûlées,
Celles d'un abécédaire déchiré.
Pour le printemps de mes yeux,
Je verse de l'eau
Dans une carafe brisée.
J'ai un vieux roman
Dont les mots
Sont tristes et vagabonds.
Le héros de son histoire,
Qui est-il ? je ne sais.
C'est un purificateur de cadavres,
C'est un enfant
Qui aime les mèches du soleil.
Je détaille les rochers d'Hendrien[1]
Pour que mes souffrances
Pour que mes poèmes de douleur
Perdurent.
Il est possible que Dieu
Une nuit, sur la terre, s'arrête
Et les lise attentivement.
Il est possible que Dieu
Sache lire le kurde !
Alors je vous le demande :
Dîtes à Dieu
Au nom de Marie et d'Eve, dîtes
Que dans toutes les plaies de ce pays
Un Christ est caché.

Traduit du kurde par Kamal Maarof
avec la collaboration de Jacques Gaucheron

1. Montagne du Kurdistan d'Irak.

XAVIER BORDES

Une tombe face à la mer

UN BEAU SOIR D'OCTOBRE

Parfois je me dis qu'il doit être doux
De mourir par un beau soir d'octobre
L'instant — douloureux peut-être
Redoutable comme une opération à cœur ouvert

Ce n'est sûrement pas très simple
De laisser là ceux qu'on aime
Leurs caresses leurs attachements

Laisser le paysage avec ses arbres d'or
Les racines étreignant la terre
Sous l'herbe brillante comme des larmes

L'instant chargé de tous les regrets de l'enfance
Des rêves irréalisés auxquels enfin
L'on sent qu'en nous quelqu'un
Est parvenu à renoncer de haute lutte

Mais qu'il doit être doux
Tout de même de mourir par un beau soir d'octobre
D'échanger l'agitation contre le néant.

UNE NUIT

Loin de l'étang coasse un horizon d'étoiles

Ces plâtras qui luisent doucement là-bas
sont un village en désordre sur la plaine grise
De temps en temps des troupeaux endormis
tintent dans leur étable tiède et suffocante

Et lorsque passe l'enfant solitaire
plusieurs lunes enchaînées montrent les dents au fond de l'eau
dans les buissons des poulpes noirs s'inquiètent

Puis il s'éloigne et des violons de neige au firmament
que l'on voit mais qu'on n'entend pas
font frissonner les hêtres
et pleurer le torrent obscur dans la montagne

Loin de l'étang où aboient des lunes sans voix

UNE TOMBE FACE À LA MER

Il pleut aujourd'hui devant l'agence de voyages
Les dépliants publicitaires
avec des palmiers au soleil et des mosquées dorées
les ruines rouges dans le sable et les mers des îles du sud
tout cela dans le petit bac devant la porte
est détrempé par des étoiles d'eau
et le papier glacé ondule

A travers la vitrine grise
on devine des employés qui téléphonent
Ils retiennent des places avion chemin de fer pullmans
de petits chiffres verts sur les écrans
Oui madame vous arriverez à 22 h 15 au quai numéro Un
et vous aurez quatre minutes pour
gagner le quai numéro trois où sera l'autre
train que vous devez prendre Il faudra faire vite
c'est vrai, mais ce n'est pas impossible. Ah vous avez
une « patte folle » ? une jambe paralysée ? Alors
en effet, cherchons une autre solution...

Les pistes de l'aéroport sont luisantes
Paris Londres Montréal Los Angeles Hawaï
En bas on voit les atolls
tout petits et ceinturés d'écume blanche
Ah comme j'aimerais, dit une vieille dame
une tombe face à la mer comme Van Gogh à Tahiti
Pardonnez-moi Gauguin vous vouliez dire
Gauguin probablement, madame ?
Qu'importe vous m'avez compris Une étroite tombe
en face de la mer comme à Samos avec à l'endroit de ma tête
une petite niche blanche où brûlerait dans le soleil

et dans la nuit la flamme d'une lampe à huile
Hélas dit la dame avec un soupir en essuyant ses lunettes
notre caveau de famille est au cimetière de Passy
Son interlocuteur a fait un geste évasif et indécis

POÉSIE

Pendant qu'on récoltait en retournant
A grands coups de foussoir *aux dents luisantes*
Les mottes d'une terre grasse et rouge
Où se cachaient les pommes de terre

Nous les gamins nous ramassions des vers
Tortillants et nus que dérangeait la lumière
Des vers nus à poignées qu'on tentait d'obliger
A pénétrer dans des tuyaux de paille rectilignes
Un jeu idiot qui nous faisait tout oublier

Ce ne sont plus les même vers
Mais c'est le même jeu idiot
Et le même — un peu plus fort peut-être ?
— Le même besoin d'oublier.

CHRONIQUES

JEAN COCTEAU, ORPHÉE OU ORFÈVRE ?

Dans *Vocabulaire* (1922), Jean Cocteau tente très librement de piéger le hasard, donne le primat aux mots sur l'inspiration, prend plaisir à la dislocation, au discontinu et à la rupture. Dans *Plain-chant* (1923), le poète amorce un retour au vers régulier et à la rime, en même temps que les muses reviennent en force. Orphée semble se souvenir tout à coup qu'il a pour mère la muse Calliope. Le poète aspire certes à s'accorder quelque liberté, mais en s'assignant pour règle que le meilleur creuset de l'innovation est la rigueur formelle. « La véritable liberté doit être prise dans les règles », s'écrira-t-il encore en 1952 dans *Le passé défini*.

Dans *Plain-chant*, Cocteau revendique d'emblée le droit de chanter « de vingt façons », tout en évitant « l'éloge » et ses « nobles glaçons ». Mais il est un ange qui veille, prêt à intervenir dès lors que le poète en prend trop à son aise :

Chaque fois que je m'amuse
Ou ne souffle pas par lui
Mon ange, espèce de muse,
Me replonge dans la nuit

Tenir en bride le ludisme inconséquent (mais l'est-il jamais ?), telle est la fonction de l'ange-muse : répressive, castratrice. L'« ange de glace » — nouvelle et significative appellation — empoigne le poète par la main, soucieux de le ramener dans le droit chemin. Pas d'écart, pas de privauté. Un « ange cornu » est là, qui, « comme le vieux Moïse », dirige le poète à sa guise. Et celui-ci d'évoquer les « monstres, fous de ce chantre de Thrace » — alias Orphée — dont le pouvoir est comparable à celui de la méchante « mer » — alias la mauvaise mère...

L'auteur de *Plain-chant* avait, d'entrée, fait montre d'un enthousiasme naïf :

Franchement, je croyais qu'amour, en poésie,
C'est aimer ce que l'on fait ;
Et mon cœur en étouffait.
Mais pour me détromper les muses t'ont choisi.

Les muses ont choisi un ange perturbateur et négateur pour imposer sa loi au poète, mais cet ange — ô surprise —, c'est l'amour lui-même, au visage et au sexe (faussement) indécis :

... ces déesses des Grecs
Pour jouer leur jeu d'échecs
Me veulent tantôt l'une et tantôt l'autre rive

On pourrait croire, à lire les deux premières grandes parties de *Plain-chant*, que l'ange veut cautionner et accentuer le pouvoir maléfique des muses, qu'il est leur allié docile. Or la troisième et dernière partie du recueil vient — comme c'est souvent le cas chez Cocteau — subvertir la donnée initiale. L'ange se retrouve, en effet, abandonné des muses et livré à lui-même. Cette soudaine disjonction permet au poète de se frayer un libre chemin entre les deux écueils — et même de jouer une instance contre l'autre. Ainsi pour mettre fin à la tyrannie de l'ange — ce « serviteur intrépide » qui prend plaisir à le cogner « avec son front crépu » —, Cocteau se livre totalement aux muses dont il devient le valet consentant :

Je les laisse nouer et dénouer leurs danses,
Ou les casser en moi,
Ne pouvant me livrer à d'autres imprudences
Que de suivre leur loi

Ou encore :

On ne dérange pas ces personnes hautaines
Qui travaillent debout
Et qui laissent couler, ainsi que des fontaines,
Les œuvres, bout à bout

Mais à force de seconder les muses, celles-ci s'assoupissent, et le poète les accompagne dans leur sommeil hivernal qui gagne tout alentour :

Du sommeil hivernal, enchantement étrange,
Muses, je dormirai, fidèle à vos décrets.
Votre travail fini, c'est fini. J'entends l'ange
La porte refermer sur vos grands corps distraits.

Le sommeil des muses permet au poète d'en appeler aussitôt à l'amour :

Viens vite, embrasse-moi, broute-moi ces couronnes,
Arrache ce laurier qui me coupe la peau

L'amour est une force subversive, l'aiguillon idéal pour en finir avec les ordres édictés par les muses. L'amour — comme bientôt pour Breton, dans le *Manifeste du surréalisme* de 1924 — est ce qui jette bas les censures et les interdits. Contre les muses, l'amour. Mais une fois les muses assoupies, l'amour ressurgi prend le visage d'un ange particulier du nom d'Heurtebise. La violence répressive des muses s'inverse en une violence sexuelle acceptée et même souhaitée, comme le prouve la suite *L'Ange Heurtebise* de 1925. A ce « garçon bestial », le poète lance cette invite :

Arrive
Sors de l'agate
Dure fumée, ô vitesse qui tue.
Sur tes patins de diamant raye
Le miroir des malades

Finis les jeux de miroirs, finie la soumission aux forces inspiratrices. Le poète se donne à une force brute et dure comme l'agate. Les muses n'ont plus la fonction romantique de relayer l'amour, elles forment au contraire l'obstacle qu'il faut dépasser, l'épreuve qu'il faut exorciser — mais avec ruse et de façon oblique, comme il sied à Cocteau, champion d'une ambiguïté et d'une ubiquité aux racines sexuelles évidentes.

L'ange Heurtebise, sur les gradins,
En moire de son aile
Me bat, me rafraîchit la mémoire
Le gredin, seul, immobile,
Avec moi dans l'agate
Que bise, âne, ton bât
Surnaturel.

L'ange Heurtebise heurte et baise, il entraîne le poète dans l'agate qu'il investit de toute sa puissance sexuelle. C'est dans l'agate (une pierre présente aussi dans l'onomastique des *Enfants terribles*) que le poète trouve refuge, sorte de bille précieuse où se cristallisent l'amour et la poésie — non plus dissociés comme du temps des muses, mais associés pour le meilleur et pour le pire, pour le heurt et pour la bise...

Orphée n'a dès lors plus qu'à se délester de tous ses attributs mythologiques (il s'en ressaisira plus tard, quand la création de Cocteau aura besoin de ces béquilles). Les signes ne viennent plus de quelque nébuleuse divine, puisque Heurtebise représente désormais le vrai « cygne » au lourd « sceptre mâle ». A la feuille blanche en mal d'inspiration, il a, lui, substitué « une feuille/De vigne mise sur l'âme/Impudique ». Loin d'aspirer à être Orphée, le poète est devenu Léda amoureuse de son cygne, avec la pleine conscience qu'un texte est le catalyseur des revendications du sexe, ces signes qui ne trompent pas.

Dans *Le Passé défini*, Cocteau parle ainsi de *Pelléas et Mélisande* : « Pelléas est un pléonasme. Un chef-d'œuvre en recouvre un autre. Mais dans ce mariage de mantes religieuses, la femelle mange toujours le mâle. La musique féminine de Debussy mange Maeterlinck. » On assiste chez Cocteau à un phénomène semblable. L'ange heurte et se brise. L'ange meurt — et Cocteau est conduit à composer, à la manière d'Alban Berg, un « concerto à la mémoire d'un ange » où domine une musique en deuil, une musique du deuil. L'agate représente alors la pierre dure de résistance, en même temps que la pièce maîtresse du trésor de Cocteau, cet enfant terrible. Par l'entremise de ce bijou, Orphée se voit transformé en orfèvre.

Belle agate, belle « rime à frégate », voilà qu'elle nous a menés loin des muses, loin des fées, hors-fée, mais non sans nous soustraire au maléfique pouvoir des mères, des femmes. Et finalement les muses n'auront laissé à Jean Cocteau que peu de loisir pour s'amuser. Elles reviendront rapidement le harceler et lui imposer une conception romantique de la poésie. Le poète aura certes toujours envie de dire « zut » au « luth » comme le Croniamental de Guillaume Apollinaire, mais sans l'oser vraiment et en usant de ruses obliques.

Il serait abusif de ne voir en Cocteau poète qu'un adepte de l'inspiration et de ses procédés faciles. Sous l'oiseleur se cachait un orfèvre soucieux de sortir des sentiers battus et pour qui la poésie, loin des faux mythes, résida, un temps, dans un « plain-chant » fort hostile à la suprématie des muses et plutôt attentif aux soubresauts de notre « vocabulaire » pulsionnel.

Daniel LEUWERS

LA MACHINE À ÉCRIRE

DU PORTUGAL À L'ISLANDE

On ne reprochera pas à *Europe* d'ignorer les petits pays, c'est-à-dire les pays de petite étendue ou de moindre population. Mais non pas, il faut le répéter sans se lasser, de *petite* littérature ! Un survol de l'Europe — géographique — jusqu'à certains de ses confins va nous le prouver : les inventions et les prouesses ne sont pas seulement parisiennes ou allemandes ou italiennes...

Urbano Tavares Rodrigues est un romancier portugais dont l'œuvre est déjà diverse et abondante. Il a collaboré à notre revue mais demeure encore insuffisamment goûté d'un vaste public chez nous. Le pays de Pessoa, de Torga et de Saramago possède une littérature féconde et originale. Il n'est pas de grandes œuvres sans racines, on le sait bien. Nous le voyons une fois de plus avec les romanciers portugais d'aujourd'hui. Si, curieusement, avec son *Radeau de pierre*, Saramago retrouvait dans un fantastique moderne plus ou moins satirique, la tradition des grands découvreurs lusitaniens, c'est une autre sorte de présence et de tragédie qu'on découvre avec les deux récits de Tavares Rodrigues récemment publiés en France dans d'excellentes traductions de Françoise Laye : *les Oiseaux de la nuit*, œuvre courte qu'on pourrait considérer comme une nouvelle, *la Vague de chaleur*, roman complexe et habilement agencé (La Différence). Le décor dans les deux livres, mais plus encore qu'un décor, un personnage à la fois muet et éloquent, c'est Lisbonne dont la présence douce, amère, nocturne et funèbre dans le premier, imposante et tragique dans le second, ne cesse jamais de se manifester aux personnages comme au lecteur qui médite sur leur destin. Et il s'agit bien du destin individuel des multiples et caractéristiques héros de ces aventures citadines. Orquidea, la prostituée des *Oiseaux de la nuit* et ceux qui passent autour d'elle, forment une constellation qu'on pourrait d'abord considérer comme sordide ou dérisoire et qu'on voit peu à peu s'alourdir d'humanité, de profonde vérité sociale comme de vérité psychologique. Orquidea devient le symbole ou même la secrète et évidente réalité de la belle et complexe capitale. On ne s'étonne pas de voir entre la fille et la ville tant d'étroites connivences.

« Le matin se levait sur la place Camoes, enluminure magique de quelque livre d'heures, ou plutôt d'un livre plein de formes et de secrets : celui de cette Lisbonne que nul ne savait voir, sauf elle... Cette Lisbonne de songe — baroque, héraldique, presque aérienne, emplie de signes cabalistiques, de façades couvertes d'azulejos ou d'un crépi rose, d'arbres aussi vivants que des êtres humains... »

Cette beauté de Lisbonne — et on voit ici combien les romanciers peuvent ajouter par leur art propre à la connaissance historique ou géographique — nous allons la retrouver dans *la Vague de chaleur* et de la manière la plus sensible dans une progression catastrophique qui commence par des pointes de chaleur et s'achève quasiment par une sorte de vague, de délire, d'incendie. La chaleur, vérité géographique aiguë, va exciter le déclenchement de beaucoup d'autres vérités : pestilences, énervements, folies, discussions, bagarres. La canicule, par ses paroxysmes, anime d'autres paroxysmes dans les rapports d'amitié, d'amour, brise les habitudes et les convenances... Le quotidien devient ce qu'il est, c'est-à-dire parfois terrible :

« La rue s'obscurcit soudain, envahie par des moustiques et des sauterelles de la grosseur du poing. C'est un nuage grisâtre qui fond sur lui dans cette poudrière aveuglante de l'après-midi. Les murs tremblent comme si des créatures énormes voulaient les abattre à toute force. »

On arrive dans ces pages pourtant sans la moindre grandiloquence, où le romancier semble s'ingénier à peindre l'humble détail ou l'invisible nuance, à une sorte de grandeur épique. Une poésie simple mais efficace accompagne cet agrandissement des horizons et des scènes.

« Il gare sa voiture sur le Terreiro do Paço. C'est déjà l'heure de pointe, et son vacarme dévastateur. C'est curieux, aujourd'hui l'odeur profonde de la mer envahit jusqu'au cœur de Lisbonne... »

*

Aïno Kallas — le sait-on ? — est un classique de la littérature finlandaise. Née en 1878 dans le grand duché de Finlande qui faisait partie de l'Empire russe (morte en 1956), elle était la fille de Julius Krohn qui fut le premier poète d'expression finnoise alors qu'il avait été formé à l'école suédoise. Aïno Kallas avait donc de qui tenir. D'où cet enracinement puissant qu'on sent dans tous ses récits, d'où leur saveur et leur sève. Chose curieuse mais non surprenante, cette poétesse et romancière demeurée constamment fidèle à la langue finnoise devint estonienne par son mariage et les Estoniens la placent sans hésiter dans leur littérature. « Pour les Finlandais, remarque Jean-

Luc Moreau dans la préface de ce recueil, elle est celle qui, selon l'heureuse expression d'Anna Mari Sarajas, a donné à la Finlande une dixième province. » Heureuses et acceptables conquêtes que celles qui ont à voir avec les créations et richesses littéraires !

Aïno Kallas situe beaucoup de ses histoires dans les régions reculées de l'Ingrie, les villages lives de Courlande, les îles de la Baltique... Autre dépaysement, celui du temps : c'est l'époque où le christianisme, nous dit encore J.-L. Moreau, « importé plus tardivement qu'ailleurs par les colonisateurs allemands ou scandinaves, n'a pas encore supplanté les vieilles croyances païennes de la population autochtone. » Rien de vieilli, rien de déprimé pourtant dans ces récits qui dénoncent l'injustice, la stupidité, les ségrégations, en particulier celles à l'égard des femmes. Et constamment, un ton très moderne lui aussi, une sorte de sérénité du conte qui lui donne sa vérité, son authenticité dans tous les domaines. Il y a, à coup sûr, dans ce style (que nous rendent bien sensible les traducteurs : Françoise Arditti, Hervé Carric, Sophie Jousselin, Eva Vingianode Pinas Martin) une saveur, une innocence et une vérité populaires qui lui donnent un charme très prenant, une vive senteur nordique faite de romarin sauvage, de résine, de pomme, de miel, de neige... Le recueil emprunte son titre à la nouvelle finale : *la Fiancée du loup* (Editions Viviane Hamy). Dans ces bois et ces pelouses d'un nord bien lointain, la paysanne ensorcelée qui recherche dramatiquement sa liberté n'est-elle pas, au bout de son destin, une sœur ou une cousine d'Antigone devant Créon ou d'Ariane devant Barbe-Bleue ?

Autre ensemble de nouvelles traduites du finnois, *Noirs Paradis*, de Rosa Liksom (La Découverte) que nous pouvons lire dans une intelligente version d'Anne Popart. Ces très brèves histoires semblent à l'opposé de ce qu'on pourrait appeler le réalisme légendaire d'Aïno Kallas. Ce sont des évocations toutes proches de nous, des tableaux et des anecdotes de notre présent. L'écriture y est, elle aussi, très moderne. C'est une langue familière, argotique, sarcastique, souvent dure et cynique, non point celle de telle « série » à l'argot banalisé et où le travail stylistique de l'écrivain est peu sensible, mais une langue rigoureuse et appropriée à ses dénonciations. Pourtant, les deux œuvres ont une ressemblance profonde. Car tout comme Aïno Kallas, Rosa Liksom a un regard très critique sur son temps et son pays, sur le militarisme, l'hypocrisie, la misogynie. Son humour décape. Son acide ronge les conventions, les habitudes aliénantes... Puis, parfois, avec simplicité et tendresse, l'écrivain abandonne l'argot fugace et parle plus durablement :

« Ce pays est à moi, ce fjord, ces douces montagnes, ces gouffres entre les monts. Quand j'étais enfant, le vent soufflait, froid et déchirant, venu du large de l'Atlantique... Pourtant, ce paysage ne m'a pas donné la paix. Mon père n'avait aucune pitié. Il m'obligeait à l'accompagner dans ses longues expéditions de pêche... Ma mère n'a

jamais eu de véritable existence. Je l'apercevais parfois quand elle quittait la cuisine et descendait en courant comme une flèche pour aller chercher des poissons séchés... »

De ce très remarquable — et probablement jeune — écrivain de Finlande, passons à l'un des meilleurs écrivains islandais d'aujourd'hui, Thor Vilhjamsson (né en 1925), poète, conteur, traducteur des meilleurs auteurs français. Régis Boyer que nos lecteurs connaissent bien, vient de traduire (aux Editions Actes Sud) avec son élégance et sa fidélité habituelles, un étrange et fascinant roman : *la Mousse grise brûle*. L'anecdote première — on le verra, c'est beaucoup plus — vient des archives du siècle passé : une histoire d'inceste entre frère et sœur qu'un jeune magistrat va lentement et longuement étudier, dans une instruction qui l'amène à des réflexions proprement bouleversantes...

Dans une préface très éclairante, Régis Boyer nous dit que « cette sombre histoire d'inceste conclue par un infanticide et un suicide n'a rien de controuvé. Elle appartient effectivement aux annales et Thor n'a eu que la peine d'y puiser. C'est un trait bien islandais · on ne connaît guère de texte en prose, en ce pays, qui, des sagas aux romans actuels n'ait pris ses racines dans des faits authentiques qu'il a élaborés. Les héros des sagas justement dites "des Islandais" n'ont rien de fictif : comme si l'inspiration des grands écrivains de ce pays n'était à son aise que dans une réalité qu'elle se plaît à la fois à reproduire et à transfigurer — en fonction des préoccupations propres au rédacteur et à son époque. »

Car, bien sûr, il s'agit d'une œuvre moderne, très moderne dans sa construction et son écriture, à la fois très typique de ce pays et de valeur universelle. Régis Boyer nous demande de méditer sur cette mousse grise brûlante « qui tapisse en effet tant d'éléments du décor islandais », mais aussi sur « la petite phrase qui revient par intervalles et que nous connaissons tous : Dieu est amour. » Au-delà de la tragédie humaine, de sa simplicité, de sa complexité, il y a en effet les éléments fondateurs et universels de cette humanité. Notre temps a peut-être plus que jamais besoin d'eux. Ce beau livre pur et grave nous le rappelle. La voix et l'émotion de ce conteur islandais sont tout proches de nous. S'il faut parler d'une Europe littéraire, elle ne saurait exister qu'avec de telles images, de telles voix, un tel souci profond de justice et, d'une certaine façon, de fraternité.

Pierre GAMARRA

LES QUATRE VENTS DE LA POÉSIE

VÉRITÉ FÉMININE, VÉRITÉ UNIVERSELLE

Andrée Chédid

La terre d'Egypte aura donné à la langue française — et à l'éthique universaliste la plus rayonnante — deux de ses plus authentiques poètes : Andrée Chédid et Edmond Jabès. Une éthique, est-il besoin de le préciser, qui chez l'un et l'autre s'enracine dans la sagesse et la mémoire populaire, comme dans les tréfonds d'énigme et de surgissement d'une irréductible subjectivité.

Il allait de soi que ces deux poètes, nés au Caire et depuis très longtemps parisiens et amis, se rencontrassent dans les pages de la revue *Sud*. Celle-ci consacre un bel ensemble — études et hommages — à celle, romancière et poète, dont « la voix multiple », caractérisée par une justesse de ton sans faille, l'exceptionnelle pureté de la langue, incarne la plus haute dimension de ce que l'on hésite à appeler « littérature féminine » tant elle s'avère ici, plus que jamais, littérature pour tous.

C'est le poète disparu, Edmond Jabès, qui se porte à l'écoute de « cette voix qui dure » et la cite pour ce qu'elle énonce d'essentiel :

Les poètes ont visage de vivant
Ils assument leur siècle.

Nul ne contestera à Andrée Chédid d'avoir mis un point d'honneur — en même temps qu'un immense talent — à accomplir ce qui est moins pour elle une mission qu'une vocation : assumer son siècle, tout en préservant avec dignité dans le chaos de cette époque barbare, de cette histoire vécue, pleine de bruit, de fureur et de sang, un espace privilégié à la pensée, à la méditation, à la sensibilité de l'individu. Elle n'a servi d'autre cause que celle de son émancipation, qui va de pair avec le refus de toute aliénation.

En prélude aux hommages de *Sud*, où s'entrecroisent vers et proses, Pierre Torreilles nous propose de la démarche poétique d'Andrée Chédid une très pertinente définition : « Restant maître des mots, luttant avec sa langue, libérant leur lumière profonde, mettant à nu cette langue, elle la rend à la fois unique et commune ». Tandis que Guillevic, en deux vers, condense sa propre définition qui vaut bien des exégèses : « Et si le plus de sens était/dans la recherche du sens ? »

La « recherche du sens », je préciserai : « d'un sens », celui de la vie, de l'amour, de la mort, c'est-à-dire de l'essentiel, est bien ce qui s'affirme avec continuité dans l'œuvre de Chédid, comme en témoignent les deux volumes qui réunissent la presque totalité de son travail poétique, sous un titre à double volet (comme les ailes d'un oiseau ou d'une demeure) : *Textes pour un poème*, 1949-1970, et *Poèmes pour un texte*, 1970-1991, tous deux chez Flammarion.

On peut mesurer ce trajet, sur plus de quarante années : une ligne de conduite et des lignes de force qui ont évolué, mais qui n'ont jamais dévié de leur source initiale, combinaison si singulière d'une tendresse qui évite toute sensiblerie, d'un humanisme qui ne prend jamais les vessies (ni les messies !) pour des lanternes et d'une lucidité qui use plus volontiers de l'ironie, de la finesse que de la dérision féroce quant à nos petitesses et nos travers qu'elle n'épargne pourtant pas.

Nous avions peu d'équivalents contemporains à Louise Labbé ou Marceline Desbordes-Valmore. La poésie féminine ne saurait être une catégorie spécialisée, à mes yeux du moins, mais elle apporte à la respiration du monde un élément nécessaire, une part d'oxygène viscéral, un lait nourricier de l'esprit. Le féminisme d'Andrée Chédid n'est en rien celui des manifestes, des proclamations, des revendications. Il s'accorde à la quête des vérités intimes, à la pudeur d'un regard et d'une écriture qui sait le pouvoir de la litote et de l'ellipse, jusque dans l'émotion, l'affrontement dramatique avec la souffrance, l'horreur, le choc d'événements terribles. Cette écriture, construite dans la rigueur, est virtualité de résurrection :

Je revenais des autres
chaque mois guéri de moi

Je quittais citernes et mirages du chagrin
pour une sorte de bonheur

Le bonheur ?

Ce point d'interrogation à bonheur est bien le signe distinctif d'une intelligence, d'une expérience de la vie, qui déjouent les miroirs aux alouettes et les pièges de la facilité.

Andrée Chédid ne ressemble ni à Emily Dickinson, ni à Gabriela Mistral, ni à Marina Tsvetaeva, mais elle appartient à leur famille, elle se situe à leur rang. Ce que l'on trouve dans ses écrits c'est une résonance concertée, celle de l'âme et du corps, de la réflexion et de la musique des mots. Elle apporte à l'indéfinissable une résolution de la parole, une solution de problématique : sa poésie, qui n'a en fin de compte d'autre thème que la vie même, est en même temps et constamment, sous la forme de vers ou d'aphorismes, un art poétique : « Vivre en poésie, ce n'est pas renoncer ; c'est se garder à la lisière de l'apparent et du réel, sachant que l'on ne pourra jamais réconcilier ni circonscrire ». Ou bien encore, sur un mode plus lyrique :

J'ai vécu chaque parole
Avant qu'elle ne soit dite.
J'ai traversé chaque mot
Avant d'être traversé.

Elle revêt l'inexprimable d'une peau qui le rend présent, pragmatique, visible dans les mots. Elle éveille ce qui dort dans la cendre du langage. Elle accélère ce qui était ralenti ou inerte. Elle fait image de tout bois aveugle, de tout feu menacé d'extinction, de tout mot rejeté parmi les épluchures. Elle rend usage à l'inusité. Elle rend visage à ce qui n'était qu'un masque. Son travail d'orfèvre sur le matériau du réel ne consiste jamais à le « poétiser » arbitrairement, artificiellement. Mais pour tirer du quotidien la pierre rare qui lui donne son assise ou le diamant qui l'illumine, elle procède par taille douce, ponçage patient et minutie horlogère des mots ajustés au secret mécanisme de leur sens. En fait, elle atteint au poétique par la voie naturelle. Elle lui permet de se manifester presque physiquement — comme une nappe phréatique — dans ce qui semblait lui être étrange, intouchable ou inapprochable.

Il y a, chez Andrée Chedid, un courage de la vérité, de sa propre vérité, un courage de ne pas jouer de son JE, mais de le jeter (ou de l'ajouter) parmi les autres : « J'entre/De face/Dans la houle/Des vivants ». La traversée de ces deux grands livres, forêts adjacentes et complémentaires, est une admirable leçon de liberté, dans la croissance et le reverdissement de l'esprit. De simplicité aussi dans l'emploi d'un langage poétique exempt de toute emphase et où le cri lui-même a la qualité d'un murmure intérieur. Soucieuse de ne jamais réduire la complexité des choses et des êtres, la poésie d'Andrée Chédid, qui est une morale de vie, fidèle à certaines valeurs, à un sentiment de la beauté, de l'amitié, du rythme des saisons et de la fragilité des passions, est une permanente recherche :

Embrasser la poésie au plus large ; au sens étymologique du mot. Alors elle devient « acte », elle devient « œuvre ». Poésie pénétrant à pleines mains, à plein regard, à plein souffle dans la vie ; pour mieux l'appréhender, pour bâtir autrement.

Andrée Chédid a su bâtir « autrement » une maison qui reste ouverte : c'est en cela que nous atteint et nous étreint, de page en page, cette « poétique de terre et d'espace » qu'étudie avec subtilité Betina L. Knapp dans la livraison de *Sud* qui est désormais, touchant Andrée Chédid, une référence obligée.

Charles DOBZYNSKI

LE THÉÂTRE

LE XVIIe SIÈCLE DE VILLEGIER, LE XVIe DE PLANCHON

Jacques Lassalle, directeur du TNS, nommé le 4 juillet 1990 administrateur général de la Comédie-Française, restait à pourvoir le Théâtre national de Strasbourg. Croirait-on que ce dût être aussi difficile et prendre quatre mois ? Non par manque de candidats. Il y en eut et de très valables. On peut nommer entre autres Daniel Benoin, Michel Dubois, et Bernard Sobel qui fit longtemps figure de favori ; tous trois bons germanistes. Au ministère de donner les raisons qui le firent les écarter. Il s'était fourré dans une impasse en repoussant toutes les candidatures. Il s'en sortit en en suscitant une. Au moins le choix était-il bon. Le 11 octobre 1990, Bernard Faivre d'Arcier, directeur du Théâtre, invitait à se porter candidat Jean-Marie Villégier, le plus secret de nos grands metteurs en scène. Il était nommé le 12 novembre. « Je n'avais jamais songé au TNS, ainsi les affres de beaucoup de mes confrères m'ont été épargnées, dit-il. Je connais Strasbourg où j'ai travaillé, et le TNS a une école d'art dramatique, deux raisons pour moi d'accepter ma nomination. »

J.-M. VILLEGIER AVANT LE TNS

Ce normalien féru de théâtre est resté longtemps un universitaire, tout en se tenant au cœur de l'activité théâtrale. Il a dirigé l'école théâtrale créée en 1965 en marge du festival de Nancy, le CUIFERD (Centre universitaire de formation et de recherches dramatiques), et il a donné des cours à l'Ecole nationale d'art dramatique du TNS quand Jean-Pierre Vincent le dirigeait. C'est là que ce fin connaisseur et grand admirateur du classicisme fait, avec une promotion d'élèves, ses premières mises en scène, *Andromaque* et *Sophonisbe* montés en parallèle. Il monte ensuite de la même façon, à un festival de La Rochelle, de nouveau *Sophonisbe* et cette fois *Nicomède*.

Il a plus de penchant pour Corneille que pour Racine et, en particulier, pour cette œuvre qui date de 1663 alors que Corneille n'était plus guère en vogue. *Sophonisbe* a reçu un accueil honorable à sa création et a pourtant vite quitté l'affiche. La Comédie-Française l'a reprise pour deux représentations en 1690 et jamais jouée depuis. Elle n'est plus au répertoire. Ce qui a fait penser à Villégier qui la considère comme un chef-d'œuvre que, dans les œuvres du XVIIe siècle, il y en avait d'oubliées qui méritaient d'être relues, réévaluées et mises à l'épreuve de la scène. C'est ainsi qu'en 1984, invité par Jean-Pierre Vincent, il choisit de mettre en écho, à la Comédie-Française, un chef-d'œuvre et une œuvre oubliée, avec les mêmes comédiens, dans un même dispositif scénique où changeaient seuls quelques éléments de décor : *Cinna* et *la Mort de Sénèque* de Tristan L'Hermite, pièce de 1636 comme *le Cid*, mais d'un génie attardé à l'esthétique baroque.

Depuis, Jean-Marie Villégier, qui a créé sa compagnie *l'Illustre Théâtre* a poursuivi l'exhumation d'œuvres du début du XVIIe siècle : *les Galanteries du duc d'Ossonne* de Mairet (1604-1686), *le Fidelle* de Larivey (1540-1619), spectacles de beaucoup de saveur dont les héros, jeunes galants, mènent rondement leurs intrigues compliquées. Villégier est également metteur en scène d'opéras : à la salle Favart, un *Athys* de Lulli (1676) qui était un régal. Actuellement, au TNS, c'est la saison préparée par Lassalle qui se déroule. « Heureusement — me dit Villégier — car je dois tenir les engagements que j'ai pris avant qu'il soit question de ma nomination, dont la mise en scène de *Phèdre* pour le théâtre d'Evreux. »

PHÈDRE TRAITÉE EN ORATORIO, OU PRESQUE

La proposition est venue de Jacques Falguières, directeur du théâtre municipal d'Evreux, homme de culture que je connaissais en tant qu'éditeur de petits livres sur le théâtre, extrêmement soignés dans leur présentation et recherchés dans leurs sujets peu communs. Du 15 au 25 février 1991 il a programmé un ensemble de manifestations sur le thème « l'acteur et son double » : films inédits, exposition de photos d'acteurs du studio Harcourt ; pour le théâtre, deux créations : *Comme une histoire d'amour*[1] d'Arthur Miller mis en scène par Alain Bézu (que je n'ai pas vu) et *Phèdre*. Après Evreux, *Phèdre* a été représentée à Dieppe, Rouen, Le Havre et Fécamp, car le théâtre (Rouen) et les centres culturels de la Haute-Normandie ainsi que son Conseil général ont concouru, avec la compagnie de Villégier et Evreux, à la production du spectacle. Je suis allée à Evreux. Son bijou de théâtre à l'italienne m'a séduite, j'ai aimé la représentation de *Phèdre*, j'ai parlé avec Villégier.

Depuis *Andromaque*, il n'avait pas monté de pièce de Racine, mais il pensait depuis longtemps à *Phèdre*, depuis *le Fidelle* qui avait été l'occasion de rencontrer de nouveaux acteurs avec qui l'envie lui était venue de retravailler — une famille plutôt qu'une troupe — et qui lui semblaient aptes à aborder Racine. Le désir se précise quand il découvre le théâtre d'Evreux, instrument idéal par ses dimensions pour représenter une tragédie et qui a une acoustique merveilleuse : « C'est un Stradivarius. Et c'était le moment pour moi, ayant longtemps travaillé l'alexandrin, de mettre cette expérience au service d'un très grand poète, de marquer que mon objectif n'est pas seulement de déterrer des trésors enfouis. Ma connaissance du vers baroque et de sa souplesse pouvait me permettre d'entendre Racine d'une oreille qui ne soit pas néo-classique. On a tendance aujourd'hui à le faire trop marmoréen. Il a plus de vivacité, de familiarités parfois (qui lui ont été reprochées par certains de ses contemporains) et des effets de fulgurance, des cris partis du cœur ».

Le décor est de Carlo Tommasi avec qui Villégier fait équipe depuis 1983 ; les costumes sont de Patrice Cauchetier qui a travaillé beaucoup pour Jean-Pierre Vincent. Décors et costumes sont de grande importance, destinés à servir le parti de rigueur et de simplicité un peu sévère de la mise en scène. Au centre d'une salle de palais qui pourrait, sans être d'apparat, appartenir au Grand Trianon, le décorateur a placé une dalle noire discrètement entourée d'une petite rigole : pierre sacrificielle. Au premier acte, Phèdre qui lutte contre la tentation et aspire à mourir innocente s'y allonge comme sur sa pierre tombale ; au dernier acte, elle tombe hors de la salle, en femme qui a raté sa mort. Tous sont vêtus de noir, « les costumes d'invention » de Cauchetier, d'un style indécis entre le XVIe et le XVIIIe siècles sont simples de ligne. Les dentelles des jabots et des manchettes sont blanches. Les gilets des hommes et les plaques d'estomac des femmes marient le noir et le blanc en motifs différents ; les bas sont gris. C'est assez janséniste, cela sent son couvent. Villégier plaisante : « Je vois le Théâtre comme un ordre. » Il dit qu'on peut imaginer ces comédiens en répétitions ou dans une représentation sans costumes chez M. le Prince de... Représentation privée, comme il s'en est donné beaucoup au XVIIIe siècle.

Et cela prépare au jeu très immobile, face au public ; on ne se regarde jamais, sauf à des moments exceptionnels. Les comédiens sont le plus souvent dans la position de chanteurs d'opéra. Par quoi la représentation s'apparente à un oratorio. La raison ? faire entendre le vers dans toute sa musicalité et sa couleur, sa variété aussi. Que rien ne distraie de l'écoute ! Pendant un mois et demi, la diction seule a été travaillée à la table. Et l'écoute en effet était parfaite ; l'acoustique bien sûr, mais aussi l'art de dire de Natacha Amal (Phèdre), Cyril Haouzi (Hippolyte), Marc Zammit (Thésée), Denis Manuel (Théramène).

Cette *Phèdre* aurait pu n'être vue — et fort peu — qu'en Haute-Normandie. C'eût été dommage. Strasbourg va l'accueillir. La reprise y aura lieu en octobre, puis à partir du 14 janvier 1992 au TEP et en tournée.

LE DESTIN TRAGIQUE DE MARINA TSVETAEVA

Marina Tsvetaeva, née en 1892 à Moscou, est-elle reconnue en France pour le grand poète qu'elle est, à l'égal de Maïakovski, Pasternak et Akhmatova, ses contemporains depuis longtemps consacrés ? De cet « âge d'argent » de la poésie russe — près également d'André Biely, Alexandre Blok, Ossip Mandelstam — Marina Tsvetaeva est une figure de premier plan, place qui, de son vivant, ne lui fut pas reconnue par tous, pas par Maïakovski. C'est qu'elle n'appartint à aucune école, fut une révoltée d'opinions souvent non-conformistes, incapable de compromissions et d'habiletés. La France n'avait pas gardé souvenir de ses années d'exil en banlieue parisienne, de 1925 à 1939, et à l'exception de quelques traductions dues à Elsa Triolet, l'ignorait jusqu'à ce que, dans les années 1980, commencent à paraître plusieurs de ses livres.

Mariée à Serge Efron, officier de l'Armée blanche, à partir de 1917 elle en est séparée pendant quatre ans sans savoir s'il vit encore, elle à Moscou, lui en exil. Marina le rejoint en 1922 : Berlin, Prague, Paris. Sa vie sentimentale est tumultueuse, c'est un être de passion, aux impulsions anarchistes, ses sentiments pour Serge sont de protection quelque peu maternelle. C'est un faible qui se laisse enrôler dans les services secrets soviétiques et, suspecté d'avoir trempé dans un assassinat politique, doit en 1937 fuir la France et gagner l'URSS. Cela ne lui épargnera pas d'être arrêté et déporté en 1939, de même qu'Ariane, leur fille, rentrée en Russie avant ses parents. Elle a subi dix-sept années de camp, et se consacre à rassembler les écrits dispersés de sa mère. Par fidélité au sort de son époux, Marina rentre en URSS en 1939. Elle et son fils échappent à l'arrestation mais connaissent la misère ; ils doivent évacuer Moscou et c'est en Tatarie qu'ils arrivent épuisés en 1941. Dix jours plus tard, Marina Tsvétaeva se pend... comme sa Phèdre quatorze ans plus tôt.

PHÈDRE - 1927

Marina Tsvétaeva connue aujourd'hui avant tout comme poète[2] est aussi un auteur dramatique qu'on joue en URSS depuis 1980, et en Occident cela commence. On a parlé — on n'en parle plus guère — d'une pièce qu'élabore Hélène Cixous pour le Théâtre du Soleil à partir de son œuvre. En Allemagne, K.-M. Grüber vient de monter à Berlin *Phénix ou la vieillesse de Casanova* ; à Paris, à l'Athénée, Sophie Loucachevsky a créé *Phèdre* en mars. C'est la deuxième partie (écrite à Paris en 1927) d'un cycle d'inspiration classique « l'Heure de l'Ame », dont le centre est Thésée. La première, *Ariane*, a été écrite à Prague en 1923. La troisième, *Hélène*, est restée inachevée.

Phèdre[3] est fort peu dramatique, mais elle tient émotionnellement bien la scène, car elle est poème, elle est conte d'un terroir très ancien. Pas d'analyse de sentiments, de psychologie ; par contre, de façon presque naïve, un substrat psychanalytique. L'horreur des femmes chez Hippolyte ressortit un peu au complexe d'Œdipe ; le destin tragique d'Antiope, sa mère, l'obsède. Il est beaucoup fils de l'Amazone, et Phèdre fort peu fille de Pasiphaé. Si Aphrodite se venge de quelqu'un, c'est de Thésée ; elle châtie sa faute, l'abandon d'Ariane à Naxos. Aucune trace de sentiment chrétien, on est loin de Racine. Phèdre a vu Hippolyte, c'est le coup de foudre : un cœur envoûté. Si elle se pend, ce n'est pas qu'elle se sente coupable. Elle s'est offerte à Hippolyte. Elle implore : rien qu'une fois ! rien qu'un mot ! et le mot d'Hippolyte est : « ordure ». Le personnage de la nourrice est vraiment étonnant. Elle n'arrache pas à Phèdre le secret de sa fièvre, elle l'accouche de son désir naturel de jeune femme mariée à un vieux, deux fois veuf. Aimer un jeune et beau garçon, quoi de plus normal, de plus sain même ? C'est le beau-fils ? « Merveille, merveille que cette union ! », l'aimé n'est ni poltron ni esclave. Et de convaincre, et de tout combiner : une entremetteuse ingénue. Si, Phèdre morte, elle dénonce Hippolyte comme le coupable, c'est pour sauver l'honneur de sa maîtresse. Son regret d'avoir poussé Phèdre à l'aveu vient de ce qu'elle a manqué de flair : « un stupide... un sans-yeux... un sans-lèvres... ce blanc-bec » ; sinon tout était bien.

La traduction de Jean-Pierre Morel et la mise en scène de Sophie Loucachevsky font valoir le lyrisme de l'œuvre. Le premier acte est une incantation du chœur, les compagnons de chasse d'Hippolyte, à l'autel d'Artémis. Le récit de la mort d'Antiope, celui de la mort d'Hippolyte, l'aveu de Phèdre, sont des poèmes. Dominique Reymond, jeune femme déjà épanouie, est Phèdre. L'idée était bonne de confier à Yann Collette le double rôle d'Hippolyte et de Thésée. La nourrice, Michèle Gleizer, est, sans complication, une bonne païenne. Des tapisseries, éléments essentiels du décor, composent un environnement chaleureux. Il n'était pas vraiment nécessaire de projeter dans la salle le chemin des fleurs du kabuki, ni de faire se déplacer la nourrice à petits pas glissés. Sophie Loucachevsky a passé deux ans au Japon. Sa mise en scène de *Madame de Sade* de Mishima, en 1985, jouée uniquement par des hommes et japonisée, a été un coup de maître. Qu'elle ne fasse pas un système de l'emploi de ce code. Elle a un talent à savoir se renouveler.

ROGER PLANCHON SERVITEUR DE LUI-MÊME

Depuis longtemps, Roger Planchon n'avait pas monté une pièce de lui, bien qu'il en ait dans ses tiroirs : *le Vieil Hiver* et *Fragile Forêt*, un diptyque, depuis dix ans. Il en faisait des lectures. Vitez se proposait de les monter. La mort de Vitez étant survenue, Planchon entreprend de se mettre lui-même en scène (représentations au TNP-Villeurbanne, du 11 mars au 13 avril). Pour faire bonne mesure, il est de surcroît acteur dans *le Vieil Hiver*. Les deux pièces se jouent en alternance, elles ont leur autonomie, mais elles se font écho, car les actions sont parallèles. Nous sommes au XVIe siècle, pendant les guerres de religion. Les deux partis s'affrontent mais tout commence alors qu'une trève a été négociée à La Rochelle et il faut l'imposer dans les deux camps, ce qui ne va pas de soi. Dans *le Vieil Hiver*, le commandant des catholiques est un mercenaire vieux routier, le capitaine des Jallades (Roger Planchon), buveur, fornicateur, mal embouché, mais un chef. La trêve n'est pas de son goût, mais un soldat obéit. Tout irait bien si un jeune prince aux nerfs fragiles (Régis Royer) horrifié et révolté à la vue de cadavres de chevaux éventrés, n'ordonnait une attaque qui tourne à l'échec. Qui en portera la faute ? Entre des Jallades et le précepteur et amant du jeune homme (Aurélien Recoing) — le solide baroudeur et « l'enfariné » — c'est tout de suite la haine, une haine viscérale qui a à voir avec un affrontement des classes. C'est encore plus net dans le camp protestant. Deux clans s'y opposent violemment, se déchirent, multiplient les coups bas. Les aristocrates, Guillaume et Isabelle de Molines (Jean-Pol Dubois et Bérangère Bonvoisin) exigent qu'on respecte la trêve ; le capitaine Eyriac (Maurice Barrier) de basse extraction et son neveu Gédéon (A. Recoing) fanatique brutal, veulent en découdre. Face à ceux qui savent lire, ceux qui ne savent pas. On prend otages des deux côtés. On négocie leur échange dans la mauvaise foi et le bluff. La grande victime est l'émouvante Blanche de Molines (Laure Marsac) violée par des soudards papistes, d'où a résulté une enfant qu'elle refuse. Elle rêve de paix et est enjeu de guerre. *Le Vieil Hiver* tient davantage de l'épopée, surtout par le personnage de des Jallades d'autant que c'est Planchon qui le joue, et quelle présence ! Il y a du souffle, de la truculence, c'est d'une langue violente et crue. Peut-être parce que la sacrifiée là est une jeune fille, *Fragile Forêt*, tout aussi virulente, suscite plus d'émotion. Est-il nécessaire de dire que tout le monde, ou presque, meurt ; c'est un bel entretuement.

Pièces populaires, dit Planchon, Oui, par le foisonnement, l'action, la définition sommaire des personnages bien campés mais sans fignolages, — seul des Jallades est d'assez de complexité. Pièces pacifistes, car l'enjeu, en dépit de ces enragés, ces fanatiques, est la paix, plus difficile à gagner que la guerre, ce qui est constat de toujours.

On aurait tort de croire qu'il ne s'agit que du XVIe siècle et des guerres de religion. Pièces oniriques par l'intervention de personnages emblématiques, esprits de la Terre : le Vieil hiver (Gérard Guillaumat), la Forêt et la Montagne blanche (B. Bonvoisin). Après le massacre final, Planchon, dans *le Vieil Hiver*, fait assister les survivants, plus tard, passions apaisées, à une reconstitution de la bataille. *Fragile Forêt* s'achève, dans un onirisme envoûtant, par une veillée paysanne où se réconcilient les ombres des victimes. Planchon est un écrivain de théâtre qui compte. En avons-nous beaucoup qui aient ce souffle[4] ?

Raymonde TEMKINE

1. La pièce est représentée aux Athévains à partir du 20 mai et est publiée dans *Acteurs*, n° 88-89, mars-avril 1991.
2. Véronique Lossky, *Marina Tsvétaeva*, Seghers, 1990.
3. Marina Tsvétaeva, *Phèdre*, Actes-Sud, 1991.
4. Les deux pièces seront jouées en alternance au Théâtre de la Colline du 4 février au 22 mars 1992.

LE CINÉMA

ETAPES SUR LE CHEMIN DE LA VIE

JACQUOT DE NANTES, d'Agnès Varda

Agnès Varda est rompue à la pratique du documentaire. Dans les années 1950 et 1960, à l'instar d'auteurs comme Chris Marker ou Alain Resnais, elle donna à ce genre de véritables lettres de noblesse : *l'Opéra-Mouffe* (1958), *Salut les Cubains* (1963), *Black Panthers* (1968) demeurent des exemples patents de son style mêlant des images brutes, arrachées à la réalité, à des commentaires très écrits, « littéraires ». Parallèlement, ses longs métrages de fiction (*Cléo de 5 à 7*, 1961 ; *le Bonheur*, 1965) exprimaient une quotidienneté proche du vécu de la cinéaste. À partir de *Daguerréotypes* (1975), les deux « genres » se trouveront imbriqués au sein d'un même film, à tel point que Varda réalise, en 1981, une œuvre qu'elle titre : *Documenteur*, sorte de manifeste à la fois pratique et théorique de sa manière de procéder. « J'essaie d'alterner, affirmait-elle, parce que j'apprends énormément en faisant du documentaire. Et puis cela me donne des idées de dialogue, parce que ce que disent les gens naturellement est quelquefois si extraordinaire que cela me donne envie de faire des films dits de fiction... La réalité me fascine parce qu'elle n'est pas réelle. La réalité est très lyrique, très inattendue. »[1]

En 1987, la cinéaste réalise un curieux double film : *Kung-fu master* et *Jane B. par Agnès V.*, une sorte d'« œuvre-Janus au miroir » où l'actrice Jane Birkin révélait, en évoquant ses souvenirs, beaucoup de choses sur Varda : « *Jane B. par Agnès V.* est plutôt un documentaire et *Kung-fu master* se veut une fiction », écrivions-nous lors de la sortie de ces œuvres. « *Jane B.* a peu de choses à voir avec les portraits d'acteurs tels que les pratiquèrent les gens du cinéma direct, Pennebaker et les frères Maysles, dans les années 60. Il s'agit plutôt de variations autour de quelques traits de caractère de la personnalité de l'actrice, entièrement remodelés et recomposés par Agnès Varda. Certes, on apprend des choses sur la vie et la carrière de Jane Birkin, mais c'est surtout à ses fantasmes, et aux siens propres, que s'est intéressée la cinéaste. »[2]

Unissant ses deux sources d'inspiration, Agnès Varda se met à tourner, en 1990, ce qui va devenir *Jacquot de Nantes*, un film sur l'enfance et l'adolescence de celui qui fut son compagnon pendant trente ans, le cinéaste Jacques Demy. Ce dernier a écrit un récit et confié ses souvenirs à Agnès, mais lui a laissé concevoir scénario et dialogues à son idée. Il s'enthousiasme, néanmoins, pour le projet et assiste souvent au tournage, donne des directives, retrouve des bouffées de nostalgie à la vision du garage paternel, des rues, des salles de cinéma de Nantes où il découvrait la magie de Walt Disney avec *Blanche Neige*, en 1937, puis *les Enfants du paradis*, de Carné, durant la guerre.

Jacquot de Nantes nous restitue, sans vraiment les séparer, trois étapes de la jeunesse de Jacques Demy, à six-huit ans, à quinze et à dix-huit ans : de la chronique douce-amère d'avant-guerre à la naissance d'une grande passion pour le cinéma lorsque le deuxième conflit mondial s'achève ; passion qui débouchera sur la réalisation de premiers courts métrages d'animation avec une caméra de format 9,5 mm. Mais c'est l'ensemble du film qui se présente comme une mosaïque, Agnès Varda mélangeant plans en noir et blanc et plans en couleurs, jeu naturaliste ou théâtralisé des acteurs — en tout cas jamais « réaliste » —, images de films de Demy *(Lola, Les Parapluies de Cherbourg, Une chambre en ville...)* qui renvoient à leurs sources réelles : telle histoire familiale, telle anecdote, tels voisins se trouvent, vingt ou trente ans plus tard, stylisés par la caméra de Demy. « Ce film, écrit Varda, c'est mon désir de m'approcher de cet enfant, Jacquot, que je n'ai pas connu. Mais il fallait rester au plus près de l'homme qu'il est devenu. »[3] La réalisatrice a donc filmé des plans en 16 mm de Demy fatigué et malade. À sa mort, en octobre 1990, il restait très peu de choses à faire. Si elle a intégré ces plans réellement documentaires à ce qui n'est qu'une fiction (biographique certes, mais fiction tout de même), ou au mieux un « documenteur », elle a refusé de livrer en pâture aux spectateurs les images « secrètes », « protégées » de leur couple, ou de renouveler la prouesse purement cinéphilique de Wim Wenders filmant l'agonie de son mentor Nicholas Ray (*Nick's movie*, 1979). Elle a su garder un regard à la fois pudique et distant dans ce portrait-collage interprété par des acteurs non professionnels qui vivent, plutôt qu'ils ne jouent, leurs rôles, mais d'une manière un peu distanciée, loin de la fluidité télévisuelle qui baigne de nombreux films actuels.

L'œuvre terminée est proche du projet : c'est la vie de Jacquot qui, de l'enfance à la fin de l'adolescence, devient peu à peu Jacques, un garçon volontaire — mais pas révolté —, décidé à tout abandonner — en fait, une école professionnelle où son père l'avait placé — pour faire du cinéma. Du prêt d'un projecteur à l'achat de la première caméra 9,5 mm, des essais maladroits au premier film d'animation vraiment satisfaisant, *Attaque nocturne*, tourné en 1947 et 1948, que Varda a fait reconstituer d'après les indications de Demy, les principales étapes du noviciat de l'auteur de *La Baie des anges* sont au rendez-vous... *Attaque nocturne*, apprécié par Christian-Jaque, permettra au jeune homme de rentrer, sans bac, à l'École de Vaugirard.

Jacquot de Nantes représente une synthèse quasi parfaite des recherches stylistiques entreprises par Varda depuis trente ans. On note que si elle a su se montrer fidèle au passé de son époux, elle a gardé sa propre écriture cinématographique — toujours cette pudeur évoquée plus haut, à propos de leur vie commune ou de l'absence d'images mortuaires dans cette œuvre —, et n'a rien emprunté — hormis les extraits de ses films, mais en tant que matière première — au style de Jacques Demy. Une manière supplémentaire d'affirmer le respect pour son sujet.

Raphaël BASSAN

1. *La Revue du cinéma*, n° 436, février 1988.
2. *Europe*, n° 708, avril 1988.
3. *Studio*, n° 50, mai 1991.

LA MUSIQUE

MUSIQUE À L'OREILLE

Chaque année s'affirme davantage l'importance capitale de Musicora comme lieu où peut se manifester l'activité musicale dans toute la diversité de ses formes.

Salon d'exposition, Musicora travaille à la gloire de l'instrument, à la fois objet et outil de l'interprétation et de la création. Et d'abord notons qu'on y trouve la preuve de la renaissance de la lutherie française, si manifeste depuis une vingtaine d'années. La Ville de Paris organise son premier Concours international de lutherie et archeterie. Un stand permet au public d'avoir une idée de ce qu'est l'atelier d'un luthier et de son travail spécifique. Les inventions les plus surprenantes sont montrées au public : ainsi cet archet révolutionnaire en fibre de carbone d'Alain Hérou. Le piano est susceptible d'améliorations dans ses formes, dans ses mécanismes : Bösendorfer vient de créer un nouveau modèle de piano à queue, baptisé « Hollein », aux lignes inédites et à la mécanique particulièrement savante. Le Fazioli 308 a une quatrième pédale. La technologie des pianos Kawai est elle aussi intéressante. On appréciera d'autre part ces instruments qui remettent en cause les formes traditionnelles, ainsi la contrebasse cubiste de Sylvain Ravasse. On se plaît à voir sur le stand de John Langley, le plus grand et le plus petit ocarina. Et pourquoi ne pas se laisser gagner par le charme de ce stand qui expose une telle variété d'« oiseaucarinas » : petits oiseaux de toutes tailles et de toutes couleurs, en faïence, percés de trous, ils peuvent permettre une première initiation à la musique pour les enfants. Dans la réalisation de ces objets, les exposants-artisans font preuve d'une virtuosité merveilleuse.

Musicora change la conception du concert et de l'instrument. Certes, des solistes célèbres, ou en passe de le devenir, se font entendre. Pourtant l'accent est mis davantage sur l'artisanat que sur le vedettariat. Le concert s'inscrit dans une chaîne de manifestations où prennent place d'abord l'exposition, le travail du fabricant d'instruments. Il y eut un jeudi consacré au piano et un samedi où la vielle fut à l'honneur. Le stand de France-Musique présentait une exposition de vielles très diverses prêtées par le Musée de Montluçon, avec démonstrations de ces instruments traditionnels, mais aussi présentation d'une vielle électroacoustique ; le tout se terminant par une fête bourbonnaise. Voilà qui eût ravi George Sand, l'auteur des *Maîtres sonneurs*.

A rapprocher des animations, les conférences dont l'intérêt fut particulièrement vif cette année. La conférence part souvent de la présentation d'un instrument ou d'un livre, ainsi de l'ouvrage de Claude-Henry Joubert et Philippe Lescat, *Méthodes et traités musicaux en France (1660-1800)*. Elle peut compléter, préparer le concert. Elle peut être démonstration du son — ainsi du son Fazioli — ou annonce d'un festival — ainsi du « Printemps musical du Perche ».

Car l'un des intérêts de Musicora consiste bien en son extension géographique. Les 12 000 mètres carrés d'exposition du Grand-Palais voudraient donner un aperçu des musiques du monde entier. Animations de musique russe, japonaise, etc. Et aussi un important stand du Musée de l'Homme qui possède des collections d'instruments de musique, des archives sonores et audiovisuelles des cinq continents. L'immensité du monde ne fait pas oublier la variété des provinces françaises, cette année encore fort bien représentées dans leur richesse et leur attrait.

Musicora entend par ailleurs se tenir à la pointe de la recherche dans le domaine de l'électroacoustique et de l'informatique. « Espace musical » nous invitait à venir à des séances de démonstration de « méta-instrument », outil fait pour jouer ou contrôler des processus, des algorithmes, des modèles sonores. On a pu constater, en outre, la percée des logiciels informatiques dans le domaine de la pédagogie et de la gestion. A noter le logiciel « Berlioz » qui permet la gravure de musique par ordinateur, ou les logiciels de la gamme « Ravel » prévus pour la gestion administrative des écoles de musique.

Musicora, bien entendu, n'oublie pas l'année Mozart. La flûte de Pan et les éditions Bärenreiter proposent une intégrale des œuvres de Mozart en format de poche. Vingt volumes, plus de 23 000 pages : un gros travail à partir des autographes, réalisé avec la collaboration du Mozarteum de Salzbourg. Philips Classics, de son côté, présente toute sa dernière collection consacrée à Mozart : cent quatre-vingts disques compacts. Dans cette œuvre immense il existait quelques îlots non encore enregistrés : ainsi certaines Litanies. Voilà deux entreprises qui se complètent, et qui demeureront des monuments, bien au-delà de l'année du bicentenaire de la mort du musicien.

Au moment même où Musicora ouvrait ses portes à un public de plus en plus nombreux, se déroulait dans les universités parisiennes une série de manifestations dont l'intérêt mérite d'être souligné. « Campus à l'oreille » entend sensibiliser le public étudiant à la musique, y compris classique. Concerts, rencontres, animations ont lieu dans les universités mêmes, et malgré l'exiguïté de leurs locaux. C'est un moyen efficace de ramener à la musique ceux qui pourraient être gênés par le cérémonial du concert. Un moyen aussi de travailler à ce rapprochement préconisé depuis longtemps mais encore rarement réalisé entre lieux d'enseignement de la musique, conservatoires et universités. Une tradition regrettable a séparé en France ces deux enseignements, qui ne le sont pas dans beaucoup d'autres pays, et qui ne l'étaient pas dans l'université médiévale. L'université de Paris VIII, sur ce point encore, a été pionnière, puisque dès sa création au lendemain de 1968, elle a prévu l'existence d'un département musique. Evelyne Andreani, Daniel Charles et bien d'autres lui ont donné tout son lustre, en lui permettant d'être à la fois un lieu de recherche moderne, d'étude de l'histoire de la musique et de la musicologie — cela existait déjà à la Sorbonne — mais encore de pratique de la musique. Rien d'étonnant dès lors si Paris VIII a volontiers participé au mouvement « Campus à l'oreille », en donnant « carte blanche aux talents dionysiaques », en faisant place à la musique irlandaise, en accueillant aussi la « musique populaire urbaine » et, bien sûr, jazz et rock. Villetaneuse, Orsay, Dauphine, Censier, Nanterre, l'Ecole centrale, l'Essec ont également organisé de passionnantes journées en harmonie avec leurs options et leurs préoccupations spécifiques. Décloisonner les cultures, élargir les perspectives, la musique n'est-elle pas, de tous les arts, celui qui doit y réussir dans la souplesse et l'universalité de son langage ?

Béatrice DIDIER

LES ARTS

UN RÊVEUR MÉTHODIQUE

Georges Seurat au Grand-Palais

Georges Seurat eut une vie brève et son art fut d'un laconisme égal à celui de son destin. Mort en 1891 à l'âge de trente et un ans, il a laissé une œuvre austère et belle, riche de lumière et de gravité, soucieuse d'ordre comme le fut celle de Poussin. En ce peintre si réfléchi, en ce génie tôt interrompu, Jean Cassou voyait « un astre de plus au ciel de l'éternel classicisme français ». C'était voir juste, et les dessins, les esquisses et les toiles accrochées aux cimaises du Grand-Palais nous le rappellent à point nommé. Sans doute regrettera-t-on l'absence de *la Grande-Jatte* et de *la Baignade à Asnières*, chefs-d'œuvre qui ne quittent plus la Tate Gallery de Londres et l'Art Institute de Chicago, mais cet hommage rendu à Seurat n'en reste pas moins une mémorable exposition.

On s'y convainc par exemple que les dessins lui livrèrent très vite accès aux formes épurées. Le passage du crayon gras et tendre sur le grain du papier Ingres y dépose des noirs profonds. Sous cette lumière charbonneuse, la blancheur du support filtre et jaillit en de superbes contrastes. Qu'il s'agisse de paysages ou de portraits, les formes sont décantées de toute anecdote. Par l'estompe des contours, par le velouté de la facture, ce sont des ombres qu'une étreinte nocturne absorbe et délivre. Il règne dans ces croquis un silence étrange, un mystère sans apprêt, comme dans les marines désertes que Seurat peignit à Port-en-Bessin, à Honfleur ou à Gravelines. Mais surtout, chez cet homme qui accordait tant d'importance à la raison logique et semblait construire ses toiles comme on mène une partie d'échecs, les dessins nous persuadent qu'il n'ignorait rien de la part sensible de son art.

On a dit, et c'est à peine une boutade, que Seurat avait abordé la peinture non pour le plaisir qu'elle donne, mais pour les problèmes qu'elle pose. Il est vrai qu'il voulut pourvoir sa discipline de règles strictes et suivre une méthode scientifiquement fondée. Méditant sur les théories d'Eugène Chevreul et d'une pléiade de physiciens, toujours à l'affût de nouvelles découvertes en matière d'optique, il décida de bannir de sa palette les mixtures de pigments et de n'admettre que les couleurs fondamentales et leurs complémentaires. Les couleurs, chez Seurat, sont le plus souvent isolées sur la toile en fines tavelures. Rendues à la pureté du spectre solaire, elles ne se mélangent pas sur le support, mais uniquement dans le regard. Pour désigner cette vibrante dissociation des éléments colorés, le peintre parla de *divisionnisme*.

Avec Félix Fénéon, Emile Verhaeren fut à son égard un critique des plus lucides et des plus enthousiastes. « Pour Seurat », écrivait l'auteur des *Flambeaux noirs*, « les tableaux n'avaient pas vraiment de sens s'ils ne démontraient pas une certaine règle, une certaine vérité artistique, ou s'ils ne signifiaient pas une conquête de l'inconnu. Si je l'ai bien compris, il avait entrepris de débarrasser l'art des hésitations de l'imprécision ». Rien ne semble plus odieux à Seurat que l'imprécision. Qu'il peigne *la Baignade à Asnières* ou *la Parade*, ses toiles sont d'une architecture sobre mais savante, longuement mûrie sur le motif et dans l'atelier. Là où les Impressionnistes, ses aînés, capturent la grâce d'une minute fugitive, Seurat dégrève le temps de ses minutes, il l'enchante et le fige comme sous le coup d'un sortilège. Il transforme une baignade au bord de la Seine en Arcadie ouvrière, en « pastorale suburbaine », tandis que la promenade sous les arbres de la Grande-Jatte devient une cérémonie hiératique, dans un présent si absolu qu'il confine à l'intemporel.

En considérant certaines œuvres de Seurat, *le Cirque* notamment, ou *la Parade*, une toile dont le magnétisme n'a d'égal que celui du songe, des critiques ont cru entrevoir les signes d'une critique sociale : plutôt que d'un message clair, il s'agit d'un filigrane d'ironie, d'un contrepoint acerbe ou mélancolique, d'une inquiétude qui s'insinue dans un climat purifié de toute turbulence, de toute passion, mais dont la sérénité n'est peut-être qu'apparence.

« Pour que la modernité soit digne de devenir antiquité », avait écrit Baudelaire, « il faut que la beauté mystérieuse que la vie humaine y met involontairement en ait été extraite ». Georges Seurat, son œuvre en témoigne, sut procéder à cette extraction. Rêveur méthodique, il sut allier l'esprit de finesse à l'esprit de géométrie, et transmuter la prose du monde en un poème exact.

Jean-Baptiste PARA

Georges Seurat, Galeries nationales du Grand-Palais. Du 13 avril au 12 août 1991.

NOTES DE LECTURE

Poésie

Jean ROUSSELOT : *Conjugaisons/Conjurations, suivies de leur Journal* (Sud).

Je ne sais si l'on peut parler, dans la foulée du paradoxe, d'un épicurisme de la dérision ou d'un pessimisme jubilatoire qui ressemble diablement, chez Jean Rousselot, à cette énergie décuplée en laquelle le désespoir change les mots de la tribu. C'est que la philosophie de Jean Rousselot défie le sens vagabond et les classifications. Elle fait flèche de tout bois, particulièrement du sarcasme, qui chez lui est tout le contraire d'un ricanement, et de la parabole qu'il trempe dans le vitriol avant usage... Cette écriture râleuse et ravageuse est le symptôme de l'incurable maladie dont le poète est atteint : le mal d'humour. Cette grippe — qui l'agrippe à la vie — le décape de lui-même et lui permet de regarder le soleil en face, d'observer avec la même acuité les revers et les travers de notre pauvre humanité.

Il y a une pointe de masochisme — un masochisme ou un exorcisme ? — chez ce poète qui se flagelle avec ses propres vers, comme s'il prenait plaisir et surtout liberté à ce traitement par le texte... Des vers qui depuis une décennie et récemment encore avec *Pour ne pas oublier d'être* (Belfond) n'ont cessé d'être plus virulents, plus stridents, plus cinglants, laissant quelques traces rouges dans la vue et dans l'âme. Mais attention : si le poète est sans ménagements pour lui-même, il ne ménage pas mieux la réalité, cette vieille rosse poussive qui ne marche qu'à coups de fouet. D'ailleurs, rien n'est épargné par le verbe étincelant, la verve et la causticité de Rousselot, ni les vivants ni les morts : « Pourquoi ne pas donner de temps en temps/Une année sabbatique aux morts/Toujours fourrés dans nos jambes/Parce qu'ils s'ennuient ? ».

C'est dire que le langage de Jean Rousselot, dépouillé de toute « littérature », puisant dans le lexique le plus familier (avec parfois des coquetteries pour des vocables peu usités), et procédant à sa régénération par le détergent des images, est ce qu'on peut trouver aujourd'hui non seulement de moins triste, mais de plus détonant et tonique. Les poèmes ont pour contrepoint un « Journal » qui n'est pas le moindre agrément du livre : réflexions et aphorismes sur la vie intérieure, la vie ordinaire, l'art d'écrire, les auteurs que l'on aime et commente (Rimbaud et Montaigne, par exemple). Comment ne pas aimer cette plongée sans complaisance dans le contexte existentiel qui est à la poésie comme une lumière filtrée à travers les volets ?

Charles DOBZYNSKI

Juan RAMÓN JIMÉNEZ : *Pierre et ciel*, édition bilingue. Préface et traduction de Bernard Sesé ; *Fleuves qui s'en vont*, édition bilingue. Préface et traduction de Claude Couffon (José Corti).

Entre un texte lilliputien intitulé « Le Poème » : « N'y touche plus,/telle est la rose ! », et L, cinquantième composition de la troisième partie : « Je voudrais que mon livre fût,/comme est le ciel de la nuit,/tout vérité présente, sans histoire », près de cent trente poèmes constituent *Pierre et Ciel* (1919), œuvre de la maturité de l'écrivain (1881-1958).

D'emblée on aura apprécié la grande qualité d'une traduction délicate, élégante, respectueuse de l'original. Mais le lecteur connaît peut-être les *Sonnets spirituels* (Aubier, 1989) tournés en français par Bernard Sesé et dont il a été rendu compte ici même. Et, d'emblée aussi, on aura saisi que le distique initial recèle tout un programme : la recherche constante, éperdue, moins d'une inaccessible perfection que de la beauté. Juan Ramón n'affirmait-il pas que, au dernier jour de sa vie, il aurait aimé non pas corriger mais *revivre* ses poèmes ?

L'artiste part d'une idée, d'un sentiment, d'une intuition, d'un désir, d'une illumination, et les passe à l'alambic des mots inlassablement travaillés, ce qui aboutit à de brefs poèmes essentiels, de type souvent interrogatif, ou exclamatif, avec un fort emploi de l'optatif. Cet homme ne vécut que pour son œuvre. Hanté par le temps, par la mort, il voulut éterniser l'instant en proclamant son noyau d'éternité, et son désir à lui, Juan Ramón Jiménez, « de jouir de tout,/d'être en tout, immortel ». Peu porté à l'anecdote biographique, il ne quitte guère le domaine des symboles reconnus, les quatre éléments, les saisons, les fleurs... Mais, dans la fine texture et le rythme des textes, il leur confère une résonance nouvelle. En créant son œuvre par une ascèse de tous les instants le poète à jamais se crée, et crée son Dieu, être de langage.

Claude Couffon, traducteur talentueux de *Platero y yo (Platero et moi*, Seghers, 1956), nous donne à présent *Fleuves qui s'en vont*, version française de *Ríos que se van*. Ce titre renvoie à l'un des poèmes les plus connus de langue espagnole, *Strophes de Jorge Manrique à la mort de son père* (XVe siècle). Juan Ramón vit dans son exil portoricain les dernières années de son existence. Et, de 1951 à 1954 essentiellement, il compose — cendre et braise — une brassée de poèmes magnifiques. Où trouve-t-il la force de regarder la mort en face, sa mort, la mort de Zenobia Camprubí, et la mort éventuelle de son œuvre ? Il faut lire « Toi, animal femelle, ma femme », un texte à la hauteur de son amour et de la reconnaissance qu'il vouait à Zenobia, « Tous deux dans un réel plus grand », « Sur ses assises fermes », « Non, jaune mort, tu ne peux, toi, faucher », quelques sonnets, des proses poétiques très élaborées, et des poèmes appartenant à des genres dits « populaires », comme le *romance* et la *copla*, pour prendre l'entière mesure d'un écrivain devenu plus concret, plus fraternel, plus proche des êtres et des choses qu'il nomme directement et qui s'interroge, pathétique, à l'approche des ultimes échéances.

Très sensible au lyrisme juanramonien, Claude Couffon impose incontestablement sa traduction.

Juan MAREY

Roberto JUARROZ : *Onzième poésie verticale*, traduit de l'espagnol (Argentine) par Fernand Verhesen (Lettres Vives).

« Le texte qui équivaut à être », c'est vers lui que tendent les vingt-cinq poèmes de cet ouvrage, extraits de la *Onzième poésie verticale*. Rappelons que *Poésie Verticale* est le titre unique de tous les recueils de Juarroz, que distingue un simple numéro d'ordre. Les lecteurs qui, depuis les premières traductions en français, en épient le cours, verront ici se creuser plus avant son questionnement. Mais le volume forme aussi une œuvre en soi, trace un parcours qui va d'« une écriture qui résiste/à l'intempérie totale », à « la voix vide » : celle-là seule qui peut dire l'inexprimable.

Le chemin est celui du « poème continu », du « poème-toujours ». Dans le poème 9, dont est extraite la citation qui commence cet article, Juarroz métamorphose de façon significative la grammaire :

Métabolisme inaugural
d'une philologie
qui a découvert un nouveau verbe :
le verbe toujours

Toujours exprime l'action de l'écriture engagée dans une recherche qui ne s'accorde pas d'aboutir : c'est bien un verbe. Parallèlement apparaissent (poèmes 10, 14) des paroles qui ressemblent au silence, paroles authentiques, proches des choses, qui mettent en déroute le discours truqué.

En même temps qu'ils dessinent ainsi le cheminement du livre — et cheminement non linéaire, qui explore aussi l'écho, le bourdonnement, les gestes dans l'obscur — les vingt-cinq poèmes sont, chacun, une expérience existentielle menée avec le langage. Dans chacun d'eux, le regard de Juarroz se renouvelle et son approche tremblante des mots ne se transforme pas en assurance doctorale. Témoins ces formes interrogatives, ces conditionnels, ces « peut-être », qui déploient pour le lecteur un espace de réflexion. Et ces derniers vers du livre, qui ne le terminent pas : « Seule la voix vide/peut parler du vide./Ou de son ombre claire. »

Ici, comme à la page précédente : « et baisser la voix jusqu'à l'éclipse du fond,/jusqu'à trouver les fibres qui entretissent/le corps du vide », le vide est l'opposé d'une absence ou d'un manque. Déjà dans de précédents recueils, il s'annonçait comme étant une forme de la plénitude. Il apparaît dans ce dernier poème comme l'état le plus ouvert auquel puisse atteindre le réel, accomplissant l'union de ce qui existe et de ce qui n'existe pas. En physique, la matière et l'antimatière s'annulent ; en poésie, elles se maintiennent ensemble dans une parole sœur du silence.

Fernand Verhesen a été le premier, en 1962, à faire connaître Juarroz en français. On lui doit aujourd'hui le choix de ces vingt-cinq poèmes et leur traduction qui, placée par l'éditeur en miroir de l'original, le reflète avec limpidité.

Françoise HAN

Denis MONTEBELLO : *Verrines* (Hautécriture, Les Bordes, 86340 Nouaillé).

Le Sentiment océanique (Editions Rumeur des Ages, La Rochelle, 1988) parcourait magnifiquement les espaces enlisés des côtes vendéennes et charentaises, sillage où s'inaugurait une écriture habitée de lieux épars, de voies et de vestiges. Inaugurales plus encore ces *Verrines*, qui, du haut de l'armoire lorraine où, pots de confiture, elles se dérobent et s'offrent en même temps au regard, ramènent le poète à l'origine pour le rendre au voyage. C'est, d'abord, la présence des choses, dans l'humilité de toujours : « Ceci : un coing/sur l'assiette bleue ». Et la cave, l'armoire, le saloir. A demeure, pourrait-on craindre. Et soi-même : « On reste là/dans sa prison de verre ». Mais les armoires sont ouvertes, et l'on est « Toujours vivant. »

Le paysan de Chamagne était parti très tôt. Fribourg-en-Brisgau, d'abord, puis la route de Rome, à laquelle tout, en l'exil du lieu natal, « tesson après tesson », le convoquait, lui, le Lorrain. Et le Lorrain des *Verrines*, rêvant le même appel, à partir des mêmes vestiges, infiniment quêtés, met ses pas dans les pas de son illustre compatriote. Jusqu'à la même lumière. « À lagan ».

Eclairant le parcours, les tuiles : « Tuiles/qu'à Chamagne on chaussait/jusqu'à Rome ». Et les mots épaves conduisent à la mer. Avec, pour mémoire, ces champignons vosgiens, « tout ce qui reste/de la grande armée hercynienne/de la légion des chênés/ contre les sapins. » Un univers végétal où s'enracine la parole promise à la ruine :

parole d'avant
les mots qui court sous les mots je voyage
avec elle qui me parle à chaque
pas sous les arbres sous les feuilles

De l'humus à la lumière, comme chez le Claude Gellée des pages inoubliables d'Elie Faure.

Commencé « si loin de la mer », un parcours onirique, où les vaisseaux des *Verrines*, comme ceux des « Ports au soleil couchant », nous illuminent « jusqu'aux parfums enclos/de l'Orient. »

Bon voyage.

Jean-Pierre TARDIF

Max ALHAU : *D'un pays riverain* (Rougerie).

« Je vous écris à la lisière des ténèbres, guetteur d'une aube tremblante, veilleur d'un feu brûlant discrètement. » Max Alhau poursuit son cheminement peu assuré, une suite de pas placés entre creux et racines, comme on marche en bordure d'un bois à la tombée du soir, avec l'ombre déjà profonde entre les arbres, une lumière affaiblie de l'autre côté. On ne sait trop où mène le sentier, l'avenir est dit « lettre morte », on devine partout des menaces, mais il importe de regarder afin de mieux pouvoir dire l'oubli.

Nulle certitude chez Max Alhau, sinon que « l'exil est bien de ce monde » et que le droit d'asile finira par nous être retiré. Aussi ne cherche-t-il rien de ferme et de pérenne, mais s'attache-t-il à tout ce qui témoigne de notre état transitoire. Sa *Quête d'un lieu* (titre de l'une des séquences) se place sous le signe de l'absence. *Partout ailleurs* (autre séquence) est le domaine de son errance. Florence lui évoque une perte de mémoire, Mexico un naufrage des images, Venise notre fin.

Ses poèmes en prose prennent des instantanés de paysages où ce qui importe est, non le stable, mais « l'instant qui s'accomplit » et « ce qui défaille au bout du compte ». La fragilité, la précarité, sont les attributs du *pays riverain*, en elles précisément gît la possibilité de cette aube tremblante, de ce feu discret auxquels se voue le poète. « Je vous confie ceci simplement pour ne pas marcher seul à tâtons dans ces terres inconnues, pour ne pas désavouer les jours lointains, pour beaucoup de raisons que j'ignore. » Cet aveu retenu tout au long des pages et qui s'épanche aux dernières lignes témoigne d'un souffle préservé au travers des errances. Etre, c'est être de passage.

Françoise HAN

Romans, Nouvelles

José LEZAMA LIMA : *Oppiano Licario*, traduit de l'espagnol (Cuba) par Benito Pelegrin (Le Seuil).

Oppiano Licario est une figure légendaire. Il apparaissait en chair et en os dans *Paradiso* — premier volet de l'histoire — aux moments où José Cemi, apprenti poète, se trouvait confronté aux puissances mortelles. Comme un vivant signal de proche résurrection, il suivit attentivement le cheminement de Cemi, l'enfant à l'auréole orphique, à travers les sombres cavernes angoissées qui débouchent sur une autre lumière, brillante comme celle de l'astre nocturne.

Au seuil de l'âge adulte, Cemi enfin, rencontre ce presque irréel Virgile qui disparaît peu après, glissant vers une mort lezamienne, c'est-à-dire une entrée triomphale dans le mythe, une pénétration dans la substance germinative de l'image.

Oppiano mort continue à générer le récit, à le faire advenir, et tandis que ses héritiers — Cemi et Fronesis son ami — s'appliquent à retrouver les traces de son passage sur terre , lui, fantôme aux allures sereines, déambule à la manière des anges de Wenders, à l'affût des rêves humains, sur l'Avenida del Puerto, là même où les deux enfants de *L'École buissonnière*, écrite quarante ans plus tôt [1], s'amusaient à décliner les couleurs d'un arc en ciel alchimique.

Il a confié à sa sœur Ynaca Eco Licario, le manuscrit de son œuvre unique, *La somme, jamais infuse, des exceptions morphologiques*, une étude systématique des connaissances qui échappent aux règles et à la logique humaines, la chargeant de trouver José Cemi et de le lui remettre. Et par ce geste posthume, il ordonna l'union charnelle de ces deux personnages clés, acte fusionnel entre deux êtres aussi complémentaires que les formes blanches et noires du Tao.

Dans la scène de l'union sexuelle qui suit leurs retrouvailles, Lezama dresse un dispositif hallucinant où s'expose l'essentiel de ses influences philosophiques et mystiques. Rares sont les textes dont l'auteur donne aussi explicitement les clés et Lezama, à cet égard, semblait encore dans *Paradiso* tenir à son rôle de « Sphinx des Caraïbes ». Cet ultime roman, certes inachevé, atteint par moments à une limpidité à laquelle on ne nous avait pas habitués. Et le plaisir qu'on nous procure en nous exposant les mécanismes d'une pensée si riche, vient encore s'accroître au moment où l'ésotérisme poétique reprend ses droits et enfle le style en le ramifiant, si bien que le lecteur est imperceptiblement transporté de la transparence et de la modestie d'un discours très sage — platonicien ? — vers la luxuriance dionysiaque de scènes où la vision et le rituel envahissent tout le champ de perception.

Oppiano Licario est un livre sur la mort, qui ne parle que des façons d'y échapper, et offre comme contre-exemple la vie d'êtres égarés dans le monde des apparences, des êtres qui possèdent leur part de la connaissance humaine mais pas le souffle harmonieux qui la rend féconde. Le peintre Champollion, possédé par le démon de l'impuissance ; Margaret, bacchante inspirée mais trop rapidement enivrée ; Cidi Galeb le prince inverti qui ne supporte pas la vision de l'innocence ; Mohammed, le seul à percevoir aux creux de son enfance passée, la science des images qu'il n'a pas le courage d'étudier.

A côté de ce catalogue de l'humanité souffrante, tourbillonnent les deux couples stellaires Cemi-Ynaca, Fronesis-Lucia, rescapés de cette trop banale géhenne et destinés à perpétuer, à multiplier l'enseignement, la parole de l'aimable dieu licarien qui prolonge dans un temps sans limite l'étrange diffraction d'un corps endormi et éternellement vivant.

La cosmogonie lezamienne dont les éléments croissaient en nombre et en beauté dans *Paradiso* est à présent unifiée et active. C'est par la démesure et « l'extrême raffinement du verbe poétique » que la littérature rejoint la densité des plus beaux récits de genèse.

Florianne VIDAL

1. Cf. *Le Jeu des décapitations* (Le Seuil).

Vladimir NABOKOV : *La Vénitienne et autres nouvelles*, traduit du russe et de l'anglais par Bernard Kreise et Gilles Barbedette (Gallimard).

Loin d'être un fond de tiroir exhumé, *la Vénitienne*, ensemble de nouvelles retrouvées, parfois inégales, augmenté de deux petits essais sur la littérature, forme un bouquet chatoyant, ombres et lumières mêlées. Ecrits dans les années vingt, ces textes augurent superbement de la vocation magique de l'auteur de *Lolita*. On trouve ici un brio d'écriture et de surprenantes images qui ne sont pas sans rappeler les heureuses audaces stylistiques du grand roman *Ada ou l'ardeur*. En particulier dans cette nouvelle, *Un coup d'ailes*, qui juxtapose en un subtil contrepoint le luxe d'un grand hôtel, la lumière des pistes enneigées, l'éclat de l'héroïne et les sourdines des ombres finalement triomphantes de la mort.

Dans *les Dieux* court un fil conducteur qui ne quittera pas Nabokov : un éblouissement et une délectation du monde que l'écriture permettra de faire surgir et de graver pour l'éternité dans la sensation et dans l'œuvre : « La mort ne peut exister. (...) Et alors j'ai envie de me lever, d'ouvrir mes bras, d'adresser un discours vaste et lumineux à des foules invisibles. Et de commencer ainsi : « Dieux radieux... ». Sans cesse, Nabokov poursuit une quête du bonheur dont son adolescence fut l'archétype. De Berlin à Zermatt, l'éternel émigré tente d'en recréer les miettes par la vertu d'or de la nostalgie et de l'écriture. Grâce à son sens de l'adaptation (passer de la langue russe à l'anglaise) il trouve partout un monde qui peut être radieux. Cependant, les responsables soviétiques de son expulsion de l'eden seront symboliquement châtiés. Dans *Ici on parle russe*, l'emprisonnement dans la salle de bains d'un membre du Guépéou par des émigrés russes joue le rôle d'une revanche en même temps que d'un poids toujours à supporter.

L'art et la réalité se font concurrence dans *la Vénitienne*, en la personne d'une jeune femme peinte, sosie d'une vivante. Nabokov y poursuit non sans ironie sa quête de la beauté dont l'art est pour lui le lieu suprême. Passer vivant dans la sphère éternelle de l'art est son vœu secret, comme ce personnage qui, contemplant « la jeune romaine, dite Dorothée de Sébastiano del Piombo », devient « une partie vivante du tableau où tout prenait vie autour de lui... » Et si le restaurateur fasciné ne se laisse pas prendre définitivement, le jeune homme impuissant devant la vie se sent « empêtré comme une mouche dans du miel » et se retrouve « peint dans une pose absurde à côté de la Vénitienne. » Bien sûr, il y a une explication plausible à ce qui est par ailleurs histoire d'amour et drame conjugal, mais un petit citron venu du tableau reste l'invérifiable preuve du fantastique. Nous laisserons à Nabokov le mot de la fin, que son écriture n'a jamais parjuré : « Car l'art sait bien qu'il n'y a rien de vulgaire et d'absurde qui ne puisse s'épanouir dans la beauté avec une lumière appropriée ».

Thierry GUINHUT

Philip ROTH : *Les Faits, autobiographie d'un romancier*, traduit de l'anglais par Michel Waldberg (Gallimard).

Les grandes fictions de Roth sont travaillées par le souci d'installer, dans le cadre général du roman, un dispositif discursif particulier (cf. la logique *in fine* analytique de *Portnoy et son complexe*). Souci augmenté depuis une dizaine d'années de la volonté d'éclairer les rapports qu'entretiennent fiction et réalité chez un écrivain réputé faire sien tout ce qu'il vit.

Avec *Les Faits*, l'auteur prend son public à contre-pied. Il s'agit ici de nous faire part, « honnêtement », de ce qu'il en a été de la vie de Philip Roth. Ce livre est né d'une terrible dépression, à la suite de laquelle l'écrivain avoue s'être trouvé « au bord de la désagrégation émotionnelle et mentale ». Il entreprend alors cette autobiographie pour recouvrer son identité. Et comme sa vie d'homme se confond maintenant avec sa vie de romancier, il essaiera surtout d'y cerner les distorsions qu'il a fait subir, dans ses œuvres, à la réalité. Malheureusement l'existence de Roth n'a pas été passionnante et, conséquemment, les faits narrés manquent d'intérêt.

Mais là encore, c'est dans la forme même qu'emprunte cette autobiographie que réside la saveur des *Faits*. Le livre s'ouvre sur une lettre que l'auteur envoie à Nathan Zuckerman, personnage principal de ses quatre derniers romans, et dans laquelle il lui demande si ce volume mérite d'être publié. A la fin, Zuckerman répond. Il nous apprend qu'il continue sa vie d'être de papier (bien que ce soit assez difficile quand on est issu de l'imagination d'un tel écrivain), il formule maintes critiques à l'encontre du manuscrit qu'il vient de lire, il s'emporte contre son créateur... Ces pages, cocasses et féroces pour, cette fois, l'auteur lui-même, renouent avec le ton habituel du meilleur Roth, et sauvent le livre *in extremis*.

Thierry ROMAGNÉ

Claude ESTEBAN : ***Soleil dans une pièce vide*** (Flammarion).

Ce livre du poète Claude Esteban inaugure un genre qui ne tient du poème en prose que l'apparence : c'est une peinture-fiction comme il y a une science-fiction. Ces brefs et denses récits m'ont accompagné au cours d'un récent voyage en Inde où leur contrepoint me fut nécessaire comme antidote « hyperréaliste » à l'excès de l'impressionnisme environnant. Le risque d'être subjugué par l'exotisme se trouvait endigué par l'extrême précision, la minutie, la part onirique, des descriptions d'un univers proprement occidental : celui des Etats-Unis. Des Etats-Unis dans les années vingt, trente et quarante où, d'évidence, trop jeune, l'auteur n'a pas vécu, mais dont il reconstitue le climat, le décor, les modes, les manières d'être (ou de manque d'être) par des scènes à la fois caractéristiques et hypothétiques inspirées chacune d'une toile du peintre américain Edward Hopper (1882-1967). Edward Hopper, précurseur du pop'art, est un phénomène de l'art moderne : il a délibérément ignoré ses recherches (cubisme, abstraction, surréalisme) pour s'en tenir à une vision très personnelle de la réalité de son époque. Réalité figurative, stylisée, géométrique, éclairée toujours par l'étrangeté, l'insolite qui surgit de l'intérieur des choses et des êtres. Ce peintre a travaillé en solitaire et son œuvre a acquis une dimension d'universalité, non seulement esthétique, mais comme témoignage.

Bien entendu, Claude Esteban, dans une prose admirable de concision, de couleur, surabondante en détails vrais et surprenants, ne se propose ni de dresser un catalogue de l'œuvre peint, ni même de simplement « l'illustrer » comme, à l'inverse, il arrive à un peintre d'illustrer les textes d'un écrivain. Ce qu'il réussit est une performance assez rare : prendre une toile pour tremplin de l'imagination. Inventer ce qui se passe une fois le tableau achevé, placé sur la cimaise. Pénétrer ce tableau et l'animer, comme s'il s'agissait d'un théâtre, d'une mise en scène à combiner à partir de personnages figés dans leur éternité et de « natures » déjà mortes. De ces natures, précisément, que le regard du peintre a définitivement cadrées, le poète, lui, procède à la résurrection. Les « scènes de genre » d'Edward Hopper trouvent dans l'écriture le prolongement de la fable et de la fiction, qu'il s'agisse d'un « phare sur la colline » ou d'une « Eglise à South Truro », d'une chambre d'hôtel (un des lieux de prédilection du peintre, où le poète apporte des touches d'ambiguïté, de trivialité, de sensualité quasi baudelairiennes). Un compartiment de chemin de fer, un quai de gare, un bureau dans une petite ville, un entretien nocturne, et, pour finale, le soleil dans une pièce vide, deviennent les éléments d'un vertigineux kaléidoscope, pictural, mental et social. On pense, sans doute, à l'objectivisme ou à la littérature « objectale » d'un

Butor, du premier Robbe-Grillet. Mais il est clair qu'Esteban a dépassé ce stade ou cette limite d'école : son univers rejoint et transpose la palette du peintre. Et son écriture accumulative — qui ne cède jamais à la facilité — nous plonge dans cet état second qui est celui du vécu-rêvé, d'un « mentir-vrai » magistralement adapté à sa fonction révélatrice.

Charles DOBZYNSKI

Claude COLLIGNON : *La Traversée des incendies* (Le Seuil).

En 1957, deux hommes jeunes essaient d'échapper à la guerre. L'un, versé dans le service de cartographie, fraternise avec les Touareg du sud constantinois, ses guides, jusqu'à s'habiller comme eux. Les cartes du désert qu'il trace l'éloignent de plus en plus de l'armée. L'autre a déserté et s'est réfugié dans les montagnes, les Basses-Alpes sans doute. Il a trouvé une nouvelle identité, un emploi de bûcheron, des compagnons. Après sa rude journée de travail, il peint et dessine, et ses toiles auront des acheteurs. Des souvenirs de résistance se rallument, des actions clandestines s'organisent. Malgré un amour très fort pour une jeune musicienne, Paul repart, remonte dans un train qui le ramènera vers la guerre.

Roman d'aventures, livre d'hommes où les femmes jouent un rôle effacé ? C'est un peu vite dit, et beaucoup d'énigmes subsistent, à commencer par le lien mystérieux entre ces deux hommes qui semblent si proches, si pareils, comme s'ils n'en faisaient qu'un. L'ouvrage est construit en chapitres qui alternent, brisant la continuité de la lecture. Le cartographe a connu un sculpteur, Giacomo. Or, dans le village où arrive Paul, ce même Giacomo vient de mourir, et il prend tout naturellement sa place dans la communauté. Mises à part les horreurs de la guerre, tout semble harmonieux, presque trop beau : ni traîtres, ni révoltés. Alors pourquoi cette tristesse, la double fuite qui termine le livre ? La langue est d'une extrême précision, et belle.

Nelly STEPHANE

Philippe MIKRIAMMOS : *Passantes* (Fourbis).

Voici un petit livre qui, dès la lecture de son titre, invite le lecteur à la nostalgie. Pourtant, Philippe Mikriammos ne se laisse pas aller à accumuler anecdotes ou confidences sur les femmes qu'il a connues ou, simplement, croisées. Non, au fil de ces petits tableaux, ces épures de nouvelles, ces instantanés frôlant le scénario (ainsi, cette étonnante rencontre à la fontaine de Trevi, p. 30), le narrateur reste attentif à ces petits riens qui rythment son existence et son écriture. La courbe d'une lèvre ou le tressaillement d'une voix, voici ce qui retient son attention.

On pourra lire ce livre comme un traité de séduction où ne figureraient pas la moindre trace de machisme, ou, pire encore, de vulgarité. « Je ne sais pas comment ils s'arrangent, ces types qui savent s'y prendre. Ils sortent des phrases toutes faites, et l'on dirait que c'est exactement ce qu'elles souhaitent ! » Philippe Mikriammos ne donne pas de conseils, il pratique toujours *l'understatement* : conversations à peine ébauchées qui signifient bien davantage que des pages de dialogues ou remarques incisives qui nous font regretter de ne pouvoir perdre des heures en sa compagnie dans une réception.

A travers ces souvenirs suggérés avec humour perce un profond désir d'une connaissance de soi à laquelle seules ces femmes qui le fascinent, qu'il admire mais que, souvent, il ne peut comprendre, pourraient le faire accéder.

Dominique LABARRIÈRE

Philippe CHARDIN : *L'Obstination* (Jacqueline Chambon).

Voici un roman qui se rit des conventions. Eût-il été un roman épistolaire que nous aurions lu des échanges tour à tour mornes ou hargneux entre les protagonistes d'un amour finissant. S'il s'était contenté de devenir pour le mâle séduit — et pour le lecteur toujours avide d'un recommencement amoureux — un simple roman de formation, il nous aurait trop tenu par la main. Mais nous errons. Nous lisons quelques bribes de lettres, nous assistons à un combat malheureux pour le bonheur, à un « quand-même-encore-malgré-tout » peu raisonnable. Et l'errance parallèle des deux hommes, celui qui souffre et celui qui lit, est passionnante.

Il s'agit donc d'un homme qui souffre. Celle qu'il aime veut le quitter. Elle en désire peut-être un autre, plus jeune, moins intellectuel, moins ridiculement émotif. Elle le quittera. Plus passif que volontaire, le héros de Philippe Chardin sait qu'il est perdu. Il proteste mais il subit. Il récite mentalement le credo woody-allénien de l'existence : « acheter un livre, tenter de draguer, aller se tuer ». Il espère. Il vit par obstination comme d'autres par procuration. Il ratiocine à l'excès. Ratage sentimental, ratage existentiel, ratage langagier aussi. Car, paradoxe discrètement insupportable, ce personnage a pour mission de manier la langue. Professeur d'université, il connaît les procédés rhétoriques, le discours de la persuasion, les troubles du non-dit. Il les enseigne. Et tout à coup il les vit. Mais quoi de plus différent de la littérature que la vie ! Et l'universitaire découvre qu'il n'est de véritable talent que de l'auditoire et que les mots ne peuvent que désunir : la jeune fille se passe très bien des griffonnages ronronnants ou acérés du surnommé Misti. Si les mots nous lâchent, il reste les chiffres. Mais la stochastique (de savoureuses pages sur la taille des amoureux selon les enquêtes de l'INSEE) ne guérit pas du malheur.

Comment rendre le ratage ? Tâche insurmontable de l'écrivain. Pavese, dans *le Métier de vivre*, avouait que le véritable raté n'est pas celui qui ne réussit pas dans les grandes choses mais celui qui ne réussit pas dans les petites. Comme garder une femme près de soi. Chardin semble reprendre ce ton banal de la constatation. La jeune femme dit à Misti : « Tu as été déchu, voilà tout ». De la première page du roman (*la* lettre de rupture, message mal ficelé d'une jeune fille en partance) à la magistrale conclusion en huit lignes de cette histoire, sorte de « poussière tu es, à la poussière tu retourneras », le ratage donne de l'épaisseur à l'insignifiance de la vie. Le charme du récit naît d'ailleurs de quelques satires d'instances greffées sur le déchirement des deux amants : le milieu universitaire aux très secrètes indignités, le milieu psychanalytique et ses escrocs intellectuels, le milieu familial avec son lot de vieilles tantes.

Vraisemblablement, Philippe Chardin a écrit là un roman autobiographique. Nourri d'une passion. De ses passions littéraires aussi : Proust ou Kafka. On y découvre un ton distendu à la Musil. Comme si le roman du dernier quart du XXe siècle se devait de saluer ceux du premier quart.

Philippe AMEN

Jean-Pierre SIMÉON : *Le Sourire du chien* (Editions de l'Aire).

Un homme, qui pense avoir pris part à un meurtre à l'occasion d'une bagarre lors d'un collage d'affiches, quitte sa ville, dans l'est de la France, son travail à l'usine, ses amis et la femme qu'il aimait pour fuir à Paris. L'accompagne une jeune Allemande qui ne parle pas le français, un amour de rencontre qu'il va perdre et retrouver. Au fil de ce récit insolite et prenant, le lyrique (qui n'avait emporté avec lui que *le Fou d'Elsa*...) se transforme en cynique et en tueur. (Ailleurs, des hommes continuent de vivre, de lutter, d'espérer, avec lesquels il conserve pourtant un lien de parenté.)

On retrouve dans ce deuxième roman de Jean-Pierre Siméon son goût pour les victimes, les villes pluvieuses, les rues et le métro de Paris et des êtres à la dérive déjà croisés dans *Passage du désir*. L'écriture est souple, chaude, persuasive et la note est tenue tout le long du livre. Cet écrivain (qui est aussi poète) continue sa trace. Son roman paraît aux Editions de l'Aire.

Que ce soit l'occasion d'attirer l'attention sur le goût dont témoigne cet éditeur de Lausanne qui, sous de belles couvertures hivernales, présente de nombreux auteurs à découvrir. A signaler notamment : *En Enfer mon amour* de Marie-Claire Dewarat, jeune romancière suisse et *La Fabrique du corps* de Michel Buenzod, l'auteur de *la Folie Méricourt*.

Francis COMBES

Michael DIBDIN : ***Vendetta,*** traduit de l'anglais par Hélène Amalric (Calmann-Lévy).

Vendetta est un roman tout à fait exemplaire d'une certaine évolution du roman policier qui rend de plus en plus floue la frontière entre littérature policière et littérature tout court, tout en satisfaisant les amateurs exclusifs de l'une ou de l'autre. Longtemps, le roman policier s'est limité à la seule intrigue policière, à la seule élucidation de l'affaire qu'il mettait en scène. Et le personnage de l'enquêteur était un personnage fonctionnel auquel l'auteur faisait parfois la grâce de quelques excentricités ou de quelques états d'âme. Puis un certain nombre d'écrivains, notamment Ed Mc Bain qui s'en est fait une spécialité, ont composé des intrigues modulaires comportant plusieurs affaires criminelles parallèles ou croisées ; l'enquêteur a pris de l'épaisseur, de la densité.

Aujourd'hui certains romans superposent plusieurs strates de récits en un ensemble complexe dont les parties entrent en résonance les unes avec les autres. C'est le cas de *Vendetta*, cinquième roman d'un auteur anglais remarqué dès son premier livre, *The last Sherlock Holmes story*, et qui, en 1988, a reçu le « Golden dagger » décerné par la Crime writers association, la plus haute distinction anglaise dans le domaine du roman policier, pour *Ratking*. Le héros en est un flic italien, Aurélio Zen, qui est saisi à la fois dans sa vie privée et dans sa vie professionnelle : à la fin du roman, l'une comme l'autre auront subi de profonds changements. Il aura ainsi découvert par exemple que sa mère n'est peut-être pas la vieille femme renfermée et cloîtrée qu'il croyait, comme il se sera débarrassé d'une image qui jusqu'alors lui collait à la peau et rendait son intégration difficile. Quant à l'intrigue proprement policière, elle est constituée de fait par l'intrication de trois affaires, mêlées et nouées, qui permettent à l'auteur de jouer sur un long clavier de situations puisqu'il jongle avec un problème de chambre close assez baroque, une traque sans merci, une enquête camouflée, des indices de machination, et j'en passe. Sans compter un contexte politique dont l'auteur a su rendre avec beaucoup d'à-propos les spécificités : l'Italie n'y est pas un simple décor commode, elle est le seul lieu où l'intrigue aurait pu se dérouler. Est-il besoin d'ajouter que l'ensemble de ces éléments est fondu en un tout harmonieux qui fonctionne comme un piège dont le lecteur ne se défait pas avant le mot fin ? Avec *Vendetta*, les éditions Calmann-Lévy confirment avec éclat leur percée dans le domaine de la littérature policière.

Jacques BAUDOU

Robin COOK : *Vices privés et vertus publiques* (Terrain Vague).

Robin Cook est habituellement classé parmi les auteurs de *série noire* dont il a contribué, ces dix dernières années en France, à renouveler l'intérêt. Tous les classements sont, on le sait, abusifs, surtout dans notre pays où sévit encore une sorte de hiérarchie des genres qui conduit le plus souvent à l'ignorance, voire au mépris. D. Goodis, J. Thomson et bien d'autres auteurs ont longtemps connu le purgatoire, vénérés soigneusement par quelques chapelles « occultes », et mis au ban par une intelligentsia soucieuse de préserver jalousement son droit de veto et... sa raison d'être. Il suffit aujourd'hui d'ouvrir un journal pour se convaincre, hélas, que ces temps sont loin d'être révolus... On ignore encore que *la Fin d'un primitif* de Chester Himes peut être mis en regard de *l'Etranger* d'Albert Camus, et que Goodis est un auteur on ne peut plus borgésien.

Ce livre de R. Cook a paru en 1967, et il n'avait pas été traduit jusqu'à ce jour. Il ne s'agit pas de l'exiler sur l'aire du roman de mœurs, par opposition aux séries noires du même auteur. Qui connaît les désespérances acides et mordantes de R. Cook, esquissant au vitriol l'Angleterre en passe de succomber au tatchérisme ne sera pas autrement surpris par ce récit serré, délibérément gainé par les unités classiques de temps, d'espace et d'action (ou presque). En son centre, un personnage : Lydia qui, comme son homonyme romain — celle à qui Horace adressa ses Odes —, oscille entre le bien et le mal, sainte et putain à la fois, héroïne malgré elle d'une trouble tragédie dont elle ne sera, en fait, que le jouet impuissant, la victime expiatoire. Autour d'elle, l'Angleterre à double fond, là où les échoppes crasses des négociants en pornographie font un pied-de-nez à la grandiloquence puritaine des cottages et des résidences pour happy few. La vieille Angleterre et ses souteneurs officiels, ses blasons pluvieux et son dandysme pied-bot, son indifférence aussi, plus aveugle que ses brumes lascives.

Robin Cook, comme le sudiste Faulkner, sait peindre la haine sous les couleurs du préjugé, mais il étale aussi avec une humanité sans pareille les brefs scintillements de l'amour, de la *pitié*. Levant les voiles, il nous invite à pénétrer dans le « salon très noir » de la mort qu'évoquait John Gray, et à écouter les morts, ceux qui, comme les vivants qu'ils furent, attendent que nous les accompagnions : « nous sommes liés aux autres, qu'il s'agisse de les aider, de les courtiser, de les désirer, de les aimer, de les solliciter à chaque instant, de s'appuyer sur eux, de les pleurer (...) ». Il est difficile de revendiquer une telle écriture, sans sombrer dans le misérabilisme sentimental que maints romans s'accordent aujourd'hui à consommer. Robin Cook y parvient quant à lui, car il libère notre *charité*. Ses personnages ont un visage et une âme, très simplement, et c'est cette nudité qui, soudain, rend l'évidence des reflets qui les unissent.

La traduction de Jean-Paul Gratias sert avec sensibilité ce livre qui, comme tous les livres pudiquement sérieux, ne néglige pas l'humour et dissimule sous sa légèreté apparente les lentes déchirures de *l'attente*.

Jean-Paul CORSETTI

ESSAIS, DIVERS

Steve MURPHY : *Le Premier Rimbaud ou l'apprentissage de la subversion* (Editions du CNRS/Presses Universitaires de Lyon).

Ce livre s'adresse en tout premier lieu à ceux qui ont tenté d'évacuer, au sein de la critique rimbaldienne, les rapports complexes que l'œuvre du poète tisse avec le milieu socio-culturel, politique et idéologique qui la vit naître. Steve Murphy s'attache essentiellement au « premier Rimbaud », c'est-à-dire aux vers écrits de 1869 à 1872. Son exégèse, aussi érudite que précise, se porte donc sur un travail d'apprentissage de la *modernité*, d'une langue et d'une poétique en prise avec la turbulente réalité de l'Empire et de la Commune. Pour ce faire, Steve Murphy ne néglige aucune source, aucun document, il restitue la genèse des textes et compare les différentes versions manuscrites, détecte enfin les multiples réseaux, codes et structures qui agissent dans cette poésie de la subversion et de la révolte : parodie, pastiche, plagiat, récurrences lexicographiques, intertextualité, rhétorique, etc. Rimbaud est ainsi replacé dans un contexte à la fois riche et dense : « Tous les styles poétiques, la caricature et l'invective des *Châtiments* de Hugo, le réalisme de Coppée, la fantaisie funambulesque du Parnassien Théodore de Banville, l'interrogation existentielle de Baudelaire. Cependant, s'il a pu adopter ces styles, il ne s'y est jamais platement adapté. » Son intégrité et son génie parviendront en revanche à revisiter ces *formes*, à les transformer dans une autre direction et un autre sens. Rimbaud dénonce la morale puritaine et cynique de la bourgeoisie du Second Empire, la provoque et la radiographie dans un verbe poétique *inédit* — inouï —, pour instaurer ce qu'on pourrait déjà appeler une terreur dans les Lettres.

Fort d'une connaissance quasi exhaustive de tout ce qui a pu être écrit sur le poète (et dans de nombreux pays), jouant malicieusement des différentes approches critiques dont dispose aujourd'hui l'exégèse, et maîtrisant parfaitement les outils de la philologie, de la lexicographie ou de la rhétorique de l'époque, Steve Murphy donne au poète un nouveau visage. Non seulement il livre ici des clefs de lecture indispensables et nouvelles, mais il dévoile des sources inconnues ou négligées. Avec ce volume, c'est une coupe d'un demi-siècle de littérature qui est parcourue, une coupe qui met en « relief » l'écriture et la pensée rimbaldiennes telles que les Lettres du Voyant, en 1871, en fixaient déjà les grands principes. De plus, plusieurs poètes jusque-là considérés comme mineurs, ainsi Glatigny, Mérat ou Coppée, sont réhabilités. L'archéologie à laquelle Steve Murphy s'est livré nous permet de découvrir la signification de textes volontiers écartés par la critique, sous couvert d'« illisibilité », ou encore chargés de contresens.

Le Premier Rimbaud appartient désormais aux ouvrages majeurs de la critique rimbaldienne, et plus généralement de celle qui étudie la seconde moitié du XIXe siècle. Faut-il préciser, de surcroît, que Steve Murphy, universitaire anglais, manie parfaitement notre langue, qu'il sait jouer d'humour et exercer l'art de la nuance ? Certainement pas pour ceux qui connaissent déjà ses nombreux travaux et savent qu'il dirige l'une des plus sérieuses revues dévolues à l'auteur des *Illuminations : Parade Sauvage*. On attend avec impatience les volumes qui doivent suivre celui-ci, et qui réservent comme lui bien des surprises.

Jean-Paul CORSETTI

Gérard BAYO : *L'Œuvre inconnue de Rimbaud* (Librairie Bleue, Troyes).

Voici le troisième essai que Gérard Bayo consacre à l'œuvre rimbaldienne. Il s'agit bien de l'œuvre, elle seule, non du mythe Rimbaud, ni de l'homme. A son tour, il a cherché la clef de cette œuvre, persuadé que la phrase de Rimbaud : « Ça ne veut pas rien dire » (Lettre à Izambard) signalait un sens codé. Il a accompli un travail considérable, tout d'abord de consultation de documents, puis d'établissement d'un lexique (450 mots pris chez Rimbaud, explicités dans le cours de l'ouvrage, figurent à l'index), à partir duquel sont proposés des commentaires de textes.

Selon G. Bayo, toute l'œuvre rimbaldienne est une prosopopée. Quand le poète dit « je », c'est bien « un autre » qui parle et cet autre est un mort, une âme du purgatoire (parfois des limbes ou du shéol). « La vraie vie » est celle d'après la mort terrestre. Cette âme éprouve à la fois les souffrances de son état et la joie liée à la certitude du salut, d'où les ambiguïtés apparentes des poèmes.

La clef était restée cachée grâce au « dérèglement de tous les sens », un usage extensif de la polysémie permettant à Rimbaud de dire ce qu'il voulait dire tout en brouillant les pistes. Les dictionnaires les plus divers : théologie, argot, botanique, symbolique biblique, langues étrangères, etc., sont mis à contribution. Pour retrouver une cohérence sous la polysémie, cohérence qu'il étend non seulement à l'ensemble de l'œuvre poétique mais à la correspondance et aux articles de presse rédigés par Rimbaud, G. Bayo s'éclaire d'ouvrages que celui-ci a pu consulter à la bibliothèque de Charleville : *De l'état heureux et malheureux des âmes souffrantes en purgatoire* du R.P. Binet, le *Traité du purgatoire* de sainte Catherine de Sienne, un article sur les catacombes de Rome paru dans *le Tour du monde* en 1868. Ce dernier est reproduit dans l'ouvrage, une des illustrations montre une sépulture multiple que l'auteur de l'article appelle « bibliothèque de corps saints ».

G. Bayo ne s'explique pas sur les raisons qui ont pu faire choisir à Rimbaud cette thématique. Il indique simplement que la croyance dans le purgatoire était fort répandue dans les Ardennes des années 1850-1870. Par ailleurs, on avait dans la famille Rimbaud une grande familiarité avec les cadavres, comme le montrent trois lettres de sa mère reproduites dans le volume précédent, décrivant avec minutie le relevage des corps de son père et de sa première fille.

Nous pouvons aussi penser qu'avec le purgatoire, Rimbaud donnait une métaphore de la condition des vivants, faite de tourments et d'espoir. Des hommes de ce temps ont cru très fort qu'ils n'étaient pas damnés de toute éternité, Rimbaud a été mêlé à eux. Mais G. Bayo s'abstient de quelque interprétation que ce soit.

L'hypothèse qu'il émet, soutenue tout d'abord dans des articles de revues puis dans les trois essais parus en 1985, 1987 et 1990, est évidemment de nature à perturber sérieusement les études rimbaldiennes. Elle a été accueillie avec prudence mais sans hostilité dans les milieux universitaires. Présentée avec honnêteté, étayée par une documentation abondante, elle mérite l'attention. G. Bayo s'est approché de Rimbaud en poète qui sait que les sens multiples enfermés dans les mots peuvent s'enchaîner, ou se déchaîner, en conséquences infinies.

Françoise HAN

Armand OLIVENNES : *Conon de Béthune* (La Dondaine, Résidence Mermoz, 59100 Roubaix).

Avec un statut d'association, les éditions La Dondaine se sont donné pour objectif la diffusion des œuvres écrites et plastiques de ses adhérents. Armand Olivennes n'en est, cependant, pas à son coup d'essai avec *Conon de Béthune*, édité avec le concours de la ville sus-nommée et de son député-maire, M. Jacques Mellick qui a, d'ailleurs, signé la préface. Conteur et essayiste, Olivennes est aussi l'auteur d'une œuvre poétique considérable dont *Clerouque*, publié l'an dernier par les éditions Alpha Bleue, donne un aperçu intéressant.

Ce qui aurait pu être une biographie romancée s'agence, en fait, comme une enquête minutieuse sur le parcours existentiel du trouvère ; enquête qui se déploie sur le double registre historiographique et philologique.

Historiographique, tout d'abord : Conon naît à Béthune, au sein d'une famille de moyenne noblesse, vers le milieu du XIIe siècle. Mais c'est en Orient, dans la ville d'Andrinople dont il était devenu le régent, que son aventure terrestre s'achève vers

1220. Entre ces deux extrêmes, sa vie épouse le mouvement des Croisades et les guerres d'influence entre suzerains et vassaux qui le mettront souvent dans des situations inconfortables. Surtout — et c'est là, bien sûr, que se situe la naissance du poète courtois —, il y a la rencontre avec Marie de Champagne, fille d'Aliénor d'Aquitaine et de Louis VII. Là encore, sa déclaration auprès de la princesse se double du souci d'infléchir la monarchie française en faveur de la Cour de Flandre dont il restera jusqu'au bout l'ambassadeur fidèle. Que Conon ait été déçu dans son attente, tant amoureuse que politique ne surprend guère, tellement sa démarche apparaît, dès le départ, ambitieuse. Ce dépit l'engagera plus fermement dans les Croisades, surtout la Quatrième (1200-1205) où il prendra un rôle important dans la levée des troupes vénitiennes et leur acheminement vers Constantinople. C'est là que la fortune des armes lui autorisera une ascension sociale refusée en terre de France.

Qu'une telle vie (qui inspirera Chrestien de Troyes), don-quichottesque avant le terme, n'ait légué à la postérité qu'une dizaine de chansons dûment identifiées, quoi d'étonnant ? Tirées d'un florilège d'Axel Wallenskold (publié en 1921), elles sont présentées ici dans les deux idiomes, français et picard, étayées par des commentaires exégétiques. Le souci principal de cette traduction était de restituer plus l'esprit que la lettre. C'est chose faite et, sans nul doute, c'est dans cette partie philologique que l'on apprécie le plus l'érudition d'Olivennes, malgré, çà et là, des digressions lexico-psychanalytiques fastidieuses. On ne s'étendra pas ici sur l'origine et la thématique de l'amour courtois largement exposées dans ce livre. Quant à l'expression de Conon, elle n'a pas grand-chose à voir avec le lyrisme un peu emphatique de Jaufré Rudel ou Bernard de Ventadour. Qu'il vante ou maudisse sa dame, qu'il fustige les barons et tous ceux réticents à l'appel des Croisades — c'est même ce qu'il fait le mieux —, son vers reste sobre, presque sec. Ainsi, ce quatrain, extrait de la quatrième Chanson, « Ahi ! Amour, quelle dure séparation » :

Si voirement con j'en part a dolor !
Las ! K'ai je dit ? Ja ne m'en part je mie !
Se li cors va servir Nostre Signor
Mes cuers remaint del tot en sa baillie.

Tant il est vrai que je m'éloigne d'elle avec douleur !
Mais qu'ai je dit ? Je ne m'en sépare pas !
Si le corps va servir Notre Seigneur
Mon cœur reste tout entier en son pouvoir.

Qu'exprime-t-il donc, ce trouvère, sinon sa déception face à « un monde où l'action n'est pas la sœur du rêve ». Ce faisant, il est en amont de toute une lignée de poètes aventureux et mal-aimés dont le moins doué n'est pas Rutebeuf chez qui, en un tout autre contexte, on retrouve des accents proches.

Le projet apologétique qui sous-tend tout écrit qu'un poète peut consacrer à un autre poète ne doit pas — et c'est le cas, ici — écarter la raison d'être d'un tel ouvrage qui éclaire, à travers une de ses figures emblématiques, les origines de la poésie française.

Jacques LUCCHESI

Michel ORCEL et François BODDAERT : ***Ces Imbéciles croyants de liberté (1815-1852)*** (Hatier).

A la veille de la dernière guerre, les éditions Gallimard avaient lancé un *Tableau de la littérature française* où chaque auteur du passé était confié à un écrivain contemporain. La Fontaine échut à Léon-Paul Fargue, Racine à Giraudoux, Rousseau à Cocteau, Montesquieu à Valéry, Voltaire à Guéhenno, Diderot à Drieu La Rochelle.

Fabuleuse loterie. Les éditions Hatier ont eu une idée similaire en proposant à des écrivains d'aujourd'hui de traiter une tranche chronologique ou un aspect de notre histoire littéraire. C'est ainsi que Jean-Noël Vuarnet fait briller de tous ses feux le libertinage de la Régence et du règne de Louis XV, que Pierre Pachet suit les variations des « baromètres de l'âme », c'est-à-dire la naissance du journal intime, tandis que Jean Roudaut devient le géomètre des villes imaginaires.

François Boddaert et Michel Orcel se sont mis à deux pour raconter le premier XIXe siècle. Se prendraient-ils pour Lagarde et Michard ou autres Castex et Surer ? Leurs coups de cœur et leurs coups de plume suffisent à les en distinguer. Leur ironie aussi qui leur fait se demander si le Romantisme naît à l'est. A l'est de la France, et plus précisément à Besançon où Fourier voit le jour en 1772, Nodier en 1780, Hugo en 1802, Proudhon en 1809. Le mot *Restauration* permet de jouer sur le retour à l'ordre ancien qui se consomme en 1815, sur le développement des restaurants que commentent Grimod de La Reynière et Brillat-Savarin, et sur les reconstitutions archéologiques d'Alexandre Lenoir, en attendant Viollet-le-Duc.

Au-delà de ces clins d'œil, les deux guides nous font traverser les grandes places de notre littérature, celle, par exemple, où Chateaubriand sculpte sa propre effigie pour la postérité, mais aussi les recoins et les ruelles : Joubert et Senancour travaillent dans l'ombre ; plus loin Raabe, Pétrus Borel et Aloysius Bertrand provoquent le bourgeois. A côté des plus grands, justice est rendue à Gautier dont l'œuvre immense ne se réduit pas aux quelques poèmes et contes qu'on a communément retenus, à Barbey, insupportable et superbe, à Henri Heine, poète français méconnu. Napoléon meurt et les craquements du chêne qu'on abat résonnent à travers toute l'Europe ; 1789 continue à hanter les imaginations ; les utopies et les mysticismes fermentent ; 1830 et 1848 sont des coups de tonnerre dans un ciel chargé. *La Russie en 1839* de Custine et *la Démocratie en Amérique* de Tocqueville surplombent les mouvements de foule et l'irrépressible aspiration à la liberté qui donne son titre à ce bel essai.

Michel DELON

LACENAIRE : *Mémoires et autres écrits,* édition établie par Jacques Simonelli (José Corti).

Il était grand temps que l'on réimprime les *Mémoires* de ce célèbre « poète assassin » et anarchiste (1805-1836) et que l'on réunisse, par la même occasion, le peu de ses autres écrits qui ait survécu dans diverses archives. L'exemple de la vie et des *Mémoires* de Lacenaire, qui avait délibérément cherché à se faire arrêter pour assassinat, puis condamner et guillotiner, aurait peut-être, selon Jacques Simonelli, inspiré certains passages des *Chants de Maldoror* de Lautréamont, dont l'auteur habitait un des quartiers de Paris que Lacenaire avait fréquentés. Mais l'on sait en tout cas, par la lettre qu'André Breton et Louis Aragon ont adressée en février 1922 au grand bibliophile Jacques Doucet, et surtout par un célèbre et bien sanguinaire passage du *Second Manifeste du surréalisme* de Breton, que la vie et les écrits de Pierre-François Lacenaire et l'exemple de son admirateur et émule Lucien Morisset, le « clerc de notaire assassin » de Tours, ont exercé une influence décisive sur la définition de « l'acte surréaliste le plus simple ». Celui-ci consisterait en effet, selon Breton, « revolvers aux poings, à descendre dans la rue et à tirer au hasard, tant qu'on peut, dans la foule. »

Dans son excellente introduction à ces *Mémoires et autres écrits de Lacenaire*, Jacques Simonelli nous rappelle brièvement et fort à propos que Morisset, mauvais poète de même que Lacenaire et lecteur passionné des *Mémoires* de ce « poète assassin » déjà depuis longtemps guillotiné, avait en juin 1881 vidé à Tours, au bord de la Loire, le chargeur de son revolver sur « un groupe de gens dont les cris et les chants l'irritaient », laissant derrière lui trois blessés. Un peu plus loin au cours de la même promenade, Morisset « vise un inconnu assis sur un banc public ». Atteinte au ventre, cette nouvelle victime mourra de sa blessure. Maîtrisé enfin par des passants Morisset déclare ensuite à la police avoir commis ces crimes « pour se venger de la société. »

Les *Mémoires* de Lacenaire et l'exemple de Morisset nous offrent des illustrations éloquentes de cette théorie de « l'acte gratuit » qui a plus tard hanté l'esprit de Gide, surtout dans *les Caves du Vatican*, et ensuite aussi celui de Breton et de ses disciples. Dans les *Mémoires* de Lacenaire, l'on trouve en outre de nombreuses expressions assez grandiloquentes d'un certain extrémisme politico-littéraire dont une des premières manifestations, également admirée par Breton, apparaît dans les écrits du bien plus paisible Lycanthrope Pétrus Borel, contemporains de Lacenaire et presque tous publiés entre 1832 et 1839.

Lacenaire avait toutefois raison dans son mépris, exprimé tout au long de ses *Mémoires*, pour la phrénologie, qui cherchait à expliquer par les bosses du crâne le caractère de l'individu. « Anthropologie des imbéciles », selon le terme auquel Bernard-Henri Lévy a recours pour condamner de même, dans *les Aventures de la liberté*, la crânologie de Georges Vacher de Lapouge, la phrénologie de Lavater a déjà deux siècles d'existence et continue à avoir des adeptes, surtout dans des baraques foraines, où il m'arrive parfois de trouver encore de ces magnifiques bustes de porcelaine qui indiquent la prétendue signification des diverses bosses que pourrait présenter un crâne humain.

Edouard RODITI

Roger VITRAC : *L'Enlèvement des Sabines*, édition établie et présentée par Jean-Pierre Han (Deyrolle éditeur).

Ne voir en Vitrac qu'un dramaturge, peu à peu réduit à l'unique *Victor*, et à la rigueur un poète, ce serait céder à la détestable et paresseuse manie des étiquettes. Depuis une quinzaine d'années, Jean-Pierre Han s'est donné pour tâche de nous faire connaître tous les visages de celui qu'Henri Béhar avait appelé « un réprouvé du surréalisme ». Après cinq volumes publiés aux éditions Rougerie, l'entreprise se poursuit aujourd'hui chez un nouvel éditeur parisien, Deyrolle, dont une des ambitions est d'abolir les frontières entre écrivains et peintres. Point de chute tout trouvé pour accueillir l'ensemble des écrits de Vitrac sur l'art.

Un ensemble modeste, précisons-le. A peine une vingtaine de textes, généralement courts, voire très courts, publiés entre 1922 et 1935 dans divers journaux et revues : *Littérature, Documents, les Cahiers d'Art* et même *l'Instransigeant*. Sujets des articles : Brancusi, Chirico, Klee, Lipchitz, André Masson, Picabia, Picasso, sans oublier le peintre Gaston-Louis Roux, proche de Vitrac, qui lui a consacré plusieurs chroniques. L'une d'elles, « l'Enlèvement des Sabines », empruntait son titre à celui d'un tableau de Roux, et c'est elle qui a servi à désigner le présent recueil. « Je ne suis pas critique d'art », écrivait Vitrac en 1930 (dans un article sur Paul Klee), et il lui arrive de brocarder les critiques professionnels. Aussi ne cherche-t-il pas à les singer. Pour parler d'hommes qu'il rencontre chaque jour — peintres, ou sculpteurs comme Brancusi et Lipchitz — et avec qui il entretient souvent des relations d'amitié, Vitrac ne se guinde pas. Il aborde leurs œuvres en poète et sans s'interdire l'humour : voir son « Humorage à Picasso », rédigé en vers bouffons qui préfigurent un peu la manière de Prévert. De plus, il se tient à l'écart des revirements doctrinaux, refusant d'entériner l'excommunication de Chirico par les surréalistes « orthodoxes » et proposant, sous forme d'interview, un « Francis Picabia, évêque » très propre à scandaliser tous les tenants de l'art moderne. Bref, quand il se mêle de parler peinture ou sculpture, Vitrac est résolument atypique, et c'est ce qui fait le prix de ce mince recueil. On signalera toutefois à l'éditeur une confusion un peu fâcheuse : le dessin qui ouvre le volume, juste avant les portraits de Vitrac par Chirico et Savinio, n'est pas d'André Masson. Celui-ci avait certes donné, pour l'édition originale des *Mystères de l'amour* (NRF 1924, coll. « Une œuvre, un portrait »), un portrait de Vitrac. Mais la même édition offrait, à la suite, un dessin de Max Morise qui visait à « illustrer » la pièce, et c'est ce dessin qui est ici attribué (à tort) à Masson. Méprise qu'il conviendrait de réparer mais qui n'enlève rien à l'extrême intérêt du recueil ni à la qualité de la présentation.

Alain et Odette VIRMAUX

Guy DAROL : *André Hardellet ou le don de double vie* (Presses de la Renaissance).

Un fort beau livre sur un auteur, mort en 1974, André Hardellet, que le « grand public » découvre seulement aujourd'hui. « Flâneur des berges ensoleillées où poussent l'herbe et la rocaille, contemplateur infatigable des eaux limpides d'autrefois au creux desquelles les Sirènes dansent la ronde avec les Muses, Hardellet passe dans la légende, cerclée d'une dure carapace, celle des badauds aquatiques épris de bals et de gisquettes. »

Ce livre de Guy Darol est non seulement écrit dans ce style très soigné, mais le lecteur éprouve une telle joie langagière qu'il est tenté maintes fois de savoir par cœur certaines pages comme on le faisait naguère des poèmes. Guy Darol ne décrit pas la vie anecdotique d'André Hardellet mais il nous entraîne dans le courant de son « moi lyrique », en s'appuyant certes sur les points lumineux des textes et des témoignages, surtout en pratiquant l'art de la co-naissance. L'œuvre d'André Hardellet affleure alors de cette dynamique conjonction entre l'auteur du livre, le poète et le lecteur. « Un ensemble cohérent marqué par l'obsession de la fuite du temps et des pouvoirs de l'imaginaire... L'œuvre laissée incite sûrement à la flânerie... Respirer le large... à portée de vue de chez soi. »

Le livre de Guy Darol éclaire ces différents aspects d'une façon exacte, avec une grande intelligence dans l'analyse — et le paradoxe est que la dynamique poétique dont nous venons de parler ne nuit, en aucune manière, à la connaissance littéraire et même scientifique de l'œuvre d'André Hardellet.

Ajoutons que l'œuvre de ce grand poète encore méconnu est en cours de publication, en trois volumes, dans la collection l'Arpenteur-Gallimard.

Pierre GARNIER

Paul-Marius MARTIN : *Antoine et Cléopâtre. La fin d'un rêve* (Albin Michel).

Le latiniste Paul-Marius Martin, qui pousse l'amour de sa discipline jusqu'à se prénommer comme le vainqueur des Cimbres et des Teutons, vient de publier un *Antoine et Cléopâtre* qui cherche à réveiller et bousculer. Réveiller nos contemporains dont l'inculture historique est consternante. Il s'en indigne drôlement : « Qui se souvient d'Actium ? Les étudiants de lettres classiques l'écrivent "axiome", grâce à leur terminale C. Et les agences de voyages vous déconseillent l'endroit, comme "dépourvu d'intérêt touristique" *(sic)* sauf pour les mordus de ski nautique ou de planche à voile. » Mais il veut aussi bousculer une tradition vieille de deux millénaires qui représente Cléopâtre et Antoine comme « la putain égyptienne et son ivrogne tenu par les sens et la magie ». Cette vision caricaturale a été façonnée de leur vivant par la propagande d'Octave et affinée après leur mort par leur adversaire, devenu l'empereur Auguste. Falsificateur de l'histoire, Octave-Auguste, qui n'hésita pas à détruire non seulement les lettres de César à Cléopâtre mais aussi tous les papiers qu'il possédait personnellement depuis le meurtre du dictateur aux Ides de mars 44, orchestra une campagne de dénigrement dont l'image du couple fameux pâtit encore de nos jours, même parmi les historiens.

P.M. Martin, s'appuyant sur les travaux récents qui ont mis au jour la partialité des témoignages antiques, trop dépendants de la propagande du vainqueur *(vae victis !)*, montre qu'on ne peut réduire les deux plus célèbres amants de l'Antiquité à la caricature d'un couple de débauchés. Derrière Antoine et Cléopâtre se profilent les ombres de César et d'Alexandre : César dont Antoine se voulait l'exécuteur testamentaire et auquel Cléopâtre donna un fils, Césarion ; Alexandre dont ils tentèrent de ressusciter le rêve grandiose d'une union entre l'Orient et l'Occident. Et cette ambition politique était transcendée par la dimension mystique : Antoine se présentait comme un « nouveau Dionysos », un Dionysos-Osiris s'unissant en une hiérogamie, noces sacrées, à une Aphrodite-Isis, avant de s'enfoncer dans cet Orient qui était le berceau du Dionysos mythique, avant de se lancer dans le combat des forces du bien contre les forces du mal. Le beau rêve échoua. Mais Antoine et Cléopâtre n'ont-ils pas triomphé après leur mort ? Des rois sont issus de leur couple. Des rois et des empereurs descendent du mariage entre Antoine et Octavie. Ces empereurs, Claude, Caligula, Néron ont favorisé la pénétration de l'Orient mystique au cœur même de l'Occident, la Rome puritaine d'Auguste. Et si la culture et les institutions antiques ont pu se perpétuer un millénaire après la chute de Rome tombée entre les mains des Barbares, c'est grâce à un empire d'Orient dont la capitale est Constantinople. On sent que P.M. Martin savoure avec discrétion cette revanche posthume.

Ecrit dans un style allègre, parfois enjoué et même provocateur (« la chienlit italienne »), l'ouvrage sait trouver, quand il le faut, la précision minutieuse de l'histoire, l'ampleur de l'épopée, les qualités d'une narration capable, grâce aux sonorités de la phrase, de faire revivre une bataille jusque dans ses bruits : « Les flammèches, fusant des navires incendiés, qui s'enfonçaient en sifflant dans les eaux tièdes du golfe d'Ionie... ». Des cartes, une chronologie, des tableaux généalogiques apportent des points de repère indispensables. Un livre clair, documenté, attrayant et novateur.

Alain MOREAU

Wolfgang SCHIVELBUSCH : *Histoire des voyages en train*, traduit de l'allemand par Jean-François Boutout (Le Promeneur).

Le titre pourrait faire croire à un livre réservé aux amateurs de modélisme ferroviaire ! Mais il n'en est rien, et tous ceux qu'intéresse l'histoire du XIXe siècle, et particulièrement son histoire littéraire, gagneront à se plonger dans ce volume, illustré de gravures mieux choisies que ne l'est l'édition allemande, et dont la traduction permet de suivre avec rigueur l'édifice conceptuel très précis.

Wolfgang Schivelbusch fait partie de cette nouvelle génération de chercheurs qui mettent en pratique cette fameuse « interdisciplinarité » qui peut faire merveille dans les sciences humaines, mais qui, jusqu'ici, est surtout restée cantonnée au niveau des déclarations d'intentions. Partant d'une analyse phénoménologique, il reconstitue, à l'aide des témoignages littéraires (nous avons tous présentes à l'esprit les descriptions de *la Recherche*) mais aussi journalistiques, et à partir d'une analyse de la *peur* initiale suscitée par le chemin de fer, quelle modification de la perception a entraîné le voyage en train, ce « voyage panoramique » qui change l'appréhension du temps et de l'espace, et par conséquent l'idée que les peintres, les écrivains, les urbanistes, se font de leur rapport.

On ne dévoilera pas ici tous les mystères d'une analyse brillantissime qui ne cesse de surprendre et d'enchanter, tant elle nous donne la joie de comprendre ce que nous avions le sentiment de connaître et de savoir, mais sans l'avoir jamais analysé. Schivelbusch montre que c'est le chemin de fer qui a servi de modèle au tracé des rues haussmaniennes, que la ville nouvelle est conçue comme un réseau ferroviaire, dont les axes prolongent les voies par-delà les points stratégiques des gares ; et, de plus, analysant le discours idéologique qui sous-tend ce remodelage de la ville au service de la sécurité politique *et* du mercantilisme, il montre que le concept d'« assainissement » tant invoqué vient en fait de ce que toute la notion biologique de « circulation » a radicalement changé de sens à partir du modèle non pas organiciste, mais techniciste, du chemin de fer. Dans l'économie aussi, la circulation des marchandises est le modèle de la « santé » ; le grand magasin du XIXe siècle, lui-même, programme la circulation des personnes et des biens sur un mode identique à la circulation ferroviaire. Le grand magasin est ouvert au flux de population de la rue, on ne doit pas s'y arrêter. Quelques citations de Zola que nous croyions avoir bien lues prennent un sens nouveau. Et ce n'est pas là la moindre des raisons qu'un passionné de littérature « pure » peut avoir d'écouter, pour une fois, un historien qui analyse, au fil des chapitres, tous les fantasmes, toutes les interrogations suscitées par la révolution des transports. Car ce livre est bien une histoire du *voyage* en train et non une histoire des chemins de fer. Et Wolfgang Schivelbusch, qui s'est intéressé aussi à l'histoire de l'électricité et à celle des excitants, par la conjonction, dans son livre, de la sociologie, de l'histoire et de la philosophie, s'affirme à bien des égards — l'extrême *concentration* du style et la rapidité de pensée en moins, car le livre est parfois un peu répétitif — comme un héritier passionnant d'esprits aussi brillants et suggestifs qu'Adorno et Benjamin.

Jean-Yves MASSON

Régis ANTOINE et Gérard A. JAEGER : *Les Quais sont toujours beaux* (Editions de l'Albaron, Thonon-les-Bains).

Sous les auspices de Saint-John-Perse, ce volume regroupe vingt-six études de spécialistes concernant l'imaginaire du port dans la littérature française et étrangère contemporaine. Au détour de certains chapitres, le lecteur recouvre ainsi le bonheur du voyage, de l'exotisme ou encore de l'utopie intime et du mythe. Comme les villes, les ports ont une âme, et s'épanchent tels ces « paysages littéraires » dont a parlé Jean-Pierre Richard. Matière, couleur, « esprit du lieu », humanité et rêves les parcourent, les frappent du sceau des départs : Ostende, Marseille, Tanger, ou même illusions de l'ancrage, chaque lieu est d'abord le lieu d'une projection et d'une fiction possibles.

Les organisateurs de cette rencontre internationale ont habilement équilibré leur sommaire, depuis les exégèses de littérature comparée jusqu'à la poétique et la mythologie. D'inégale valeur, cet ensemble a cependant le mérite de circonscrire un champ d'analyse généralement relégué dans le rayon de l'anecdote. Par ailleurs, plusieurs contributions d'excellente qualité ouvrent les portes d'une thématique riche et variée, signifiante au plan plus large de la culture et de l'imaginaire géographiques. Entre ethnographie et littérature, histoire et anthropologie littéraire, l'imaginaire portuaire laisse entrevoir des horizons très divers, depuis l'intimisme d'un Simenon jusqu'à la quête aventureuse d'un Cendrars.

Les points de vue très variés quant à l'approche et aux modes d'analyse ou de périodisation donneront certainement aux études sur la question une stimulation et un intérêt non négligeables. Certains textes ont su avec originalité et pertinence mettre en lumière la nécessité d'un travail d'ensemble sur ce « mythe littéraire » qui relie l'épopée ancienne et le récit moderne, mais constitue aussi, pour le travail d'*écriture* à proprement parler, un réel *révélateur*. Avec les contributions de P. Halen, Régis Boyer, G. Pestureau, C. Maciel, J.-C. François, D. Parsons, M. Bensoussan, M. Gontard, M.-D. Le Rumeur, V. Erofeev, S. Ollivier, J.-P. Morel, R. Vernier, L. Pontis, R. Jouanny, M. Genuist, B. Baritaud, S. Winspur, J.-C. Lamatabois, M. Touret, J. Corzani, B. Hue, H. Copin, N. Perera San Martin, R. Antoine et G. Jaeger.

Jean-Paul CORSETTI

Lisons l'Europe : des romanciers non francophones (Editions des Amis de la BCP du Tarn-et-Garonne, Montauban).

L'Association des amis de la Bibliothèque centrale de prêt du Tarn-et-Garonne vient d'éditer un remarquable catalogue des romanciers européens non francophones écrivant pour les adultes et aussi pour les jeunes. Voilà un ensemble bien renseignant et bien renseigné, illustré de photos et de dessins, qui nous propose un tour d'Europe fort plaisant et utile : de l'Irlande à la Sibérie, de Saramago à Laxness, de Llamazares à Makanine, de Ana Maria Matute à Astrid Lingren et beaucoup d'autres... On y trouvera des notices brèves mais suffisantes et, pour chaque pays, une rubrique « pour lire aussi » qui suggère d'intéressants compléments.

Ce travail collectif exemplaire a été réalisé par les personnels et les amis des bibliothèques municipales de Beaumont-de-Lomagne, Caussade, Moissac, Valence d'Agen, avec le concours du Centre de documentation pédagogique et des Archives du Tarn-et-Garonne.

Les romanciers aident à la connaissance et à la compréhension mutuelle des peuples. Ces amis des livres le savent. Ils ajoutent à leur intelligence des choses littéraires un soin et un travail mis sans complaisance au service du lecteur.

Pierre GAMARRA

Jean de BOSCHERE : ***Satan l'obscur ; Max Elskamp suivi de Portraits d'amis*** (La Différence).

Jean de Boschère fait-il partie de ces grands oubliés, éclipsés par les « nouveautés » ? Ce qui est certain c'est qu'il ne fut jamais un auteur grand public lancé à la conquête des best-sellers. Mais s'il ne connut jamais de succès de librairie, il fut néanmoins reconnu par nombre d'écrivains et non des moindres ; à l'étranger par Ezra Pound, Aldous Huxley, D.H. Lawrence, T.S. Eliot et bien d'autres ; en France par Jean Cassou, Jean Paulhan, Edmond Jaloux, Jean Follain et André Suarès, « l'homme douloureux », et comme lui pèlerin de l'absolu, auquel il consacre dans *Portraits d'amis* de bien belles pages.

Né en juillet 1878, à Uccle près de Bruxelles, il était le fils d'un botaniste de renommée internationale qui le fit beaucoup voyager pour lui éviter le repli sur soi. Devenu à dix-huit ans élève de l'école des Beaux-arts d'Anvers, ses premiers écrits furent des essais sur l'art flamand et toute sa vie, en plus de l'écriture, il s'adonna à la peinture, au dessin, à la sculpture et l'on retrouve dans ses écrits, la justesse et la précision du trait qui sont celles d'un graveur.

Il est bien difficile et assez vain de résumer l'action de *Satan l'obscur*, récit transposé de la double liaison que Jean de Boschère eut avec Ann Véra Hamilton (traductrice en anglais de Suarès) devenue Douce dans le roman et de Fryne, sa fille. En réalité, expérience érotique d'un homme tourmenté que l'amour charnel laisse toujours insatisfait parce qu'il ne s'y sent pas sûr de lui et qui, après avoir remporté sur Fryne la victoire, la quitte avec une sorte de joie et de libération vengeresses dont la jeune fille ne se remettra pas.

Tel est donc le thème, mais il ne sert que de prétexte pour dépeindre « la terrible incapacité de vivre » de l'auteur, son inadaptation foncière non seulement « à tout ce qu'admet le siècle, mais à la nature humaine tout entière(« moi qui ne puis pas entrer dans la vie réelle », écrit-il à Max Elskamp). Bien plus qu'un romantique attardé il fut un décadent, comme le furent tant d'écrivains de cette époque, c'est-à-dire « un homme qui ignore les bons principes des finances et de l'agiotage »... et qui va mêler dans le même dégoût la famille, la littérature et les bouffonneries sinistres de la société, rechercher par le raffinement et par une introspection quasi maladive, un idéal inaccessible et une perfection absolue. Son inaptitude à vivre le conduira à créer autour de lui un véritable enfer, celui glacé de la solitude et du refus frileux où viendront se perdre les femmes qui l'aimeront.

Une enfance et une adolescence douloureuses expliquent en partie cette inaptitude à vivre dont il donnera la clé dans son premier roman, *Marthe et l'enragé.*

Dans cette vie pleine d'ambiguïtés et de quête inachevée, quatre hommes auront pleinement partagé son ascèse et on les retrouvera dans le tome II des « Œuvres complètes », consacré à Max Elskamp et suivi de portraits d'amis. Ces quatre hommes ce seront André Suarès, le maître dont l'influence sera constante, Max Elskamp, Mélot du Dy et Milosz auquel il consacre des pages superbes. Curieux personnage que ce Max Elskamp, poète belge peu connu en France et que l'on prit longtemps, à tort, pour un naïf à cause de la simplicité dépouillée de ses vers mais qui consacra sa vie à s'approcher de la connaissance « de cette chose épouvantable et énorme qu'on appelle le Temps ou bien encore l'éternité », et qu'il considère comme la plus haute expression de la vie. Comme Jean de Boschère, Max Elskamp vit en ascète, poursuivant à travers les livres et les religions sa quête spirituelle.

Pierrette SARTIN

la Gazette D'Europe

• ANDRÉ BRETON

Le 16 mai dernier, au Centre Georges-Pompidou, la « Revue parlée » dirigée par Blaise Gautier proposait une rencontre autour du numéro d'*Europe* sur André Breton, avec la participation d'Henri Béhar, Marc Saporta et de plusieurs collaborateurs de cette livraison. Rappelons que la grande exposition « Breton et la beauté convulsive » se tient jusqu'au 26 août.

• PREMIÈRES NOUVELLES

Le concours de nouvelles organisé par la Municipalité de Palaiseau est ouvert jusqu'au 15 septembre. Le jury est composé d'écrivains parmi lesquels Christiane Baroche, Jacques Bens, Claude Pujade-Renaud, François Salvaing. Ce concours récompense chaque année une nouvelle inédite. Pour tous renseignements, s'adresser au Service culturel, Mairie de Palaiseau, 91120 Palaiseau.

• DANS LA VILLE D'INGRES

Sous l'égide de l'association « Lectures plurielles », Pierre Gamarra a donné en avril dernier à Montauban une conférence sur le « Roman en Europe », dans le magnifique décor de briques rouges du Centre culturel de l'Ancien Collège.

• PRIX MÉDITERRANÉE 1991

Tahar Djaout, poète et romancier algérien, a reçu le 20 avril à Perpignan le Prix Méditerranée 1991 pour son roman *les Vigiles* paru aux éditions du Seuil. Créé en 1985 par le Centre méditerranéen de littérature, ce prix récompense chaque année un ouvrage écrit en prose et en français traitant d'un sujet méditerranéen. Parmi les précédents lauréats figurent Nicolas Saudray, Dominique Fernandez, Jules Roy. Né en 1954, Tahar Djaout a aussi publié : *les Chercheurs d'os* (Seuil, 1984), *l'Invention du désert* (Seuil, 1987), *l'Exproprié* (François Majault, 1991).

• HOMMAGE À UN AMI

Ce printemps, un hommage a été rendu à Henri Meschonnic, au Centre Rachi, animé par Jacques Eladan, avec la participation de Claude Vigée, Claudine Held, Olivier Mongin de la revue *Esprit*, Antoine Spire et Charles Dobzynski.

• Ô SAISONS, Ô CHÂTEAUX

Les 7, 8 et 9 mai, au château de Lascours, à Laudun dans le Gard, ont eu lieu les « Troisièmes journées de poésie de Lascours » sur le thème *Arthur Rimbaud ou l'opéra fabuleux*. Y participèrent notamment Pierrette Micheloud, Juliette Ducreus, Nohad Salameh, Micheline Dupray, Jacques Gaucheron, Serge Brindeau, Charles Dobzynski et Marc Alyn, animateur de cette rencontre.

• AU PIED DE LA FONTAINE

Le IXe Marché de la Poésie aura lieu du jeudi 20 juin au dimanche 23 juin, place Saint-Sulpice à Paris. On y trouvera comme toujours un « café littéraire ». Le vendredi, de 21 h à 1 h, la soirée sera consacrée au Brésil du Nord-Est. Le samedi, à partir de 20 h 30, un hommage à Octavio Paz sera présenté par Serge Pey. La revue *Europe* et la Société des amis d'Aragon et Elsa Triolet y seront présents.

• LES POÈTES D'*EUROPE* À L'HONNEUR

Jacques Gaucheron recevait en 1990, on s'en souvient, le prix Guillaume Apollinaire. Nous sommes heureux de féliciter deux autres de nos amis, membres du comité de la revue, lauréats, en 1991, d'autres prix littéraires : Bernard Vargaftig, couronné par l'Académie Mallarmé pour son livre *Ou vitesse* (éditions André Dimanche) et Lionel Ray, à qui les journées poétiques de Rodez viennent d'attribuer le prix Antonin Artaud pour *Une sorte de ciel* (Gallimard).

ANCIENS NUMÉROS

Nos lecteurs désireux d'acquérir d'anciens numéros d'*EUROPE* peuvent s'adresser à leur libraire habituel ou à la Librairie Racine, 24, rue Racine, 75006 Paris, tél. : 43.29.53.78.

Signalons également qu'un certain nombre de numéros antérieurs à ceux figurant au catalogue ont été réimprimés ou demeurent disponibles : BRECHT (n° 133-134), J.-R. BLOCH (n° 446), J. VALLÈS (n° 470-472), NERUDA (n° 537-538) MONTESQUIEU (n° 574), MUSSET (n° 583-584), TOUT SUR MOLIÈRE (n° hors série), PAUL ÉLUARD (n° hors série), PORTO RICO (n° 592-593), DESCARTES (n° 594), JULES VERNE (595-596).

NOS PROCHAINS NUMÉROS

- **JACQUES PRÉVERT**
- **HENRY MILLER**
- **FRANCIS PONGE**

NUMÉROS PARUS DEPUIS 1979

Nos	Titres	Dates		Prix
597-598	Pascal	Janv.-Fév.	1979	**70,00**
599	Le Modernisme Brésilien	Mars	1979	**70,00**
600	Lukacs	Avril	1979	**70,00**
601	Théophile Gautier	Mai	1979	**70,00**
602-603	Littérature marocaine	Juin-Juill.	1979	**70,00**
604-605	Arsène Lupin	Août-Sept.	1979	**70,00**
606	Lit. de Bosnie-Herzégovine	Octobre	1979	**70,00**
607-608	Le livre, l'enfant dans le monde	Nov.-Déc.	1979	**70,00**
609-610	Saint-Simon	Janv.-Fév.	1980	**70,00**
611	Les Fantastiques	Mars	1980	**70,00**
612	Martinique, Guadeloupe	Avril	1980	**70,00**
613	Nguyên Trai	Mai	1980	**70,00**
614-615	Charles Nodier	Juin-Juill.	1980	**70,00**
616-617	Lorca	Août-Sept.	1980	**70,00**
618	Littérature Nigériane	Octobre	1980	**70,00**
619-620	Hetzel	Nov.-Déc.	1980	**70,00**
621-622	Littérature catalane	Janv.-Fév.	1981	**70,00**
623-624	Jarry	Mars-Avril	1981	**70,00**
625	Littérature de Bretagne	Mai	1981	**70,00**
626-627	Gaston Leroux	Juin-Juill.	1981	**70,00**
635	Claudel	Mars	1982	**70,00**
636	Pierre Véry	Avril	1982	**70,00**
637	J.-L. Borges	Mai	1982	**70,00**
642	Chrétien de Troyes	Octobre	1982	**70,00**
643-644	Eugène Sue	Nov.-Déc.	1982	**70,00**
645-646	Poésie française aujourd'hui	Janv.-Févr.	1983	**70,00**
647	Littérature d'Islande	Mars	1983	**70,00**
649	De l'Italie : vingt ans de poésie	Mai	1983	**70,00**
654	Le Moyen Age maintenant	Octobre	1983	**70,00**
655-656	Littérature de Turquie	Nov.-Déc.	1983	**70,00**
657-658	Joyce	Janv.-Févr.	1984	**70,00**
659	Le Roman gothique	Mars	1984	**70,00**
660	Littérature du Portugal	Avril	1984	**70,00**
662-663	Mémoires imaginaires	Juin-Juill.	1984	**70,00**
664-665	Le roman noir américain	Août-Sept.	1984	**70,00**
666	Littérature de Cuba	Octobre	1984	**70,00**
667-668	Antonin Artaud	Nov.-Déc.	1984	**70,00**
669-670	Littérature occitane	Janv.-Févr.	1985	**70,00**
671	Victor Hugo	Mars	1985	**70,00**
672	Chine : une nouvelle littérature	Avril	1985	**70,00**
673	Jules Laforgue	Mai	1985	**70,00**
674-675	Littérature de Finlande	Juin-Juil.	1985	**70,00**
676-677	V. Woolf/G. Stein	Août-Sept.	1985	**70,00**
678	Zola/Poésie coréenne	Octobre	1985	**70,00**
679-680	René Crevel	Nov.-Déc.	1985	**70,00**

681-682	H.G. Wells/Rosny aîné	Janv.-Févr.	1986	**70,00**
683	1936, arts et littérature	Mars	1986	**70,00**
684	Jacques Audiberti	Avril	1986	**70,00**
685	Machado/Guillen/Alberti	Mai	1986	**70,00**
686-687	Heinrich von Kleist	Juin-Juil.	1986	**70,00**
688-689	Jean Tardieu	Août-Sept.	1986	**70,00**
690	Littérature d'Argentine	Octobre	1986	**70,00**
691-692	Ronsard/Scève	Nov.-Déc.	1986	**70,00**
693-694	Mme de Staël/Japon	Janv.-Févr.	1987	**70,00**
695	Littérature de Norvège	Mars	1987	**70,00**
696	Victor Segalen	Avril	1987	**70,00**
697	Casanova	Mai	1987	**70,00**
698-699	Michaux	Juin	1987	**70,00**
700-701	Lautréamont	Août-Sept.	1987	**70,00**
702	Littérature de Tunisie	Octobre	1987	**70,00**
703-704	Le Mélodrame	Nov.-Déc.	1987	**70,00**
705-706	René Char	Janv.-Févr.	1988	**70,00**
707	Le Fantastique américain	Mars	1988	**70,00**
708	Littératures d'Afrique du Sud	Avril	1988	**70,00**
709	Saint-Pol-Roux/André Suarès	Mai	1988	**70,00**
710-711	Fernando Pessoa	Juin-Juillet	1988	**70,00**
712-713	Roger Vailland	Août-Sept.	1988	**70,00**
714	Raymond Roussel	Octobre	1988	**70,00**
715-716	La révolution française	Nov.-Déc.	1988	**70,00**
717-718	Aragon romancier	Janv.-Févr.	1989	**75,00**
719	Rainer Maria Rilke	Mars	1989	***épuisé***
720	La bande dessinée	Avril	1989	**75,00**
721	Écrivains de RFA	Mai	1989	**75,00**
722-723	URSS : Littérature et Pérestroïka	Juin-Juillet	1989	**75,00**
724-725	Jorge Amado	Août-Sept.	1989	**75,00**
726	Le théâtre ailleurs, autrement	Octobre	1989	**75,00**
727-728	André Malraux	Nov.-Déc.	1989	**90,00**
729-730	Montaigne - Jean Tortel	Janv. Fév.	1990	**80,00**
731	Littérature nouvelle du Québec	Mars	1990	**80,00**
732	Rétif de la Bretonne	Avril	1990	**80,00**
733	Ecrivains des Etats-Unis	Mai	1990	**80,00**
734-735	André Frénaud/Guillevic	Juin-Juillet	1990	**80,00**
736-737	Lewis Carroll	Août-Sept.	1990	**80,00**
738	Vivre le français	Octobre	1990	**80,00**
739-740	Charles Perrault	Nov.-Déc.	1990	**80,00**
741-742	Robert Musil/Hermann Broch	Janv.-Fév.	1991	**85,00**
743	André Breton	Mars	1991	**85,00**
744	Herman Melville	Avril	1991	**85,00**
745	Aragon poète	Mai	1991	**85,00**

A l'étranger, ajouter 5,00 F par numéro

Le Directeur de la publication : François Hilsum
Dépôt légal : juin 1991
Commission paritaire : n° 64837

Imp. S.E.P.C. St-Amand
N° d'imprimeur : 1437
391025N1